청년이
묻고
철학자가
답하다

청년이 묻고 철학자가 답하다

두려움을 모르는 자유의 길

이병창 지음

도서출판 말

| 차례 |

2부__ 힐링보다 원인 치유가 먼저

3부__ 진리의 인식과 변증법

4부__한국의 사이비 실용주의

5부_남에게 피해 주지 않는 개인주의 가능한가?

6부__공동체주의와 사회주의

7부__새로운 철학을 찾아서

철학 문답을 시작하면서

안녕, 청년들!

　　　　일주일 전인가, 몇몇 청년들이 찾아왔습니다. 〈민족문제 청년연구모임〉*이라는 청년단체에서 활동한다는 그들은 내게 강의를 부탁했습니다. 나는 학교를 명예퇴직하면서 연구에 집중하기 위해 더 이상 강의를 하지 않겠다고 결심했기에 처음에는 사양했습니다. 하지만 그들이 하도 진지하게 부탁하기에 거절할 수 없었습니다.

　청년들은 내게 많은 물음을 던졌습니다. 수십 가지 어려운 질문을 던져놓고는 "선생님이라면 한두 줄로 간단히 대답할 수 있겠죠?"라고 말하는 듯한 눈빛으로 나를 쳐다보았습니다. 청년들은 철학적 물음을 마치 대학교 서술형 시험문제처럼 내놓은 것 같습니다. 아찔했지만 처음에는 "그러면 서술형 시험을 한번 쳐 볼까?" 하는 심정으로 시작하였습니다.

　청년들의 물음을 살펴보니 거의 대부분 삶에서 부딪힌 고민과 연관

＊ 이 단체는 《친일, 청산되지 못한 미래》(책보세, 2014)라는 책을 정운현(전 친일반 민족행위진상규명위원회 사무처장) 씨와 함께 발간했다.

되어 있었습니다. 그런 물음은 대부분 윤리 철학적이거나 사회 철학적인 물음이었습니다.

또한 청년들은 물음을 풀어나가는 데 이런저런 이론을 소개해 달라는 것이 아니었습니다. 청년들은 "선생님이라면 어떻게 푸시겠어요?" 하고 단도직입적으로 나에게 물었습니다.

갑자기 "주여, 때가 되었습니다. 여름은 위대했습니다"라고 시작하는 라이너 마리아 릴케의 시 〈가을날〉이 생각났습니다. 나는 고요한 마음으로 다가올 날을 기다리는 릴케와 달리 오히려 불안에 빠졌어요. 나는 생각했어요. '과연 내게 청년들의 물음에 답할 철학적 원리가 있는 것일까?' 하지만 약간의 위안을 찾기도 했습니다. 나는 속으로 이렇게 생각했습니다. '내가 가진 것은 아주 모호한 생각뿐이지만, 그런 생각은 청년들과 이야기하는 가운데 더 분명하게 밝혀질 수도 있지 않을까?' 나는 이렇게 생각하면서 용기를 얻어 이 강의를 해 나가려 하였습니다.

상식을 전복하는 철학의 어려움

강의에 본격적으로 들어가기 전에 변명을 하나 하고 가려 합니다.

철학은 어렵습니다. 어려울 수밖에 없어요. 어떻게 보면 철학이 하는 말 자체는 별로 어렵지 않아요. 차라리 미분기하학이나 물리학이 훨씬 어렵죠. 그런 학문은 전문가 아니면 전혀 이해할 수 없습니다. 일반 사람들은 아예 접근하려 들지도 않죠. 반대로 철학은 일반 사람이라도 접근하려 하고, 또 약간의 노력만 기울이면 이해할 수 있습니다.

그래도 사람들은 미분기하학이나 물리학보다 철학이 어렵다고 말합니다. 오랫동안 청년들을 가르치면서 철학을 쉽게 설명하기 위해 노력했습니다. 하지만 아무리 쉽게 하더라도 청년들은 여전히 어렵다고 해요. 하기는 나 자신도 이 나이가 되도록 철학이 어려우니 청년들인들 오죽할까 생각합니다.

그 이유를 곰곰이 생각해 보았습니다. 나는 철학자는 항상 그 시대의 혁명가라고 생각합니다. 그 시대에 안주하려는 사람에게 굳이 철학이 필요하지 않겠죠. 자기 시대를 넘어서려 할 때 철학이 시작되죠. 시대를 넘어서는 투쟁 속에서 다른 어떤 힘에도 의존할 수 없을 때, 다시 말해 철저한 외로움에 빠졌을 때, 철학의 필요성을 절실하게 느끼죠. 철학은 시대를 넘어서려는 자의 무기이니까요.

이런 철학이 상대하기 가장 힘든 것은 상식이 아닐까요? 상식이란 그 시대 생각의 기본적 틀입니다. 이 상식이 기초가 되어 그 시대가 형성되었죠. 상식은 너무나 널리 퍼져 있고 너무 자명해서 아무도 그런 상식이 전제되어 있다는 것조차 깨닫지 못합니다. 시대에 안주하는 사람들이 등을 비비는 언덕이 이런 상식입니다. 시대를 넘어서려는 철학이 싸우는 대상도 이런 상식입니다. 상식을 넘어서지 못한다면 그 시대를 벗어날 수 없겠죠. 철학은 그런 상식적인 생각을 전복하려 합니다. 철학은 전복적인 학문입니다.

상식은 쉬운 것이고, 상식과 다른 것은 어려운 것이죠. 철학이 상식과 다른 주장을 하고 상식을 넘어서려고 하니, 어려울 수밖에 없죠. 쉬운 철학을 바라는 사람들은 철학도 상식에 기초해주기를 바랍니다. 철학이 상식을 넘어서려 하는데 상식을 통해 보여 달라 하니, 그건 철학을 배반하라는 말과 같은 말이죠.

철학이 어렵다는 것은 철학의 운명과 같은 겁니다. 쉬운 철학이란 쉬운 게 아니라 상식에 아부하는 철학이니, 그런 철학은 본래 철학의 사명을 내버린 철학입니다. 상식을 전복하려는 철학에 내려진 형벌이 '어렵다'는 말입니다. 그것은 마치 불을 훔친 프로메테우스에게 신이 내린 형벌과 같아요. '어렵다'는 말은 독수리가 철학자의 간을 쪼아 먹는 소리이죠.

철학이 어렵다는 핑계를 대고 자기만의 구멍 속에 숨어 있어도 된다는 것을 정당화하려는 것은 아닙니다. 철학이 소통을 위해 노력해야 한다는 것은 마땅합니다. 그럼에도 이렇게 어렵다는 것을 강조하는 이유는 충분히 짐작하겠지만 청년들에게 미리부터 각오하라는 말을 하려는 겁니다. 철학이 어렵다는 것만 너무 탓하지 말고, 한번쯤 거꾸로 자기 자신을 의심해 볼 필요도 있다는 말입니다. 혹시 자기의 생각이 너무 상식에 안주하고 있는 것이 아닌지 자문해 볼 필요도 있다는 거죠.

개인주의, 욕망의 자유를 넘어

청년들의 물음은 대체로 우리 시대 상식이 된 생각에 대한 의문과 연관되어 있습니다. 상식적으로 보면 삶은 경험적으로 얻어지는 사실에 기초하고 있는 것으로 보입니다. 이 사실을 바탕으로 우리는 자유롭게 욕망을 추구하면서 살아가지요. 우리는 서로 경쟁하고 있으며, 이때 우선적인 것은 나 자신의 이익과 목적이죠. 이렇게 경쟁하면서도 필요에 따라서 서로 합의하면서 우리는 사회적 질서를 형성합니다. 이런 상식적인 삶에 기초하여 여러 가지 삶의 원리가 나옵니다. 예를 들어 경험주의, 쾌락주의, 자유주의, 개인주의, 민주주의 등의 원리가 그런 것입니다.

청년들이 제기한 물음은 이런 상식적 원리에 대한 의문으로부터 출발하고 있습니다. 청년들은 이런 상식이 감춘 이면을 파악하고 그것을 넘어서는 길을 모색하고 있습니다. 그런 모색이 철학의 길이죠. 청년들은 이런 의문을 통해 이미 이 시대를 넘어서기 시작했어요. 이런 철학의 길이 사회 자체를 바꾸는 실천적 혁명은 아니겠죠. 그러나 그런 의문을 갖는다는 것만으로도 혁명이 아니라 할 수 없습니다. 이는 단순한 실천보다 오히려 더 깊고 더 멀리 사회를 바꾸는 혁명이라 할 수 있겠습니다.

청년들은 그 의문에 아직 답을 찾지 못해 답답해하는 모양입니다. 아직도 공부하기에 여념이 없는 나 같은 사람에게 지푸라기라도 잡아볼 양으로 이런 물음을 던진 것이겠지요. 상식을 의심하기는 나도 청년들과 마찬가지입니다. 나 역시 청년들과 마찬가지로 그 대안이 무엇이며, 어디로 가야 하는지를 분명하게 알지는 못합니다. 그저 어렴풋한 입장을 가지고 있을 뿐입니다. 그런 어렴풋한 것이나마 혹 청년들이 의문을 풀어나가는 데 도움이 되지 않을까 해서 이제 말해 보려 합니다.

나는 우리 시대 상식과는 정반대되는 주장을 해보려고 합니다. 경험주의 대신 변증법적 인식을, 개인주의 대신 공동체주의를, 민주주의의 대신 자치의 사회를, 욕망의 자유 대신에 진정한 자유, 자주성의 길을 내세우고 싶습니다. 내가 왜 상식과 정반대되는 이런 주장을 하는지는 앞으로 천천히 이야기하려 합니다. 지금은 그저 내가 이런 정반대 입장을 가지고 있다는 것만 말하고자 합니다.

하지만 내가 내세우는 길이 절대적으로 올바른 길이라고 생각하지는 않습니다. 다만 청년들이 이 시대의 상식에 회의하고 시대를 극복하고자 할 때 디딤돌이 되기만 하면 충분하다 생각합니다. 벌써 많이 길어졌습니다. 오늘은 이 정도로 마치겠습니다.

제1부__대중조작과 삐딱하게 읽기

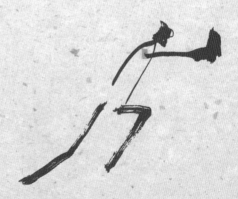

1강 경험 금지선을 넘는 용기

우리에게는 왜 꿈이 없을까?

　　　그러면 이제 본격적으로 강의를 시작해 보죠. 미지의 여행을 앞둔 사람처럼 마음이 설레는군요. 청년들이 나한테 던졌던 물음 가운데 첫 번째 주제로 들어가 봅시다. 그 주제는 '나의 생각이 정말 나의 생각일까?'라는 주제입니다. 이 주제의 출발점은 '우리에게는 왜 꿈이 없을까?'라는 물음입니다.

　이 첫 번째 물음은 청년들이 나한테 물어봐야 할 물음은 아닌 것 같아요. 오히려 내가 청년들에게 물어보아야 할 것 같습니다. "정말 꿈이 없는 건가요? 그 이유는 뭡니까?"

　내가 교수를 하고 있을 때 청년들을 만나보면 꿈이 없는 것은 아니었습니다. 오히려 정말 청년답게 아름다운 꿈이 있었습니다. 기억나는 청년 가운데는 고슴도치를 기르는 여학생이 있었어요. "징그럽지 않니?" 하고 내가 물어보았더니 그렇지 않다는 겁니다. 오히려 고슴도치가 정말 귀엽게 생겼대요. 나로서는 이해하지 못했지만 왠지 그 여학생이 무척이나 순수하게 보였습니다. 그 여학생은 내게 고슴도치 기르는 것에 대해 자주 이야기해 주었습니다. 그 여학생은 고슴도치와 대화하는 경지에까지 이르렀더군요. 여학생의 말에 따르면 고슴도치 기르는 동호회도 있고, 잘 길러서 분양하기도 한다는 겁니다. 앞으로 고슴도치와 더불어 평생을 살아가는 게 자기의 꿈이라 했어요.

내가 하나의 예를 들었지만, 그 외에도 아름다운 꿈을 가진 청년이 정말 많았어요. 그 예를 이 자리에서 다 들어 볼 수 없는 게 안타깝습니다. 지금도 다양한 방식으로 자기의 꿈을 찾아가는 청년이 많을 거로 생각합니다. 세계 여행의 꿈을 가진 청년은 여럿 보았어요. 소설이나 시를 쓰거나 그림을 그리고 노래를 부르며 세상을 아름답게 만들어 보려는 청년들도 많이 만나 보았습니다. 인도네시아 등 해외로 선교를 떠나는 꿈을 지닌 청년도 있었고요.

그리고 아직도 억압과 불평등이 가득한 이 세상에서 정의로운 사회를 꿈꾸는, 어쩌면 바보 같은 청년도 보았습니다. 어떤 청년은 수업시간에 때때로 분위기에 어울리지 않는 과격한 주장을 펼쳐서 주변의 친구를 웃기기도 했는데, 그 청년의 뜨거운 열정과 순수함만은 누구나 인정하는 것 같았어요. 그렇게 2~3년 지나니까 처음에 냉담했던 과(철학과) 청년들 대부분으로부터 호응을 얻어내더군요. 그는 지금도 모 진보 정당에 들어가 열심히 활동하는 것으로 압니다. 나는 이런 청년들의 꿈을 보고 미래를 낙관하게 되었습니다.

안녕들 하십니까?

나는 청년들에게 꿈이 없다는 말은 사실이 아닐 것으로 봅니다. 하지만 청년들이 그런 물음을 던진 까닭이 없는 것은 아니라고 봐요. 꿈이 없는 청년도 종종 보기 때문입니다. 물론 그들은 소수이겠지만 앞으로 이런 청년이 자꾸 많아질지 모르죠. 왜 영국 빅토리아 여왕 시대 금융가 로버트 그레샴의 유명한 말이 있지 않나요? "악화는 양화를 쫓아낸다." 무슨 말인 줄 알죠?

그리고 보니 2013년 연말 커다란 반향을 불러일으킨 대자보가 생각납니다. 고려대학교 경영대 청년 주현우의 〈안녕들 하십니까?〉라는 대자보인데, 다들 기억하시죠. 그 내용도 기억나나요?

아마도 핵심적인 주장은 청년들이 우리 주변의 고통과 억압, 불의와 인간의 소외 등에 너무 무관심하지 않는가 하는 의문이었습니다. 그의 말대로 과연 우리가 이렇게 무관심하면서도 매일 저녁 평안한 마음으로 잠들 수 있을까요?

아마 이 대자보에서 비판하고자 하는 청년은 다음과 같은 청년이 아닐까요? 대학 생활 내내 오로지 취업에만 몰두하는 청년 말입니다. 취직 공부에 도움이 되거나 학점 평균을 높이기에 도움이 되는 과목이 아니라면 아예 수강하지 않고, 수업을 마치면 각종 스펙을 쌓기 위해 온갖 학원을 돌아다니는 청년, 이런 청년은 대체로 학교나 세상일에 무관심하죠. 무관심한 정도가 아니라 오히려 비웃기도 하는 것 같아요. 누가 학교나 사회에 조금이라도 관심을 가져 보자고 말하면 이렇게 답하겠죠. "그런다고 세상이 바뀌지 않잖아? 그런 건 루저(looser : 패자)나 하는 일이야. 세상은 경쟁에서 이기는 강자가 지배하는 거야. 내가 잘사는데 누가 뭐라 해?"

2013년 코레일 노조의 파업을 계기로 2013년 12월 10일 고려대학교 학생
주현우 씨가 '안녕하지 못한' 청년세대의 분노와 답답한 현실을 담아 작성한 대자보.
뒤이어 각 대학과 고등학교, 소셜 미디어 등으로 확산되었다.
고려대학교 박물관 기록자료실은 2013년 12월 16일 〈안녕들 하십니까〉
첫 대자보를 민주화운동 기념 사료로 보존하기로 하였다.

내가 알기로 우리나라에서는 대체로 1960년대 말 대학에 입학한 세대가 개인주의적 경향이 강했습니다. 당시 교육은 미국적 실용주의 교육이 지배했거든요. 그런 세대는 학교를 나온 뒤에 박정희 정권의 경제개발 정책의 첨병으로 활동했죠. 그 결과 대부분 성공했어요. 우리나라 기업이 그때부터 팽창했으니까, 그런 세대는 곧바로 기업의 부장이 되고, 기업의 이사가 되었어요. 우리나라에서 처음으로 집을 사고, 처음으로 차를 샀으며, 처음으로 해외여행을 떠났던 세대가 바로 이 세대입니다. 여러분도 가족 중에 이런 세대를 찾아볼 수 있을 겁니다. 바로 이 세대가 5060 세대이고, 박정희에 향수를 느끼는 세대이죠.

1970년대 들어서 그런 청년은 많이 사라졌어요. 소위 운동권 세대로 대체되었습니다. 세상은 또다시 바뀌어서 점차 그런 청년이 다시 등장하는 모양입니다. 이걸 격세유전이라고 하나요? 세대를 건너뛰어 유사한 특성을 지닌 청년이 나타난 것이니까요. 아마 그렇기 때문에 청년들이 나에게 "우리에게는 왜 꿈이 없나요?"라는 물음을 제기했던 것으로 봅니다.

졸속 사회

이런 청년, 꿈이 없는 청년이 왜 근래 들어 부쩍 늘어날까요? 아무래도 시대적 상황이 청년을 그렇게 만든 것이 아닐까 해요. 아마 결정적 계기는 1998년 닥쳐온 IMF 사태였고, 그 뒤로도 반복된 경제위기였을 겁니다. 이런 위기에서 고통을 직접 당했던 세대가 지금까지 이어지는 청년세대이죠. 이 위기 앞에서 청년도 분열되었죠. 그나마 남아 있는 약간의 자리는 기업이나 권력의 요구에 순응하는 소수 청년이 차지했고, 경제위기가 야기한 비정규직의 고통은 청년세대 대부분이 뒤집어쓰고 말았죠. 고통을 떠맡은 청년의 마음속에는 배신감이 가득했을 겁니다. "이게 뭐냐? 왜 우리만 당한 거냐?" 이런 배신감이 거꾸로 학교나 세상에 대해 무관심한 태도로 나타나지 않았을까요?

이런 가운데서도 앞에서 말했듯이 꿈을 가진 청년이 있어요. 그런 청년은 기성세대보다 더 창의적인 방식으로 일하려 해요. 기성세대가 꿈꾸지 못한 일을 만들려 하죠. 스티브 잡스가 어디 외국에만 있겠어요? 우리나라에도 청년 가운데 스티브 잡스를 꿈꾸는 청년이 얼마나 많겠어요. 하지만 이런 창의는 우리나라에서는 통하지 않는 경우가 많아요. 이런 청년의 꿈을 빼앗는 것은 우리 사회에 아직도 만연하고 있는 다양한 부조리죠. 이런 부조리는 우리 사회가 졸속으로 건설되는 도중에 뿌리내렸습니다. 우리 사회의 모든 면에 걸쳐서 뿌리내리고 있는 '졸속사회'의 전형적인 예를 몇 가지 들어보죠.

학교는 입시지옥이죠. 얼마나 잘 외우는가가 평생을 좌우합니다. 취직하려면 능력이나 열성보다는 일류대학을 나와야 합니다. 아인슈타인이 한국에 오면 강사 자리도 못 얻었을 것이라는 말을 자조적으로 하기도 하죠? 마찬가지로 스티브 잡스가 한국에 태어났다면 아마 삼성서비스센터에도 채용되지 못했을지도 모릅니다.

무슨 작은 기업이라도 차리려고 은행에 가보면 미래의 가능성을 보지 않아요. 우리나라 은행은 무조건 담보를 내놓으라고 합니다. 세계적인 IT 기업이 대부분 유대계인 이유를 아세요? 유대인을 지원하는 금융 기금이 있어요. 그런 기금은 유대인 출신 유망한 기업가를 지원합니다. 이런 지원이 있기에 구글이니 페이스북이니 하는 세계적 기업이 출현할 수 있었다 합니다. 그런 금융 지원을 우리는 아예 기대조차 할 수 없지요.

1년에 천만 원도 못 버는 연예인, 영화인, 작가, 시인을 지원하는 시스템도 없습니다. 해리포터 시리즈로 유명한 영국의 소설가 조앤 K. 롤링은 이혼하고 혼자서 아이를 기르며 실업수당으로 살았다고 합니다. 그 사이 그는 소설을 썼는데 만일 실업수당이 없었더라면 해리포터 시리즈는 출현하지 않았겠지요.

너무 우울한 이야기만 했나요? 이렇게 사회적 원인을 찾다 보면 청년이 꿈이 없는 것도 청년 자신의 잘못만은 아니라는 것을 확인할 수 있어요. 세상이 청년을 그렇게 만들었으니까요. 그런 가운데서도 꿈을 잃지 않는 청년이 아직 있다는 것이 오히려 희망을 품게 합니다.

경험 금지선

이렇게 해서 청년들은 꿈을 잃고 이 솔속사회에 안주하기 위해 안녕하지 못한 삶을 이어갑니다. 게다가 청년들의 꿈을 제약하는 금기, 억압은 또 얼마나 많은지, 답답하기 짝이 없습니다.

내게 물음을 던진 청년들은 이런 금기, 억압을 '경험금지선'이라고 규정합니다. 말이 재미있군요. '경험금지선'이라! 밟으면 안 될 선을 밟는다는 의미를 내포하고 있어서 흥미로운 말입니다. 그 선 넘어 무엇이 있는지 알기도 전에, 그것이 왜 나쁜지 생각하기도 전에, 그 선을 넘어서는 것 자체를 금지하고, 그 선을 넘어서는 것을 생각해 보는 것조차 금지하고, 심지어 그 선에 다가서는 것을 꿈꾸는 것조차 금지하는 것이 경험금지선이겠지요. 다양한 영역에 걸쳐져 있는 이런 경험금지선 때문에 아예 꿈조차 꾸지 못하는 일이 얼마나 많나요?

다행히 1980년대 말 우리 사회의 민주화, 그리고 서태지의 음악에서 시작된 1990년대 문화혁명으로 많은 경험금지선이 사라지기는 했습니다만 그래도 여전히 많이 남아 있죠. 우선 기업이나 학교, 종교 단체 등 사회 곳곳에 관습적으로 남아 있는 권위주의적인 억압이 있죠. 가까운 대학에서 예를 들자면, 아직도 많은 경우 학생은 성적에 이의를 제기할 권리를 갖지 못합니다. 성적에 대한 이의는 여전히 교수의 시혜적 조치에 의존합니다. 권리와 시혜란 전혀 다른 거죠. 권리라면 학생은 성적에 이의를 제기하는 이유를 굳이 설명할 필요가 없고, 교수는 학생의 요구에 반드시 응해야 할 의무가 있습니다. 반면 시혜라면 학생이 이의를 제기하는 이유를 설명하고, 교수는 이런 이의 제기가 합당하다고 생각하는 한에서만 성적에 관해 확인하게 됩니다. 이런 아주 작은 권리조차 청년에게는 금지되어 있습니다.

그뿐 아닙니다. 또 다른 예가 바로 국가보안법이죠. 아직도 북한 땅이 우리 땅이라 헌법에 규정되어 있죠. 그 결과 북한 정부는 반란단체가 됩니다. 북한 사람을 만나거나 북한 사람의 말을 따라 하면 국가보안법을 위반한 게 됩니다. 국가보안법을 위반하면 무서운 처벌을 받아요. 단순히 법적인 처벌 이상으로 사회적으로 매장되죠. 국가보안법을 위반했다고 의심만 받아도 사회적으로 매장되기는 마찬가지입니다.

굳이 말하지 않아도 이런 사회적 금기와 법적인 억압이 얼마나 위험한지는 여러분 자신이 잘 알 겁니다. 이런 금기와 억압이 지니는 효과는 사회문화적 영역에서뿐만 아니라 심지어 경제적 영역에서도 나타납니다. 우리는 금기와 억압 속에 살아왔기에 그것이 어떤 효과를 자아내는지 거의 생각하지 못합니다. 이런 효과를 알기 위해서는 거꾸로 금기와 억압이 풀렸을 때 발생하는 드라마틱한 효과를 생각해 보아야 합니다. 이런 효과에 대해 한 가지 재미있는 예를 들어 볼까요?

애플 컴퓨터 이야기를 해 보죠. 1960년대 말 미국에서 캘리포니아 지역은 히피의 중심지였습니다. 히피는 우리나라에서 주로 성 개방, 대마초로 알려졌지만, 철저한 자유주의자면서 무소유의 공동체를 지향했던 미국식 무정부주의자였습니다. 이들은 모든 억압에 대해 단적으로 반대했어요. 이런 히피가 록 음악과 인도의 명상에 빠지고, 나중에는 반전 운동에 나서면서 록 음악, 히피 공동체, 그리고 반전 운동이 하나로 결합했어요. 그런데 이런 히피가 새로운 산업을 일으켰다는 것을 아세요? 오늘날 경제적으로 가장 중요한 도구인 컴퓨터를 만든 게 히피였다는 것을 아세요?

1960년대 초 동부에서 MIT를 중심으로 인지과학이 발전했습니다. 여기서 개발된 것이 컴퓨터죠. 처음에 설치된 컴퓨터는 유닉스 프로그램을 사용하는 서버 중심 체제였습니다. 중심 서버가 있고, 각 사용자가 여기에 접속해서 프로그램을 사용하는 거죠. 동부에서 이런 서버 중심 컴퓨터가 발명되자 서부에 있는 히피들은 서버 중심 컴퓨터에 반감을 보였습니다. 너무 중앙집권적이라 생각했던 거죠. 그래서 개인이 사용할 수 있는 개인 컴퓨터를 개발했습니다. 개인의 자유라는 히피의 철학이 녹아들어 간 게 바로 개인 컴퓨터입니다.

개인 컴퓨터에도 두 가지 종류가 있다는 거는 잘 아시죠? 하나는 빌

게이츠의 마이크로소프트 회사가 사용하는 윈도 형 개인 컴퓨터입니다. 다른 하나가 스티브 잡스의 애플 회사가 만든 매킨토시 형 개인 컴퓨터이죠. 두 가지가 어떻게 다른지를 압니까? 윈도는 일상에서 부딪힌 문제를 해결하기 위해 종합적인 프로그램을 사용합니다. 예를 들어, 워드용이라면 〈흔글〉이고, 그래픽용이라면 〈어도비 포토샵〉이죠. 윈도는 이런 종합적 프로그램을 지향했습니다. 그러니 덩치가 크고 처리 속도가 느리죠. 사용자가 쉽게 쓸 수 있지만 창의적이지 못합니다. 반면 애플사의 컴퓨터는 사람의 사유를 기능적으로 구분해서 각 기능에 맞는 프로그램을 만들었습니다. 그리고 이런 프로그램을 종합해서 때로는 워드로 사용하고 때로는 그래픽으로 사용하죠. 그 결과 프로그램이 작지만 속도가 빠릅니다. 사용자가 공부를 좀 해야 하지만 과제를 창의적으로 해결할 수 있어요. 간단히 말해서 창의성이 애플사의 장점이죠. 이런 애플사의 컴퓨터가 어떻게 만들어졌겠습니까? 바로 애플사의 창건자 스티브 잡스가 히피였고, 개인의 자유와 창의성을 존중했기 때문입니다.

두 회사의 경쟁에서 컴퓨터는 마이크로소프트 회사가 승리했어요. 프로세서의 속도나 저장 용량이 워낙 빠르게 발전했기에 속도가 느린 것을 넘어설 수 있었던 거죠. 하지만 애플사의 장점은 스마트폰에 와서 다시 살아났습니다. 스마트폰은 기종의 특성상 속도나 저장 용량을 확장하기 어렵기 때문입니다.

내가 갑자기 무슨 경영학자가 된 것 같은 느낌이 듭니다. 내가 설명하려고 했던 것은 간단해요. 애플사의 컴퓨터와 뒤이어 나온 스마트폰에는 개인의 자유와 창의성이라는 철학이 들어 있고, 그것이 바로 히피의 정신이라는 이야기입니다. 만일 억압과 금기 속에 산다면 이런 애플사의 컴퓨터와 스마트폰이 만들어졌겠습니까? 이런 억압과 금기 때문에 새로운 산업의 발전이 일어나지 않는다는 겁니다.

아직도 우리나라 사회 곳곳에 흘러넘치는 금기, 억압, 생각의 금지선들을 생각하면 가슴이 답답합니다. 이런 것들이 청년들을 질식시키고, 꿈을 빼앗고 있으니 대체 이걸 어떻게 해야 할까요?

불온한 꿈

그렇다고 청년들이 사회를 한탄하면서 우리나라가 모든 면에서 자유로운 사회가 될 때까지 아무 꿈도 없이 지내야 할까요?

사회가 바뀌어야 하겠지만 개인의 힘도 중요합니다. 한 개인이 꿈을 추구하고, 저항하는 가운데 그 사회가 감추고 있는 억압도 드러나고 치유될 수 있겠죠. 아무런 저항이 없다면 이 사회가 억압적이라는 사실조차 드러나지 않습니다.

이런 사회에서 꿈을 갖고 저항하고 도전하는 혁명이 결코 쉬운 일이 아니라는 것은 너무나도 분명합니다. 그런 꿈과 저항과 도전은 두려운 일이죠. 이념적인 문제가 아니더라도 어느 분야에서든 그런 혁명은 항상 두려운 일입니다.

이 대목에서 불온을 꿈꾼 시인 김수영의 시가 생각납니다. 제목은 〈어느 날 고궁을 나오면서〉입니다. 그는 불온을 꿈꾸었기에 두려움에 빠진 자신이 얼마나 작은가를 솔직하게 고백했습니다.

왜 나는 조그마한 일에만 분개하는가,

저 왕궁 대신에 왕궁의 음탕 대신에

50원짜리 갈비가 기름 덩어리만 나왔다고 분개하고

옹졸하게 분개하고 설렁탕집 돼지 같은 주인년한테 욕을 하고

옹졸하게 욕을 하고

한번 정정당당하게

붙잡혀간 소설가를 위해서

언론의 자유를 요구하고 월남 파병에 반대하는

자유를 이행하지 못하고

……

모래야 나는 얼마큼 작으냐

바람아 먼지야 풀아 나는 얼마큼 작으냐

정말 얼마큼 작으냐……

　나 역시 두렵습니다. 그렇기에 '두려워하지 말자'는 말은 내가 가장 좋아하는 말입니다. 나의 선배 중에 한 분이 술만 마시면 내게 늘 이렇게 말합니다. "염려하지 말라!" 그분은 마태복음 6장 25절*에서 앞뒤 맥락은 지워버리고 단지 '염려하지 말라!'는 말만 되풀이합니다. 성경에서 말하는 진짜 의미가 어떻든 그분은 내가 두려움에 떨고 있다는 것을 알고 이런 말을 하는 것으로 생각합니다. 물론 그분은 내가 무엇을 두려워하는지는 모릅니다. 그저 무언가를 두려워한다는 것만은 알

---

* 마태복음 6장 25절 : 그러므로 내가 너희에게 이르노니 목숨을 위하여 무엇을 먹을까 무엇을 마실까 몸을 위하여 무엇을 입을까 염려하지 말라.

죠. 나는 그분이 그 말을 할 때마다 제일 좋아요. 그래서 대학 1학년 때 만나서 지금까지도 선배로 모시면서 자주 찾아봅니다. 염려하지 말라는 말을 듣고 싶어서요.

제가 얼마 전 한국에 오신 프란치스코 교황님을 좋아하는 이유도 그 말 때문입니다. 그분도 한국에 오기 전에 이미 한국인을 위해 말했다고 합니다. "두려워하지 말라!" 그래서 오늘 강의를 마치면서 나도 청년들에게 이렇게 말하고 싶어요. 두려워하지 말자!

나는 이번 강의를 통해 두려워하지 않는 길을 철학적으로 찾아보고자 합니다.

2강 프레임 전쟁에 갇히지 않기 위해

생각의 복사기가 있나요?

주말을 잘 보내셨나요? 개학하고 나니 정신이 없지요? 누구 말에 의하면 대한민국에서 가장 바쁜 사람이 청년이라고 합니다. 강의 들으랴, 발표 준비하랴, 애인 만나랴, 모임 나가랴, 게임 하랴, 부모님께 안부 문자 보낼 시간조차 없다고 하더라고요. 맞나요?

첫 번째 강의에서는 꿈을 가로막는 '경험 금지선'에 관해 알아보았습니다. 그것은 사회의 다양한 영역, 도덕과 문화, 정치의 영역에서 존재하는 금기, 억압의 선이죠. 기성세대는 이런 경험 금지선을 자발적으로 받아들인 나머지 스스로 노예화하고 있어요. 여러분은 그렇지 않겠죠? 경험 금지선을 넘어서는 데 두려워하지 말라는 것이 첫째 강의의 결론이었습니다.

청년들의 두 번째 물음은 첫 번째와 마찬가지로 '나의 생각이 정말 나의 생각일까?'라는 주제에 속합니다. 그 두 번째 물음은 '생각의 복사 기계가 있나요?'입니다. 아주 재미있는 물음이지요?

생각의 중요성

　생각의 복사기? 물론 있지요. 요새 영화를 보면 가끔 주인공의 두뇌에 컴퓨터 칩을 심는 이야기가 나오죠? 그러면 생각이 마치 컴퓨터에 입력되듯이 그 사람의 두뇌에 입력된다고 해요. 그런 생각의 칩이 있다는 말은 물론 아닙니다. 앞으로 과학기술이 발달하면 그런 생각의 칩이 나올지도 모르죠. 아마도 상당히 오랫동안 그런 칩은 없을 것 같아요. 하지만, 걱정하지 말아요. 그런 컴퓨터 칩보다 성능이 더 좋은 생각의 칩, 생각의 복사기가 있으니까요. 그게 무언지 알고 싶죠?

　원래 약장수가 약을 팔거나 이야기꾼이 이야기를 풀어나갈 때, 뜸을 들이는 게 기본이니까, 잠시 대답을 유보하고 뜸을 좀 들이려 합니다. 먼저 생각이 얼마나 중요한 것인가 얘기해 보려 합니다.

　세상에서 제일 무서운 것이 무엇인지 아나요? 호랑이보다 무서운 게 '가혹한 정치'라고 하죠. 공자가 《예기》라는 책에서 그런 얘기를 했다고 해요. 공자가 어느 날 제자들을 데리고 태산 근처를 지나는데 여인이 울고 있어요. 그래서 공자가 용감한 제자 자로를 시켜 왜 우느냐고 물으니 여인이 호랑이가 남편과 자식을 모두 물어갔다 해요. 자로가 그러면 왜 이 땅을 떠나지 않느냐고 물었어요. 여인이 그래도 여기에는 가혹한 정치가 없다고 말했습니다. 다른 데는 세금도 많고 마음대로 죽이기도 하고 재산도 있는 대로 빼앗아가니(한자어로 '가렴주구 苛斂誅求'라고 해요) 더 살기 힘들다고 하더랍니다. 그런데 그 가혹한 정치보다 더 무서운 게 바로 잘못된 생각이지요.

　생각이 잘못되면 얼마나 무서운 일이 벌어지는지 이제 한 가지 예를 들어보고자 합니다. 인도에서는 지금도 남편이 죽으면 부인이 화장하는 불에 뛰어들어 함께 죽는다고 합니다. 여자는 자라날 때부터 그렇게 배웠기에 그것을 당연하게 생각하죠. 그렇게 하지 않는 여자가 있다면 비도덕적이라 보고, 사회에서 매장되지요. 최근에는 그런 풍습이 대부분 없어졌다고 해요. 하지만 일부 지역에는 여전히 그런 풍습이 남아 있는 모양입니다. 끔찍한 이야기이죠?

저항적 의식

앞에서 생각이 가진 부정적인 힘에 관해서 말했는데, 이번에는 생각이 갖는 긍정적인 힘을 말해 볼까요? 아주 좋은 예가 하나 있습니다. 재일 사학자 강덕상 교수가 일제강점기 관동 대지진(1923)에서 일어난 조선인 학살의 역사를 기록한 책을 발간해서 화제가 되었답니다. 책의 이름은 《학살의 기억, 관동대지진》이라고 해요.

다 잘 알고 있으리라 생각합니다만 그때 도쿄(관동) 지역에 대지진이 일어나자, 조선인들이 폭동을 일으킬 거라든지 하는 '유언비어'가 돌았대요. 그 때문에 일본인이 조선인을 무차별로 학살했다고 해요.

널리 알려진 이런 이야기에 관해 강덕상 교수는 왜 그런 유언비어가 돌았는가를 분석했는데 그게 흥미롭습니다. 그 이유는 이렇답니다. 1919년 조선에서 3·1운동이 일어났고, 그 이후 조선 곳곳에서 저항의식이 싹터서 노동운동과 농민운동, 청년운동이 아주 활발하게 일어났습니다. 그러자 일본인 사이에 두려움이 떠돌았답니다. 무지렁이 조선인들이 그저 노예처럼 "예예" 하고 살 줄 알았는데 저항하고 나서니,

머지않아 조선이 독립해서 일본의 수중에서 떨어져 나갈 것으로 생각했대요. 일본 정부는 일본인이 가지고 있는 조선인에 대한 두려움을 이용해서 조선인을 희생양으로 삼았고, 일본인은 무의식적으로 정부의 선동을 그대로 믿었답니다. 평소에 있었던 두려움 때문에 그런 선동이 그대로 먹혀들어갔던 거죠.

내가 이 예를 끄집어낸 이유는 일본 정부의 '희생양 만들기'를 비난하려는 것 때문만은 아닙니다. 또 자기들도 지배자에게 이용당하면서 조선인을 노예라고 생각하고, 저항하는 조선인을 두려워하는 일본인의 멍청함을 한탄하려는 것 때문도 아닙니다.

내가 이 예를 든 것은 일본인이 노예처럼 생각했던 조선인이 어느새 두려운 존재로 변했다는 사실 때문입니다. 무엇이 조선인을 두려운 존재로 만들었습니까? 독립하겠다는 '생각' 아닙니까? 조선인이야 총칼 앞에 힘없이 당하는 무기력한 존재였지요. 당시 조선인이 벌였던 독립 운동이야 그저 만세나 부르는 힘없는 행위였지요. 그게 두렵진 않았을 겁니다.

그러나 조선인이 마음속으로 저항 의식을 갖자, 동물이며 노예였던 조선인은 그 저항 의식에 의해서 사람이 되었지요. 그런 저항 의식은 조선인의 입을 무겁게 만들고, 고독하게 보이게 했죠. 무거운 침묵과 단호한 고독, 쏘아보는 눈빛만으로도 일본인은 조선인을 두려워하게 되었던 겁니다. 저항적 의식을 가진 조선인은 이제 누구도 넘볼 수 없는 위엄 있는 존재로 바뀌었습니다. 일제가 조선인을 학살한 것은 조선인에 대한 두려움 때문이었다는 이야기입니다. 그 두려움은 유언비어 때문에 나타난 두려움이 아니라 독립해야 하겠다는 생각과 3·1운동과 같은 맨손의 저항이 불러일으킨 두려움이라는 이야기입니다.

침묵과 고독, 쏘아보는 눈빛, 이런 것들은 모두 생각의 표현입니다. 그것은 저항하겠다는 생각을 표현하죠. 저항하겠다는 생각만으로도 지배자를 두렵게 만들 수 있다는 것, 그게 내가 이야기하려는 겁니다.

얼보이는 복사기

생각이 사람을 노예처럼 죽이기도 하고, 사람을 위엄 있는 존재로 만들기도 합니다. 잘못된 생각은 사람을 노예로 만들죠. 반면 올바른 생각은 사람을 위엄 있는 존재로 만듭니다.

생각이 무섭다는 것을 말하려다 그만 길어졌어요. 뜸도 너무 많이 들이면 밥이 타 버리는 게 아닐까요? 그러면 서둘러 본래 물음으로 돌아가도록 하죠. 생각의 복사기가 정말 있느냐 하는 물음입니다. 정말 있어요. 내가 가르쳐드릴 테니 놀라지 마세요. 그것은 바로 우리의 머리입니다. 최고의 컴퓨터, 그게 사람의 머리이죠.

속았다는 느낌이 드나요? 미안해요. 내가 좀 웃기려 했는데 너무 썰렁했나요? 하지만 한번 생각해 보세요. 우리 머리처럼 탁월한 성능을 지닌 복사기가 있는가 말이에요. 우리가 가진 생각을 한번 세어보세요. 얼마나 많은지 정말 셀 수 없겠죠? 그 생각의 수는 태평양의 고등어 숫자보다 더 많을 것이며, 해운대 백사장에 있는 갈매기 숫자보다 더 많을 겁니다.

그 많은 생각 가운데 스스로 생각해 낸 것이 있다면, 그런 청년은 손들어 보세요. 그 가운데 다른 사람이나 교과서, 책이나 신문이나 TV

를 통해서 얻지 않은 게 있나요? 그렇게나 많은 생각이 사실은 복사한 것이죠. 그러니 얼마나 성능이 좋은 복사 기계입니까?

자기가 생각한 게 아니라고 다 나쁘다 할 수는 없어요. 좋은 생각이라면 그게 누구의 생각이라도 받아들여야 하죠. 그런데 생각을 복사하는 이 기계 가운데는 이상한 기계가 있어요. 그것은 나쁜 생각인데 마치 좋은 생각인 것처럼 만드는 기계입니다. 여기서 나쁜 생각이란 진리도 아니고 가치도 없는 생각을 말하죠. 반면 좋은 생각이란 진리이며 가치가 있는 생각입니다. 이런 이상한 복사기에 어떤 이름을 붙여 볼까요?

안톤 체호프의 〈얼보이는 거울〉이라는 단편소설이 있어요. 읽어 본 적 있나요? 이 거울은 얼보여서 아무리 못생겨도 정말 아름답게 보이는 거울이죠. 이 거울은 누구든지 자기 얼굴을 비추어 보면 세상에서 가장 아름다운 얼굴로 보이게 만드는 거울입니다.

아마 여러분 가운데 그런 거울이 있다면 얼마나 좋을까 생각하는 청년도 있을 거예요. 그러나 많은 청년은 그런 거울이 얼마나 위험할지 알고 있을 겁니다. 그런 거울은 우리를 나르시시즘에 빠지게 하죠. 나르시시즘에 빠지는 것이 결코 좋은 일은 아니라는 것쯤은 잘 알고 있겠죠? '얼보이는 거울'이라는 말을 빌려 와서 생각의 복사기 중에 나쁜 생각도 좋은 생각인 것처럼 복사하는 기계에 '얼보이는 복사기'라는 이름을 붙이면 어떨까요?

그런 얼보이는 생각의 복사기가 어떤 구조로 만들어지는지를 이제 설명해 보려고 해요. 이번 강의는 우리나라에서 자주 등장하는 예를 중심으로 살펴보려 합니다.

프레임 전쟁

우선 첫 번째로 프레임(frame : 틀, 테두리)의 역할에 관해 설명해 보려 합니다. 여러분은 '프레임 전쟁'이라는 말을 들어 본 적이 있나요? 프레임이 무엇인지는 알죠? 사진의 틀, 그게 프레임이죠. 그림의 틀도 프레임, 사람이 생산한 모든 것에는 프레임이 있죠.

말만 가지고 본다면 프레임이란 그저 어떤 작품을 둘러싸고 있는 테두리를 의미합니다. 그러나 테두리는 테두리이기 때문에 오히려 작품의 의미를 결정하는 역할을 지니기도 합니다. 바깥을 둘러싼 테두리는 흔히 작품의 내용과 무관하고 그저 장식에 불과하다고 생각하는 경우가 많은 데 사실은 그렇지 않아요. 바깥을 둘러싼 테두리에 불과한 것이 오히려 작품의 내용을 규정하는 근본적인 토대가 됩니다.

예를 들어, 눈으로 경치를 바라보다가 사진기의 뷰파인더라는 사각형틀(사진 프레임)을 통해서 보면 놀라운 차이가 나타난다는 것을 잘 알고 있겠죠? 눈으로 볼 때는 그저 아무렇지도 않은 심드렁한 경치였는데 뷰파인더를 통해 보면 갑자기 아름다운 풍경이 되죠. 왜 그런 차이가 발생하는 것일까요? 바로 프레임의 역할 때문입니다. 프레임이라는 것이 풍경에 일정한 한정을 가해서 질서를 부여해 주죠. 그 결과 눈으로 볼 때 감추어져 있던 풍경의 아름다움이 프레임 속에 드러나게 됩니다. 사진을 얼마나 잘 찍는가는 프레임을 어디에 어떻게 설정하는가에 달려 있습니다.

프레임의 역할이 이해된다면 이제 신문이라는 것을 보세요. 신문도 여러 가지 프레임을 갖고 있어요. 그중에 제일 중요한 프레임이 1면 프레임이죠. 이 프레임이 어떤 역할을 할까요?

세상에는 별의별 일이 다 있죠. 그런 일을 긁어모아 놓고 보면 이 세상은 그저 잡다한 일이 서로 무관하게 벌어지는 곳으로 간주될 겁니다. 마치 중고 서점에 책들이 무질서하게 쌓여 있을 때 어지럽듯이, 그런 세상을 보면 현기증이 날 겁니다. 신문은 그 잡다한 세상의 일을 프레임을 통해 정리합니다. 프레임에 들어가는 것과 들어가지 못하는 것이 있고, 눈에 잘 띄는 데 배치되는 것과 굵은 글자로 강조하는 것이 있습니다. 그 결과 신문을 통해 이 세상에 의미가 부여되죠. 이런 의미는 그렇게 배치하는 자, 편집자가 부여하죠.

신문은 이런 식으로 세상에 의미를 부여합니다. 〈조선일보〉는 조선일보대로 의미를 부여하고, 〈한겨레〉는 자기식으로 의미를 부여합니다. 그 결과 세상에 일어난 사건은 같지만 그 사건이 가지는 의미는 다른 것이 되죠. 각 신문사는 자기의 프레임대로 세상에 의미를 부여하기 위해 전쟁을 벌이죠. 이것이 바로 프레임 전쟁입니다.

그 자체로서는 무의미한 사실을 프레임을 통해 편집하게 되면 의미가 발생하는 것, 그것이 신문을 비롯한 언론에서 가장 많이 사용하는 방법입니다.

삐딱하게 보기

그러므로 신문을 볼 때는 결코 본 대로 믿어서는 안 되죠. 신문을 볼 때 신문 속에 나타난 기사를 읽어서는 안 됩니다. 그 기사를 읽는 순간 신문사의 프레임에 갇히는 것입니다. 신문을 읽을 때는 오히려 그 프레임 속에 들어오지 않은 것, 또는 그 신문의 프레임이 하찮고 시시한 것으로 간주한 사건을 읽어야 합니다. 쉽게 말해서 신문을 읽을 때는 신문의 이면을 읽어야 하는 거죠. 최근 이런 읽기 방식을 철학자 지젝*은 '삐딱하게 읽기'라고 명명했더군요. '삐딱하게 읽기'라니, 재미있는 말이죠? 이 말은 홀바인**의 그림 〈대사들〉과 연관됩니다.

이 그림에는 근엄한 복장을 한 두 사람이 녹색의 커튼을 배경으로 서 있습니다. 그들의 시선은 정면의 화가를 향하고 있습니다. 그들 사이의 탁자에는 지구의, 시계, 악기, 삼각자 등 근대 과학의 발전을 상징하는 물건들이 놓여 있죠. 대사로 보이는 사람의 모자에는 브로치가 있고 거기에는 라틴어로 "죽음을 기억하라"라는 말이 새겨져 있습니다.

관객이 그림을 한참 보다 돌아서 나가려는 순간 힐끗 보이는 물체가 있습니다. 그림의 아래쪽 한가운데 마치 길쭉한 쟁반처럼 떠 있는 물체입니다. 그 모습은 정면에서 보면 무엇인지 잘 보이지 않아요. 힐끗 뒤돌아보는 삐딱한 시선으로 보면 그게 무엇인지 드러납니다. 그 쟁반 같은 물체 위에는 사람의 해골이 그려져 있죠. 이 해골이 이 그림이 제시하려는 의미, 즉 이 세상의 허무를 보여주는 상징입니다.

---

* 슬라보예 지젝(Slavoj Zizek, 1949년 생) : 현재 활발하게 활동하는 현대철학자 중의 한 명이다. 그는 슬로베니아에서 헤겔 및 독일 고전철학을 전공했으며, 파리에서 유학하면서 라캉의 정신분석학을 연구했다. 지젝은 이 두 가지를 결합하여 자기의 독특한 문화비평 이론을 형성했다.
** 한스 홀바인(Hans Holbein, 1497~1543) : 독일의 화가이다. 아우크스부르크에서 출생하였으며, 특히 초상화에 능해 헨리 8세의 궁정 화가로 활동했다. 종교개혁 시대 세속적인 삶의 허무를 그린 화가로 알려졌다.

〈대사들(The Ambassadors)〉, 한스 홀바인(Hans Holbein d. J.), 1533년 작.
207×209.5㎝, 런던 내셔널 갤러리 소장.

지젝은 이렇게 힐끗 돌아보는 삐딱한 시선으로 보면 비로소 그림의 의미가 드러나는 것과 마찬가지로 세계를 볼 때 이런 삐딱한 시선으로 보아야 제대로 보인다고 말합니다. 우리가 신문을 볼 때도 이런 삐딱한 시선이 필요하다는 이야기이지요.

3강 괴벨스의 대중조작 분석

담양 소쇄원의 미학

잘 지내셨습니까? 개학하자마자 다시 추석 연휴군요. 마음은 벌써 콩밭에 가 있다는 말이 실감 나죠? 이미 고향에 도착했는지도 모르겠군요. 아직 차 안에 갇혀 있나요? 나의 고향은 경북 안동입니다만 지금은 아버님을 모시고 경기도에 살고 있어 고향에 갈 필요가 없어졌어요.

매달 초에 가는 산행을 이번 달에도 어기지 않고 떠날 수 있었습니다. 산행하면서 계곡 물에 발을 담그고 함께 간 동료와 전남 담양의 소쇄원에 관해 이야기하게 되었습니다. 소쇄원을 아세요? '소쇄원', 발음하기가 힘들죠? 소쇄원은 한자로 '瀟灑園'이라 씁니다. 획이 너무 많아 무슨 글자인지 보이지도 않죠? 의미는 아주 아름다워요. 맑을 '소瀟', 깨끗한 '쇄灑'이니 맑고 깨끗한 정원이라는 뜻이죠.

옛날 학생들과 함께 철학 기행을 가던 중 우리나라 최고의 정원이라 하는 소쇄원에 가 본 적이 있습니다. 그 뒤 자료 조사를 해보았습니다.

소쇄원 광풍각,
흐르는 계곡 옆에 앉아 소리를 들으며 바람을 맞는 곳.
사진 오른쪽에 계곡이 보인다.

소쇄원의 미학에 관해 많은 분이 글을 남겼더군요. 누구는 소쇄원은 빛과 어둠, 색과 바람, 물과 소리의 향연이라고 하더군요. 정말 맞는 말이었습니다. 나는 소쇄원을 돌아보면서 나름대로 생각한 것이 있었어요. 그 생각을 이번에 산행을 같이 간 동료에게 말했지요.

"한국의 정원과 다른 나라 정원의 차이를 아느냐?" 내가 너무 갑작스럽게 물어보자 그가 멈칫하더군요. 생각할 틈도 주지 않고 내가 이야기했지요. '외국의 정원에는 항상 호수가 있다. 호수가 정원의 핵심을 이룬다. 호수를 바라보면서 자기 스스로 반성하라는 뜻이다. 한국의 정원, 특히 소쇄원을 보면 호수가 없다. 오동나무 아래 작은 연못이 있기는 하지만 그곳은 '봉황이 깃드는 장소'(봉황과 오동나무는 어진 친구를 맞이하는 장소를 의미한다)를 표현할 뿐이다. 그것은 소쇄원의 중심이 아니라 출발점을 의미한다. 소쇄원의 핵심을 이루는 것은 계곡이다. 그 계곡 곁에는 정자가 있어서 선비들은 그 계곡의 물이 흐르는 소리를 듣고, 그 계곡을 스쳐 지나가는 바람을 맞이한다. 물소리와 바람에 세속에서 들끓었던 마음속의 온갖 번뇌와 시끄러운 소리가 씻겨나간다. 그게 선비들에게 휴식의 의미가 아니겠는가?'

이렇게 말했더니 그는 그럴듯하다고 말합니다. 어때요? 잘 이해되지 않나요? 여러분은 게임을 하거나 음악에 맞추어 몸을 흔드는 것을 휴식이라 생각하죠? '계곡에 앉아서 마음을 씻으면서 휴식한다고? 역시 세대 차 느낀다!' 아마 이렇게 생각할 겁니다. 좋아요. 그저 내 생각을 이야기하는 것으로 그치겠습니다. 굳이 고집하고 싶은 생각은 없습니다. 내 생각에 조금이라도 공감이 가면 시간 될 때 담양의 소쇄원에 한번 가보시기 바랍니다.

실증주의의 한계

벌써 3강째입니다. 이번에는 '대중조작의 기술'에 관해 알려달라는 물음에 대답할 차례입니다. 이 물음은 2강에서 다루었던 '생각의 복사 기계' 물음과 연결됩니다. 잘못된 생각을 그럴듯한 생각인 것처럼 복사하는 기계를 통해서 대중을 조작하는 것이니까요. 생각의 복사 기계는 '이데올로기적 세뇌'에 속합니다. 이데올로기란 일반적으로 부정적인 의미로 사용됩니다.* 그것은 현실에 관한 잘못된 생각이지만 겉보기에는 그럴듯한 생각을 말합니다. 대중조작이란 생각을 이데올로기적으로 조작하는 것을 넘어서서 욕망에 관한 심리적 조작까지 포함합니다. 사람의 욕망도 단순히 타고난 것이 아닙니다. 욕망조차도 사회 정치적으로 조작할 수 있어요. 예를 들어, 상품광고는 아프리카인에게 모피코트를 팔고, 북극 에스키모에게 냉장고를 팔 수 있게 만드니까요. 대중조작은 이런 심리적 조작까지 포괄하니까 이데올로기적 세뇌보다 더 포괄적인 개념으로 보입니다.

이런 심리적 조작으로서 대중조작에 관해 알아보기 이전에 생각을 이데올로기적으로 조작하는 방법 가운데 또 한 가지를 소개해야 하겠군요. 이번에는 실증주의라는 방법을 설명해 볼까 합니다. 실증주의라는 말은 종종 들어보았을 겁니다. 자연과학에서 자주 사용했던 방법론

---

* '이데올로기'와 '이념'이라는 말은 구분됩니다. 둘 다 영어로 '관념(idea)'에서 나왔지만 이념(idea)이란 인간의 이상(ideal)적인 생각이라는 의미로 사용되고, '이데올로기(ideology)'는 생각(idea), 특히 잘못된 생각이 발생하게 된 원인을 연구하는 학문(logy)을 가리키는 말로 사용됩니다. 예를 들어 '사회주의'도 이상이라는 의미에서는 사회주의 이념이고, 잘못된 생각일 때는 사회주의 이데올로기이죠.

이죠. 어떤 가설을 경험을 통해서 정당화하는 방법을 말합니다. 실증적 방법은 근대 자연과학의 핵심적인 방법이며, 이런 실증을 통해서 수많은 과학적 진리가 발견되었죠. 그래서 누구도 실증주의라는 방법을 전적으로 부정하기는 어렵습니다.

때로 자연과학에서 실증주의를 빙자해 어처구니없는 주장을 하기도 합니다. 나는 솔직히 영양학자를 잘 믿지 않습니다. 영양학자는 1970년대까지만 해도 밀가루로 만든 분식이 최고라고 했습니다. 밥만 먹으면 무슨 병에 걸리고 분식 가운데에는 어떤 장점이 있다고 말했어요. 최근 쌀이 남아돈다는 말이 들리더니 갑자기 분식을 하면 어떤 병에 걸리고 밥에는 무슨 장점이 있다고 하더라고요. 그 모두가 실증적인 연구 끝에 나온 결론이란 겁니다. 솔직히 이런 실증적 연구가 정말 실증적 연구일까 의심스럽습니다. 그런 연구는 항상 통계자료를 내밀지만 그런 자료는 자기 입맛에 적당히 맞춘 경우가 많아요. 통계적 물음 자체를 조절해서 자기가 원하는 답을 유도하기도 하죠.

이상의 예에서 보듯이 실증적 연구란 자주 자기 입맛에 맞게 물음을 조작합니다. 더구나 최근에는 실증이 과학의 유일한 토대가 되는가에 대해서 의문을 품는 철학자도 많습니다. 여러 청년들은 최근 토마스 쿤과 같은 과학철학자의 주장을 참고해서 실증적 연구의 한계가 무엇인지 더 깊게 파악해 보기 바랍니다.

뉴라이트의 궤변

실증주의를 사회과학에 적용하는 경우에도 황당한 예가 자주 발생합니다. 이때는 실증주의가 이데올로기적 조작의 기술로 사용되기도 합니다.

실증주의가 이데올로기 조작의 기술로 사용된 대표적인 경우가 바로 뉴라이트 관점에서 쓰인 역사교과서입니다. 기억나죠? 그 역사교과서는 일제가 우리나라를 근대화시켰다든지 일본군 강제위안부는 민간에 의한 매춘영업이었다든지 이승만에게 건국의 공로가 있다든지 5·16은 혁명이고 박정희가 경제개발을 했던 것은 사실이라든지 등등의 주장을 펼쳤지요.

일제 찬양과 관련된 뉴라이트의 주장은 언급할 가치도 없으니 무시하고, 박정희 찬양과 관련된 주장만 예로 들어 봅시다. 이런 찬양에 관해서는 '일베' 회원뿐 아니라 일반 청년들도 동조하는 경우가 많다고 들었기 때문입니다. 박정희를 찬양하는 뉴라이트 주장의 핵심에는 소위 개발독재라는 개념이 있습니다. 근대화가 필요한데 이 근대화를 추진하기 위해서는 독재가 불가피했다는 주장입니다. 처음에 뉴라이트는 박정희가 독재를 했지만 경제개발의 공도 있다고 주장했어요. 이런 주장에서 더 나아가 아예 독재가 경제개발을 위해 불가피했다는 주장이 나온 거죠. 뉴라이트는 머지않아 아마도 박정희가 독재를 했다는 것까지 부정할 것으로 보입니다. 아직은 독재까지 부정하지는 못하는 모양입니다.

여기서 다른 것은 다 제쳐놓고 박정희 시대 경제개발에 관해서만 살펴보기로 하죠. 수출 실적이 올라가고, 중화학 공장들이 들어섰으니 이런 사실만 본다면 경제적 차원에서 무언가가 이루어진 것처럼 보입니다. 이런 경제적 성과 가운데 박정희가 얼마만큼 기여했을까요?

물론 그가 내세운 '수출입국'이라는 정책이나 '잘 살아보세'라는 액티비즘(activism : 하면 된다는 적극적 정신)의 정신이 일부 기여했던 것은 사실입니다. 하지만 이것만으로 경제개발이 이루어질까요? 자, 생각해 봅시다. 당시 필리핀이나 남미에서도 우리보다 먼저 동일한 정책을 취했습니다. 처음에는 필리핀과 남미가 우리나라보다 더 잘 나갔어요. 하지만 필리핀과 남미는 성공하지 못했어요. 왜 그럴까요?

필리핀이나 남미는 당시 여전히 식민지 시대의 유산인 대농장 체제(라티푼디움)가 유지되고 있었습니다. 수출 정책의 모든 이익은 대농장주에게 돌아갔죠. 우리의 경우 이미 토지개혁이 시행되어 대농장 체제가 사라졌습니다. 북한에서 토지개혁이 일어나자 민중의 압력이 심해졌고, 그 결과 이승만은 토지개혁을 하지 않을 수 없었어요. 이런 토지개혁이 있었기에 수출의 이익이 공업에 재투자되었고 경제발전이 가능했죠. 이 간단한 사실만 놓고 보더라도 경제개발의 공은 박정희한테 가는 것이 아닙니다.

이번에는 박정희의 '액티비즘'에 대해 말해 볼까요? 그런 정신이 민중들에게 '해보자'는 열기를 불어넣은 것은 사실입니다. 하지만 그것만으로 충분했을까요? 사실은 유능한 관료와 경영자가 있었습니다. 이런 관료, 경영자는 조선 시대부터 내려왔던 유교의 정신적 교육의 결과입니다. 우리나라 자본주의를 외국에서 종종 유교 자본주의로 평가하는 이유가 여기에 있습니다. 차라리 경제개발의 공은 토지개혁에 있었다고 할 수 있겠죠.

그뿐만 아니라 민중 역시 활기 있게 움직였습니다. 그 이유는 무엇일까요? 6·25 전쟁은 엄청난 사회적 변화를 일으켰습니다. 무엇보다도 전통적인 신분체제가 일거에 무너졌습니다. 민주주의의 가치, 평등하고 자율적인 인격이 최선의 가치로 자리 잡게 되었지요. 그런 결과로 등장한 것이 민중의 활기이죠. 만일 신분체제가 남아 있었다면 그런 드라마틱한 민주주의적인 활기가 없었을 겁니다. 나는 민주주의적인 가치가 경제개발에서는 너, 나 할 것 없이 공정한 경쟁을 통해 살아보자는 액티비즘으로 나타났다고 봅니다.

그럼, 민중의 활기를 처음 동원한 사람이 박정희일까요? 천만의 말입니다. 민중의 활기가 출현한 처음 사건은 4·19 혁명이었어요. 4·19 혁명, 그것은 전쟁 이후 민주주의의 가치에 눈을 뜬 민중이 일으킨 사건이었습니다. 이런 민중적 활기가 4·19 혁명을 낳고, 박정희 시대 경제개발을 일으킨 원천이었습니다.

경제개발은 이처럼 토지개혁, 관료와 경영자의 유교적 교육, 민중의 활기, 그리고 수출입국 정책 등의 복합적인 결과라고 말해야 할 것입니다. 만일 그 가운데 어느 하나라도 빠졌다면 경제개발은 불가능했을지도 몰라요. 이 모든 것이 박정희의 공입니까? 토지개혁, 유능한 테크노크라트, 활기 있는 민중은 아무 역할도 하지 않았나요?

박정희 시대 경제발전은 일부 그에게 공이 있는 것은 사실입니다. 그러나 오직 박정희에게만 공을 돌린다는 것은, 심지어 그에게 최대의 공을 돌린다는 것은 어불성설이라 하지 않을 수 없습니다.

사물을 이해할 때 사실을 개별적으로 보지 말고, 복합적으로 연관된 전체를 보는 것이 중요합니다. 실증주의란 복합적인 연관 속에 있는 사실들을 각기 고립시켜서 보면서 그중 어느 하나만 강조하는 입장입니다. 뉴라이트는 이런 실증주의의 입장에서 경제개발의 공으로 박정희의 역할만 강조하고 있어요. 이런 실증주의를 역으로 이용한다면 이렇게도 말할 수 있습니다. 박정희 시대 경제개발의 공은 민중의 활기 덕분이라고 말이죠. 이 민중의 활기를 통해 4·19 혁명도 이루었고, 이 민중의 활기가 5·16 쿠데타 이후 경제개발을 성공하게 한 기관차였습니다. 박정희가 집권하지 않고, 장면 민주당 정권이 지속하였더라도 이런 민중의 활기가 존재하는 한 성공적인 경제개발은 필연적이었다는 거죠.

박정희한테 공이 있습니까? 아니면 민중들에게 공이 있습니까? 이런 물음은 앞에서 예로 들은 물음 '분식이 건강에 좋으냐? 쌀이 건강에 좋으냐?' 하는 물음과 똑같은 것입니다. 모두 복합적으로 연관된 전체 속에서 하나만 끄집어내서 강조하는 것이죠. 이게 실증주의의 기만이고, 뉴라이트의 궤변이고, 이데올로기적인 조작의 기술이죠.

괴벨스의 대중선동 기술

지금까지 이데올로기 조작의 방법을 소개했어요. 이제 한 걸음 더 나가서 대중을 심리적으로 조작하는 기술을 소개하려 합니다.

대중을 조작하는 방법 가운데 유명한 방식이 있죠. 그것은 최근 한국에서 널리 유행하는 방식입니다. 기억나나요? 그게 바로 종북몰이입니다. 종북몰이는 종종 나치의 유대인 박해와 비교됩니다.

학자들이 나치즘을 다양한 차원에서 분석하다 보니 여러 주장이 나오게 되었죠. 이 자리에서는 이런 구구한 분석은 제쳐놓고 우리 강의 주제에 맞게 나치즘이 지닌 대중선동의 기술이라는 측면에만 주목하려

합니다. 나치즘의 대중선동 기술에 관해서는 그 유명한 나치의 선전 책임자 괴벨스가 남긴 말이 있죠. 그중의 하나를 소개해 볼까요?

"분노와 증오는 대중을 열광시키는 가장 강력한 힘이다."

증오를 통해 대중을 열광시킨다니, 이해하기 어렵죠? 대부분의 사람은 다른 사람을 증오하는 것을 좋아하지 않습니다. 자기의 이익을 침해하면 미워하지만 약간의 보상이나 타협을 통해 증오를 잊어버리죠. 타인에 대한 증오가 결코 잊혀지지 않는 경우라면 오히려 특별한 경우입니다. 이런 경우 증오하는 것 자체가 어떤 면에서는 즐거움을 주는 게 아닐까요? 이런 증오는 자기의 증오를 먹고 자라듯이 누적적으로 증가하죠.

예를 들면, 편집증의 경우가 그렇다고 해요. 환자는 누군가가 자기를 박해한다고 믿는답니다. 물론 그런 박해란 환상에 불과하죠. 그게 환상이라고 아무리 설명해도 그는 인정하지 않습니다. 그는 상대가 자기를 박해하기 위해 끊임없이 새로운 음모를 꾸미고 있다고 생각합니다. 어떻게 보면 그는 박해자가 자기를 박해해 주기를 바라는 것처럼 보입니다. 그는 박해자를 증오합니다. 그의 박해 망상 속에 박해자가 된 사람이 그 앞에서 사라져도 그의 망상이 끝나지 않아요. 그는 새로운 사람을 자신의 박해자로 만들죠.

왜 이런 일이 일어나는 걸까요? 프로이트, 라캉*의 정신분석학은 이

---

* 자크 라캉(Jacques-Marie-Émile Lacan, 1901~1981)은 프랑스의 철학자, 정신분석학자이다. 프로이트에 대한 독자적인 해석으로 세계적인 명성을 얻었다. 그의 대표

에 대해 일정한 대답을 해 주고 있습니다. 정신분석학은 편집증적인 증오를 이렇게 설명합니다. 편집증 환자는 무의식적으로 위반적인 욕망을 느끼고 있습니다. 그 때문에 그는 위험을 느낍니다. 그는 이런 위험 앞에서 자기를 합리화하죠. 이 위험을 내부에서 오는 것, 자기의 욕망에서 오는 것으로 간주하지 않고, 외부에서 오는 것, 타인의 위협에서 오는 것으로 여긴다는 겁니다. 그는 이런 식으로 내부의 위험을 외부의 적으로 전환하죠. 외부에 대한 증오가 점점 더 증가한다면 사실은 내면에서 위반적 욕망이 누적적으로 증가하고 있다는 게 정신분석학의 결론입니다.

유대인 박해의 논리와 두려움

이런 편집병 환자가 취하는 심리적인 전술은 정치적으로도 자주 이용되죠. 정치가들은 체제를 붕괴하는 내적인 위험을 감추기 위해 수시로 대중에게 외부 적이 침투한다는 위협을 꾸며냅니다. 정치가는 때로 외부의 적에 대해 소규모 전쟁을 벌이기도 합니다. 대중은 체제 내적인 위험을 잊거나 알지 못한 채 체제 외부의 적에 대한 증오에 열을 올리죠. 이처럼 체제 외부에 대한 증오에 열광하는 이유는 거꾸로 체제 내부에 위험이 있기 때문입니다. 그 위험에 의해 체제가 무너질지 모른다는 두려움이 외부의 적에 대한 증오로 나타나죠.

이런 정치적 전술의 예는 무궁무진합니다. 괴벨스가 수행한 반유대

적인 이론은 '거울단계 이론'과 '상징계', '실재계'의 개념이다. 그는 구조주의적인 언어 이론을 도입하여 무의식의 구조를 밝히려 했다.

주의 선전이 그 대표적인 사례입니다. 당시 독일은 1차 세계대전에서 패배했습니다. 막대한 전쟁배상의 책임으로 경제가 비틀거렸습니다. 1930년에 이르러서는 세계 대공황이 일어났습니다. 이 경제공황으로 독일은 유럽에서 가장 큰 타격을 입었습니다. 실업이 만연했고, 민주주의는 기능이 마비되었습니다.

그러자 사람들은 두려움에 사로잡혔습니다. 그 두려움은 자본주의 체제가 내부의 모순(경제공황)으로 붕괴하지 않을까 하는 두려움입니다. 나치는 대중에게 만연된 이런 두려움을 간파했죠. 나치는 이 두려움의 원인을 외부의 적에게 돌리기로 했습니다. 유대인의 음모라는 환상이 선전을 통해 대중에게 불어넣어졌습니다. 대중은 나치의 말이 그럴듯하다고 보았습니다. 유대인은 수수께끼 같은 존재이기에 독일을 멸망시킬 음모조차 꾸밀 수 있을 거라고 대중은 의심했죠. 자본주의 위기에 대한 대중의 두려움은 유대인에 대한 증오감으로 변했습니다. 어휴, 이야기가 또 길어졌군요. 오늘 강의는 여기서 마칠까 합니다. 그럼 다음에 또 봐요.

제2부__ 힐링보다 원인 치유가 먼저

4강 《아프니까 청춘이다》 유감

코스모스

　　　　가을이 성큼 다가왔습니다. 내가 사는 동네는 서울 근교인 남양주입니다. 아파트를 끼고 돌면서 왕숙천이 흘러 한강과 만나고 있습니다. 나는 가끔 자전거를 끌고 왕숙천을 따라 한강까지 가보곤 합니다.

　왕숙천이 한강과 만나는 곳은 구리시 토평 지역인데, 거기 한강 둔치에 널따란 코스모스 밭이 있습니다. 지난 일요일에 가보니 벌써 코스모스가 띄엄띄엄 피었습니다. 멀지 않아 코스모스가 가득 필 것을 생각하니 벌써 흥분됩니다.

　오늘 아침 페북에 권순진 선생님이 시인 이규리의 〈코스모스는 아무것도 숨기지 않는다〉라는 시를 올려 주었습니다. 아름다운 시이기에 일부를 소개합니다.

　잘 보라
　흔들리면서 흔들리면서도

똑같은 동작은 한 번도 되풀이 않는다.

코스모스의 중심은 흔들림이다

흔들리지 않았다면 결코 몰랐을 중심,

중심이 없었으면 그 역시 몰랐을 흔들림,

……

아름다운 시죠? 시인의 눈이 정말 탁월합니다. 코스모스는 한순간도 쉬지 않고 바람에 흔들리고 있죠. 코스모스의 흔들리는 몸짓은 한 번도 똑같이 되풀이된 적은 없습니다. 그렇게 흔들리면서도 코스모스는 꼿꼿하게 서 있습니다. 아니 어쩌면 그렇게 흔들리고 있기에 꼿꼿하게 서 있을 수 있겠죠.

지금 청년들은 아마도 한참 수업에 열중하고 있을 것으로 보입니다. 10월 초에 코스모스 축제가 있다고 하니 잊지 마시고 애인과 함께 오시기 바랍니다. 어때요? 이런 얘기만으로도 마음이 치유되는 것 같지 않나요? 오늘 강의할 내용도 '마음의 치유'(힐링)에 관한 이야기입니다.

김난도의 《아프니까 청춘이다》

지난 3개의 강의는 모두 '허위에 관한 물음'을 다루었습니다. 이 물음은 거꾸로 '진리에 대한 물음'을 전제로 합니다. 진리가 있어야 허위도 있는 거니까요. 일반적인 철학 강의에서는 진리의 인식 이론을 다룹니다. 나는 청년들이 제시한 물음을 따르다 보니 반대로 허위에 관한 이론을 강의했습니다. 그것도 체계적으로 설명하기보다 우리나라에서 자주 이용되는 이데올로기 선전, 대중조작의 기술과 연관해서 단편적으로 설명했습니다. 청년들은 그렇다면 진리는 어떻게 인식해야 하는가 하는 의문을 당연히 가졌을 것입니다. 이런 물음은 나중에 변증법의 길을 다룰 때 설명하기로 하죠. 나는 청년들이 제시한 두 번째 주제로 넘어가고자 합니다.

두 번째 주제는 요즈음 성행하고 있는 '힐링' 또는 '마음 치유'에 관련한 것입니다. 청년들은 이 주제와 관련하여 이렇게 물었습니다. "힐링보다, 마음을 치유하는 것보다 원인을 치유하는 것이 먼저가 아닌가?" 정말 좋은 주제입니다. 이 주제 속에는 여러 작은 물음들이 있는데 그 가운데 첫 번째 물음은 "법륜과 김난도, 혜민을 어떻게 생각합니까?"라는 물음입니다. 워낙 유명한 분들이니까 누구인지는 다 잘 아시죠? 다들 존경받을 만한 분이지만 존칭은 생략하겠어요. 구체적 개인을 문제 삼는 것이 아니라 그분들이 내세운 주장이나 삶의 태도를 언급하는 것이니까요. 오늘은 우선 그 가운데 첫 번째 물음에 대해 대답하려고 합니다.

사실 나는 법륜과 김난도, 혜민의 책이나 강의를 들어본 적이 없습니다. 나는 성격이 좀 괴팍해서 영화도 5백만 명 이상 관람한 영화는 보지 않는다는 것을 신조로 삼고 있거든요. 그 때문에 근 1천8백만 명이 보았다는 영화 〈명량〉도 보지 않았습니다. 내가 누군가한테 이런 신조 때문에 영화 〈명량〉을 보지 않았다고 말하니까 그 사람이 "그쯤 되면 당신이 비정상이야!"라고 말하더군요. 세상 사람들이 다 하니까 일부러 하지 않는다는 것도 병적인 거죠. 할 말이 없었습니다.

마찬가지 이유로 법륜과 김난도, 혜민의 책도 보지 않았습니다. 그들은 너무 널리 알려졌으니까 굳이 나까지 알 필요는 없지 않을까 생각했던 겁니다. 다행히 청년들이 이런 물음을 던졌으니 미션을 수행하기 위해 그들의 책을 읽어 보려 했습니다. 내가 자주 가는 동네 도서관에 가서 그들의 책을 찾아보니 법륜과 혜민의 책은 없었습니다. 작은 도서관임에도 불구하고 김난도의 《아프니까 청춘이다》라는 책은 여러 권 있어서 곧바로 빌릴 수 있었습니다.

오늘 아침부터 읽었는데 꼬박 세 시간 걸려 완독했습니다. 속도가 너무 빠른가요? 전체가 4부로 되어 있는데 그 가운데 1, 2부는 노트에 정리해 가면서 열심히 읽었습니다. 그렇게 하다 보니 3, 4부에 이르자 제목만 보아도 무슨 이야기인지 훤히 짐작되었습니다. 솔직히 3, 4부는 그야말로 순식간에 읽어 버렸습니다. 나의 눈으로 보면 3, 4부는 좀 진부했고, 그래도 1, 2부는 읽을 만했습니다. 당연히 읽은 소감을 이야기해야 하겠지요?

당신은 몇 시?

《아프니까 청춘이다》에서 기억나는 말이 몇 가지 있습니다. 한 가지는 지금 청년들(24세를 기준으로)의 나이를 하루의 시간으로 환산하면 7시 12분에 해당한다는 겁니다. 사람들이 막 버스를 타고 시내로 나갈 시간이죠. 재미있는 발상이었습니다. 내 나이를 환산해 보니 저녁 6시 딱 퇴근 시간이었습니다. 정말 좋은 나이지요?

또 한 가지 기억나는 말은 바닥이 겨우 30센티미터 밑인데, 그 바닥을 보지 못해서 밧줄에 죽어라고 대롱대롱 매달려 있다는 비유입니다.

감히 바닥을 볼 용기가 없어서 밧줄을 놓지 못하고 있다는 겁니다. 이때 김난도 교수는 과감하게 밧줄을 놓아버리라고 말합니다. 통쾌한 비유였습니다. '백 척이나 긴 장대 꼭대기에서 몸을 던진다'는 말이 있습니다. 그런 말처럼 들렸습니다.

말하는 김에 한 가지 더 하자면 '어장관리'라는 말입니다. 나도 김난도 교수와 비슷한 시기에 대학에 있었는데 이상하게도 이 말은 몰랐습니다. 내가 있었던 대학 학생들이 아직은 더 순수하기 때문일까요? 정말 그런 게 있나요?

아, 또 하나 있어요. 대개 '알파 걸', '알파 보이'가 '찌질이'라는 주장입니다. 부모에 의존해 독립성 없는 청년을 그렇게 부른다면서요? 공부는 잘하지만 나머지 자신의 삶에 관해서는 어쩔 줄을 모른다는 거죠. 그런 비유가 재미있었습니다.

흥미로운 구절들은 찾아보면 더 많이 있을 겁니다. 이런 구절들 때문에 이 책이 베스트셀러가 되었던 모양입니다. 내가 너무 칭찬했나요? 그럼 이제는 비판적으로 말해 볼까요?

서부 개척정신

속된 말로 "빠다 냄새가 난다"(이상하게도 이 경우 버터보다는 '빠다'라고 발음하는 게 어울리는군요)라는 말이 있는데 무슨 말인지 짐작하죠? 미국물이라는 뜻입니다. 솔직하게 말하자면 이 책 《아프니까 청춘이다》의 많은 부분은 그런 빠다 냄새가 났습니다. 미국식 삶의 지혜가 바로 그런 것이죠. 미국식 삶의 지혜를 요약하자면 이렇게 말할 수 있을 겁니다.

'열정적으로 하다 보면 성공에 이르게 마련이다. 때로 쉬면서 자기의 목표나 방법에 관해 성찰할 필요도 있다. 안주하지 마라. 불확실한 미래, 가능성에 대해 도전해야 한다. 무엇보다도 자기 자신의 힘으로 해야 한다. 절망할 필요는 없다. 아직 젊으니까. 시련을 딛고 일어서야 한다.'

이상과 같은 미국식 지혜를 한마디로 줄여 말할 수도 있습니다. "하면 된다!" 여기에 물론 사랑이라는 양념이 빠질 수 없습니다. '미치도록 사랑하라, 몰두하는 용기가 필요하다.' 이런 충고는 미국식 지혜와는 충돌하죠. 비합리적이니까요. 하지만 이것은 어디까지나 양념입니다. 그래서 김난도 교수는 "사랑하니까 모든 것을 바쳐야 하지만 그 관계 속에 '나'가 보이지 않는다면 문제이다"라고 말하죠. '나를 잊어버릴 정도로 사랑에 몰두하지는 마라, 사랑, 그건 적당히 해라.' 이런 뜻으로 보입니다.

이런 미국식 지혜라면 나와 같은 세대는 너무나도 잘 압니다. 혹〈국민교육헌장〉이라는 것을 아나요? 내가 고등학교 1학년 때인 1968년 12월 정부가 발표했고, 그걸 외우지 못하면 매일 선생에게 얻어맞아야 했습니다. 〈국민교육헌장〉은 미국식 개척정신에다가 유교적 충효정신을 버무려서 만든 것입니다. 이런 〈국민교육헌장〉을 우리는 외우고 또 외웠으니 누구보다도 미국식 빠다 냄새나는 삶의 지혜를 잘 알고 있죠.

박정희식 〈국민교육헌장〉은 '하면 된다'라는 정신이라고 말할 수 있습니다. 이렇게 줄여놓고 보니 김난도의 말이나 박정희의 말이 유사하다는 것을 쉽게 알 수 있죠?

유자와 탱자

김난도 교수의 서부 개척정신은 그 자체로 본다면 잘못은 아닙니다. 사실 청년들에게 이런 진취적인 개척정신이 필요할 수도 있습니다. 어떤 사상도 그저 나쁘기만 한 것은 아닙니다. 어떤 사상이 특별한 현실에서 실천된다면 다른 현실에서 발생하지 않았던 문제가 발생합니다. 혹시 이런 속담을 아나요? '강남에 사는 유자가 강북에 가면 탱자가 된다.' 사상이란 것도 그런 것입니다. 어떤 현실에서는 필요하고 의미도 있지만, 어떤 현실에서는 오히려 해가 되고 위험하기도 합니다.

서부 개척정신도 미국의 서부 개척 시대에는 아름다운 사상이었습니다. 황폐한 광야, 무엇이 나타날지도 모르는 끝없는 대지를 총 한 자루, 곡괭이 하나 들고 달려가는 호쾌한 카우보이는 낭만적이기도 하고 숭고하게도 보입니다. 이 카우보이가 미국의 원주민인 인디언을 무참히 학살했다는 사실을 잊어버리기만 한다면 감동할 만합니다.

그러나 현실 자체가 병들어 있어서 근본적인 수술이 필요한 경우에는 어떨까요? 마치 지금 우리나라의 현실처럼 말이죠. 이런 경우에는 열심히 하면 할수록 어떤 결과가 나타날까요? 그런 병든 현실이 더욱더 강화되지 않을까요? 이런 경우에는 현실 자체를 고발하고 변혁하는 것이 우선 필요하지 않을까요?

유사한 경우를 우리는 공자의 '정명 사상'에서도 볼 수 있습니다. 정명 사상이란 올바를 정(正), 이름 명(名)을 써서 '각자가 자기의 본분(이름)에 맞게(올바르게) 행동하자'는 주장입니다. 아버지라면 아버지에 합당하게, 학생이라면 학생에 합당하게 행동하자는 뜻이지요. 이런 정명 사상이 때로 필요한 경우가 있습니다. 서로 합의해서 역할을 분담했을 때죠. 그때는 각자가 자기에게 맡겨진 역할을 충실하게 다해야 하겠죠. 우리 사회도 마찬가지라 봅니다. 누구는 법률가로서, 누구는 정치가로서, 누구는 학자로서, 누구는 기업인으로서, 누구는 예술가로서 자기의 본분을 다할 때 아름다운 사회가 되겠죠.

그러나 정명 사상도 위험스러울 때가 있습니다. 공자의 정명 사상은 원래 봉건시대에 나타났습니다. 공자는 임금은 임금의 본분을 다하고, 신하는 신하의 본분을 다하라고 말했습니다. 본분을 다한다는 것은 맞지만 이 경우에는 임금과 신하라는 관계, 봉건적 지배관계가 전제되고 있습니다. 이런 경우 정명 사상에 충실하면 할수록 어떻게 되겠습니까? 봉건적 지배관계는 더욱 강화될 것입니다. 이런 경우에는 각자가 자기의 본분을 다하라는 정명 사상은 기득권층을 위한 보수적인 사상이 됩니다.

결론적으로 청년들이 내게 물었던 질문에 이미 답이 있습니다. 그 물음은 '힐링보다는 원인을 치유하는 것이 먼저 아닌가?' 하는 것인데 정말 맞는 말입니다. 오늘은 힐링 가운데 김난도식 힐링에 대해 말했지만 사실 힐링에는 그런 것만 있는 것은 아닐 것입니다. 법륜과 혜민의 힐링도 있고, 그 외에도 정말 다양한 힐링의 방법이 있어요. 그 점에 관해서는 다음에 또 말해 보기로 하죠.

5강 위로에서 마음 치유로

마음 치유로서 힐링

　　　　잘 지내고 있겠죠? 벌써 5강째군요. 이번 강의에서는 '힐링'이라는 주제와 관련된 두 번째 물음 "힐링 열풍, 왜 '위로'가 필요해졌을까?"라는 물음에 대답하려 합니다. 우선 '위로'라는 말이 눈에 뜨입니다. 청년들은 힐링은 곧 위로라고 규정하는 것으로 보입니다.

　　힐링을 과연 위로라고만 할 수 있을까요? 물론 김난도의 《아프니까 청춘이다》라는 책을 보면 그렇게도 볼 수 있겠습니다. 김난도가 주장하는 것은 개척정신이고, 박정희 시대 '하면 된다'는 정신과 같은 겁니다. 그는 지금 시대의 청년들에게 이런 개척정신이 약화되었다고 봅니다. 그는 청년들의 개척정신을 다시 강화하려고 하죠.

　　요즈음 '힐링'과 관련해 나오는 많은 심리학책도 이와 유사합니다. 이런 책의 내용은 대부분 '상담심리학' 분야입니다. 상담심리학의 기본 입장은 사람들의 자아가 붕괴되었다는 것이죠. 이 자아를 다시 강화해 현실에 적응시켜야 성공할 수 있다고 주장합니다.

　　왜 지금 시대 개척정신이 약화되고, 자아가 붕괴되었을까요? 김난도나 심리학책들은 현실 속에서 심한 좌절을, 과거보다 더 큰 좌절을 겪었기 때문에 이런 자아의 약화나 붕괴가 일어났다고 보는 것 같습니다. 김난도나 상담심리학책들은 그 이상 깊게 들어가지는 않습니다. 자아의 약화나 붕괴가 왜 이 시대에 일어났는가에 대해서는 더 이상 언급하지 않습니다. 먼저 이런 시대적 현실에 대해 분석해야 하지 않을까요? 이 시대가 IMF를 겪은 이후 금융위기가 지속되는 위기 상황이며, 사회적 양극화와 비정규직이 확산되면서 청년들과 사람들의 삶이 불안해졌다는 사실에 관해서 관심을 가져야 하지 않을까요? 그런 사실이 자아의 약화와 붕괴의 원인이 아닐까요?

그들은 병든 현실에 대해서는 대체로 무관심합니다. 어떻든 현실은 현실이고 그것은 받아들일 수밖에 없으니, 남아 있는 길은 개척정신과 자아의 힘을 다시 강화하여 현실을 극복해야 한다는 거죠.

어떻게 이 정신과 자아를 강화할 수 있나요? 그 방법이 무엇일까요? 여기서 그들은 '위로'라는 개념을 제시합니다. 현실에서 좌절 때문에 겪는 상처에 대해 공감을 보여주고, 따뜻한 위로의 말을 던지며 힘내라고 격려해 줍니다. 이런 위로를 통해 힐링이 되고 자아가 강화된다는 거죠.

어떻게 보면 이것은 위로라기보다는 차라리 채찍질이라고 볼 수 있겠죠. 병든 현실에 책임을 물어봐야 소용없다고 체념하면서 이들은 현실에 좌절하는 청년들 자신에게 책임을 묻습니다. "너무 빨리 절망하는 것 아니냐? 남들은 다 견디는데 넌 왜 그러니, 어디 힘을 더 내봐". 이런 식의 위안은 따뜻하기는 하지만 분명히 채찍질이라 하겠습니다.

목표는 정해졌습니다. 자아를 강화하여 현실에 적응하는 겁니다. 그것을 위해 따뜻한 위로를 통해 격려합니다. 만일 이런 위로가 통하지 않을 때는 어떨까요? 그때는 위로하는 방식이 점차 무서워지겠죠. 채찍질은 더욱 강하게 되고, 끝내는 폭력을 행사하게 될 겁니다.

모든 힐링이 이런 위로, 아니 채찍질만을 목적으로 한다고 볼 수는 없습니다. 요즈음 힐링이 '마음치유'라는 점을 강조하는 것을 보면 힐링의 의미가 단순한 위로를 넘어서려 한다는 것을 알 수 있습니다. 이제 힐링, 마음치유는 정신적인 변화를, 삶의 목적 자체의 변화나 새로운 삶의 방식을 지향하는 것으로 보입니다. 그래서 청년들의 물음을 이렇게 바꾸어 보았습니다. "힐링 열풍, 왜 '마음치유(새로운 정신 체험)'가 필요해졌는가?"

불교적 지혜

청년들이 나에게 미션으로 준 법륜이나 혜민의 책은 이런 새로운 정신적 체험과 관련된 것으로 보입니다. 그 체험이란 곧 불교적인 지혜이죠.

나는 종교가 없습니다만 그래도 좋아하는 종교가 있다면 가톨릭과 불교입니다. 나는 대학 시절에 세 가지 사상을 가지고 있었습니다. 문학 쪽으로는 사르트르의 참여주의를 좋아했습니다. 그 시대는 실존주의 시대였으니까요. 정치적으로는 당시 리영희 선생님*을 통해 소개된

---

* 리영희(1929~2010) : 한국의 대표적인 진보적 언론인이며 학자이다. 그는 《전환시대의 논리》(1984) 《8억 인과의 대화》(1977)를 통해 베트남전과 중국의 문화 혁명에 대한 새로운 해석을 제시했다.

'마오주의'가 나를 매혹시켰습니다.

그리고 나는 종교적으로 불교를 좋아했습니다. 매번 여름방학이면 불교청년회의 꽁무니를 따라서 일주일 정도 절에서 참선 수련을 하기도 했지요. 나는 소위 근기(마음의 자질을 불교에서는 이렇게 말합니다)가 낮은지라 참선을 해도 졸립기만 해요. 그래서 훌륭한 스님을 만나서 직접 물어보면 되겠다는 약은꾀가 떠올랐습니다. 당시 유명한 선승과 학승들, 예를 들어 성철 스님이나 법정 스님, 탄허 스님 등을 찾아가기도 했지요. 그분들의 말씀도 불교의 화두만큼이나 알쏭달쏭했어요. 결국 아직도 깨닫지 못했습니다만 여전히 불교를 좋아해요.

지금 생각하면 실존주의, 마오주의, 불교가 서로 어울리지 않을 것 같은데 당시 나는 이것들이 전혀 모순되지 않는다고 생각했어요. 나는 술자리에서 친구들과 논쟁하면서 사르트르에서 불교로, 불교에서 마오주의로 마음껏 왔다 갔다 했지요. 당시 나의 궤변을 들은 친구들은 머리가 아팠거나, 어리둥절했을 것으로 생각합니다. 지금은 이 세 가지 사상을 어느 정도 논리적으로 구분할 수 있지만 심정적으로는 아직도 그것들이 서로 통한다고 생각해요.

무려 40년이 지나 다시 이 시대에 불교적 지혜가 되살아나는 것을 보니 사상사적인 관점에서 흥미롭다는 생각이 듭니다. 왜 불교적 지혜가, 마음치유가 되살아날까요? 이번 강의에는 이런 점들을 검토해 보고자 합니다. 아무래도 시대적 현실과 관련되지 않을 수 없겠죠. 이런 것을 검토하다 보면 자연히 힐링과 마음치유가 필요해진 이유가 드러날 것으로 생각합니다.

레크리에이션과 마음 치유

불교적 지혜를 다루기 전에 힐링에 어떤 것들이 있는지 좀 더 알아보아야 하겠어요. 지금 성행하는 힐링을 보면 정말 다양합니다. 가장 흔한 것은 스포츠나 문화(영화나 음악, 게임 등)의 경험, 다양한 취미생활이 아닐까 해요. 이런 것들은 값도 싸고 생활 가까이에서 할 수 있으니, 아마도 여러분들은 주로 이런 식으로 힐링을 하지 않을까 합니다.

이런 힐링은 대체로 신체적인 힐링에 속합니다. 주로 '건강'에 초점이 맞추어졌지요. 정신적 요소가 없는 것은 아닙니다. 정신적인 긴장을 완화하는 '휴식'이 덧붙여집니다. 지적인 배움도 있고 다른 사람과의 만남도 있지만 신체적 힐링에서 이런 요소는 아무래도 부차적이죠. 과거에는 이런 힐링은 힐링이라기보다는 레크리에이션(recreation : 재생이라는 뜻)이라고 불렀습니다.

근대화 시절에는 이런 레크리에이션이 지배적이었습니다. 그때 레크리에이션은 노동을 마친 후 여가를 활용하는 방법에 속했습니다. 노동이 우선이고 시간이 나면 여가를 즐기는 거죠. 여가는 노동에 종속되어 있었고, 노동을 더 잘하는 데 필요한 것이었습니다.

국가는 여가를 잘 이용하도록 건강한 여가 문화를 만들기 위해 노력했지요. 건강하다는 것은 노동에 도움이 된다는 의미입니다. 어떻게 보면 이 시절은 여가의 시간마저도 국가에 의해 관리되었다고 하겠습니다.

요즈음 힐링은 레크리에이션과는 구분되는 것으로 보입니다. 이제 정신적인 힐링, 마음 치유가 강조되죠. 단전호흡, 방하 수련*, 위파사나 수행, 요가 등 내가 아는 것만 해도 여러 가지입니다. 이 속에서는 주로 명상과 기도의 체험을 한다든가, 단식과 고독, 묵언 등의 방법이 사용되는 것으로 보입니다. 이런 것이 과거에 없었던 것은 아니지만 최근 부쩍 강조되는 것은 분명합니다.

이런 힐링 수단은 원래 종교 활동에 속했던 것인데 이제 따로 독립해서 그 자체로서 의미를 가지게 되었죠. 이것은 종교의 전제인 신앙을 깔지 않습니다. 과거엔 수단이었던 것이 그 자체만으로 의미 있는 것이 되었지요. 이런 정신적 힐링은 신체적 목표를 갖기도 하죠. 건강의 회복(암의 치료, 성인병의 극복)을 목표로 이런 수단이 사용되기도 합니다. 하지만 건강과 무관하게 오직 정신적인 체험을 위해 이런 수단이 사용되는 경우가 많은 것 같습니다. 이런 경우 이 수단은 소극적으로 긴장을 완화하는 정도에 그치지 않고, 적극적으로 새로운 정신적인 체험을 지향하는 것 같습니다. 심지어 이런 정신적 체험이 심화되면 자기 삶의 방식을 근본적으로 전환하는 경우도 있습니다. 자기의 직업을 버리고 종교적으로 귀의한다든지, 아니면 귀향을 택하거나 공동체적 삶을 택하는 것과 같이 삶에서의 결정적인 변화가 일어납니다.

이런 정신적 힐링이 유행하면서 이와 관련된 많은 책이 발간되었습니다. 그런 책은 종류가 다양해서 하나로 묶어 볼 수 없습니다. 대체로 기독교보다는 불교에 관련되고 서양보다는 인도나 한국의 사상에 관련된 책이 많습니다.

청년들의 미션을 수행하기 위해 내가 다시 다른 도서관에 가서 법륜

＊ 방하 : 한자로 放下라 쓴다., '나라는 무거운 짐을 내려놓는다'라는 뜻이라고 합니다.

의 책 《행복한 출근길》을 빌려 왔습니다. 그 책 소제목 가운데 몇 가지만 뽑아 보았습니다.

- 원망의 기도와 감사의 기도
- 내 뜻대로, 내가 원하는 대로, 내 식대로 하고 싶은 당신에게
- 옳다 그르다 하는 것은 본래 없습니다.
- 돈을 내고 하면 놀이, 돈 받고 하면 노동
- 내일을 위해서 오늘을 희생한다는 생각을 버리십시오.
- 내 인생의 주인 되는 법
- 돈, 지위, 명예, 인기 아래에서 종노릇을 그만두십시오.
- 인생에 너무 많은 의미를 부여하지 마십시오.
- 사람도 가축처럼 사육되고 있습니다.
- 백만 대군보다 이기기 힘든 나

나는 불교를 조금은 알기에 제목만 봐도 그 내용이 쏙쏙 들어옵니다. 간단하게 그 내용을 정리해 보자면 이렇게 말할 수 있지 않을까 해요.

'모든 것은 욕망에서 나온다. 우리는 욕망에 집착한다. 그 욕망 때문에 불만과 질투가 일어난다. 욕망의 삶은 진정한 나의 삶이 아니고, 꿈을 꾸는 것이다. 그 욕망을 제거하면 된다. 무지로부터 깨어나서 진정한 나를 찾아야 한다. 그러면 자유와 평안을 얻을 수 있다. 아무리 가난하고 보잘것없더라도 자유와 평안이 최고의 삶이다.'

이게 불교적 지혜입니다. 김난도의 개척정신이 열심히 하는 데서 삶

의 의미를 찾는다면, 그와 반대로 법륜의 불교적 지혜는 욕망에 대한 집착을 버리고 자유로운 삶에 의미를 부여합니다.

법륜의 생각은 최근의 사상적 흐름과도 맥락을 같이 하는 것으로 보입니다. 최근에 들어와서 많은 사상가가 새로운 삶의 양식에 대해 말했습니다. 어떤 사상가는 '게으름'을 찬양합니다. 어떤 사상가는 '비생산적인 낭비'를 강조합니다. 어떤 사상가는 '무소유, 무욕'을 강조합니다. 어떤 사상가는 '고독'을 강조하고, 어떤 사상가는 '혼연일체'를 강조합니다. 너무나 많아서 그런 새로운 사상을 일일이 다 거론할 수가 없을 정도입니다. 그러나 현대의 모든 사상이 하나로 귀일하는 곳이 있습니다. 그것은 욕망에서의 해방이죠.

새로운 삶의 양식은 김난도와 같은 근대적 개척 정신이 긍정적으로 보았던 모든 것을 비판합니다. 근면 성실성, 목적 지향성, 집요함, 개척 정신, 업적주의, 효율적이고 생산적인 활동, 타인을 지배하거나 타인으로부터 존경받는 힘 등 이런 모든 것이 욕망에 집착하는 것으로 간주하고 거부되었습니다.

기호적 소비

이제 생각해 봅시다. 욕망에서 해방되려는 사상이 이 시대 지배적인 사상으로 등장한 이유가 무엇일까요? 이 시대 경제적, 정치적 현실을 살펴보면 그 답이 나올 것 같아요. 어디에서나 욕망이 과도하게 강조되니 그 반작용이 아닐까요?

세계에서 가장 풍요하다는 미국이나 유럽에서 사람들은 성적으로도 아주 자유로운 삶을 살고 있습니다. 성관계에 관한 어떤 제약도 없고, 어떤 장소나 어떤 사회관계에서도 성관계가 허용되죠. 이런 사회에서 오히려 사람들은 성관계에 대해서 가장 큰 불만을 품고 있다고 합니다. 수많은 포르노가 범람하고, 수많은 종류의 성 기구, 비아그라 같은 갖가지 이상한 약이 나돌아 다닙니다. 그만큼 성관계에서의 불만이 많다고 볼 수 있겠죠. 왜 쉽게 성적 만족을 얻는 나라에서 성적 불만이 많을까요?

성적 욕망이 아닌 다른 욕망에 관해서도 이런 역설이 성립합니다. 대체로 빈곤한 나라에서 욕망의 만족도가 높은 반면 가장 풍요한 선진국에서 욕망의 만족도가 낮습니다. 그 이유가 무엇일까요?

이런 맥락에서 보드리야르의 소비사회라는 개념을 다시 검토할 필요가 있습니다. 자본의 사회적인 생산은 날로 증가합니다. 그러면 누군가 그것을 소비해야 하잖아요. 생산만 하고 소비가 없으면 자본은 망할 수밖에 없습니다. 대량생산된 상품은 대중이 소비해 주어야 합니다. 1950~1960년대에는 이른바 유효수요 정책이라고 해서 욕망을 충족시킬 수단을 국가나 자본이 제공해 주었습니다. 고임금, 복지 징책이 그런 거죠. 그렇게 해도 날로 증가하는 생산을 소비가 따라갈 수 없었습니다. 왜냐하면, 생물학적으로 욕망은 한정되어 있으니까요.

그래서 1980년대 들어와서 새로운 방식이 제시되었습니다. 바로 욕망을 무한하게 증대하는 방법이 고안되었어요. 일차적으로는 반복 강화라는 심리적 기법을 써서 욕망을 증대시켰습니다. 광고를 이용해서 자꾸만 욕망을 도발하는 거죠. 이것도 모자라게 되자 급기야 욕망을 증대하는 획기적인 방법이 고안되었습니다. 그것이 바로 상품에 문화나 이미지의 옷을 입히는 거죠. 그러면 상품의 사용가치가 없더라도 그 문화적인 가치나 이미지적인 가치 때문에 그 상품을 구매합니다. 앞의 강의에서 그 예를 들었으니 기억날 겁니다.

문화나 이미지는 아무리 소비해도 새로운 욕망이 생겨납니다. 어제의 문화나 이미지는 이미 낡았고, 새로운 문화나 이미지가 등장하니까요. 사실 별 차이도 없지만 마치 차이를 가진 것처럼 보이기 때문에 새로운 상품을 구매하지 않을 도리가 없습니다. 그것은 마치 대중가요와 같아요. 대중가요는 서로 별 차이가 없습니다. 그래도 약간의 변화를 주었기 때문에 차이가 있는 것처럼 보입니다. 그 결과 새로운 대중가요가 또다시 소비되죠.

이런 식으로 상품에 대한 욕망은 무한대로 증대됩니다. 욕망은 결코 자연적인 것이 아닙니다. 이런 식으로 왜곡되고 변형된 것이 우리 욕망입니다. 이를 통하여 우리는 자본이 생산하는 상품을 무한히 구매하고, 그것을 구매하기 위해 화장실 갈 틈도 없이 열심히 일합니다. 이런 새로운 상품을 구매하지 못한다면 자신은 다른 사람에 비해 열등하고 부족하고 가난한 것처럼 느껴지죠. 결국 욕망이 우리를 지배해서 우리는 그 욕망의 손아귀를 벗어나지 못하는 삶을 살아가게 됩니다.

쾌락을 조장하는 국가

이번에는 욕망과 관련해서 정치적 차원에서 접근해 보죠. 시대에 따라 국가는 새롭게 변모합니다. 그 가운데 중요한 변화가 국가가 앞장서서 자유화와 개방화를 추진한다는 겁니다. 도덕적이거나 성적이거나 생활상의 많은 국가적 제한이 사라졌습니다. 과거 억압의 대명사였던 국가가 왜 이렇게 자발적으로 자유화, 개방화를 시도할까요? 자유와 개방을 즐기는 청년들이 예뻐서요? 천만에요. 몇 가지 예를 통해 살펴 보죠.

이제 고속도로에 교통경찰이 거의 없어졌죠? 속도 내다가 죽는 것은 자유라는 거 아닐까요? 왜 자유인가요? 국가가 생명을 보호하는 것이 의무라면 당연히 속도를 제한해야 하지 않을까요? 또 영화나 공연의 검열도 많이 줄었어요. 매춘에 관한 법적 규제도 눈 감고 아웅, 그렇죠? 머지않아 미국의 일부 주가 그러하듯 대마초 단속도 아웃! 틀림없어요. 이런 규제의 해제 역시 청년들을 위한 것은 아닙니다.

이 점과 관련하여 프랑스 철학자 푸코가 제시한 '쾌락적 권력'이라는 개념이 흥미롭습니다. 푸코는 국가가 쾌락을 만들어낸다고 합니다. 이런 쾌락이 국민을 통치하는 데 아주 결정적으로 중요하기 때문입니다.

그가 들고 있는 예로 설명해 보죠. 중세시대만 해도 자위가 무람없이 허용되었다고 합니다. 그것은 성적 쾌락의 영역에 속하는 것이 아니라 그저 등이 근지러우면 긁는 것과 같은 종류의 시시한 쾌락으로 간주되었죠. 근대 국가에 들어오면서 국가는 자위를 성적 쾌락 속에 집어넣었다 합니다. 이렇게 되자 자위는 도덕적으로 억압되었고 시시한 쾌락에서 기묘한 흥분을 주는 쾌락으로 변했다고 합니다. 성적인 흥분은 도덕적으로 금지될 때 더욱 고조된다고 해요. 불륜이 짜릿한 이유도 이렇게 금지된 것이기 때문이라는 점을 생각해 보면 이해가 되리라 생각합니다.

요즈음도 국가는 쾌락을 만들기 위해 노력하죠. 방법은 금지와 허용을 기묘하게 섞는 겁니다. 매춘의 경우를 보죠. 국가는 일 년에 한 번 정도 언론을 동원하여 대대적으로 단속합니다. 그러고 나서 나머지 364일은 방임합니다. 그 덕분에 매춘은 불법이 되면서도 오히려 흥분을 주는 쾌락으로 변합니다. 국가는 완전히 허용하지도 않고, 확고하게 단속하지도 않죠. 이런 방식으로 국가는 매춘이라는 쾌락을 만들어냈죠.

국가가 이렇게 자위든 매춘이든 쾌락을 만들어내는 이유는 무엇일까요? 국민의 불만을 이쪽으로 유도해 해소하는 거죠. 특히 독재정부일수록 이렇게 은밀한 쾌락을 만드는 데 혈안이 됩니다. 그래서 소위 '3S 정권'*이 탄생하죠. 3S란 섹스, 스포츠, 스크린을 말합니다.

정신적 힐링의 필요성

현대사회에서 욕망에 관한 태도는 근대사회의 욕망에 관한 태도와 대립합니다. 근대 이전에는 자연적인 욕망조차 억압되었어요. 근대사회에서는 욕망의 해방이 시대적 과제였습니다. 반면 현대인은 과도한 욕망에 시달리게 됩니다. 그 욕망은 자본주의 상품광고에 의해, 그리고 국가의 개방화, 자유화에 의해 만들어진 욕망입니다. 우리는 그렇게 만들어진 욕망에 시달리고, 그 욕망에서 헤어나지 못합니다. 이제 욕망의 충족을 통해서 욕망을 사라지게 한다는 것은 불가능합니다. 이렇게 되자 거꾸로 욕망을 포기하자는 사상, 운동이 등장합니다. 최근 정신적

---

* 흔히 전두환 군사독재 정권을 3S정권이라 하죠. 전두환 정권은 프로 스포츠를 시작했고, 컬러TV 방송 시대를 열었고, 포르노 비디오를 묵인해 주었죠.

힐링, 마음의 치유가 대두하는 것도 이런 이유 때문이 아닐까 생각합니다.

이제 결론을 내려 볼까요. 욕망의 해방이 자본과 국가의 지배와 밀접하게 연관되어 있다는 사실을 부정할 수 없습니다. 욕망에 대한 과도한 집착은 자본과 국가의 지배에 우리가 자발적으로 공모하는 것이라 생각합니다. 우선 이런 공모에서 벗어나야 하죠. 자본과 국가가 배후에서 충동질하는 욕망의 지배에서 벗어나야 자본과 국가를 객관적으로 볼 수 있지 않을까요? 이런 점에서 나는 '정신적 힐링', '불교적 지혜', '욕망으로부터의 해방'이라는 말들을 긍정적으로 봅니다.

물론 주관적으로 욕망에서 벗어난다고 물음이 해결되는 것은 아닙니다. 욕망을 완전히 벗어난다는 것 자체도 가능하지 않지요. 다만 우선 우리가 숨을 쉬어야 생각할 여유가 생기듯이 욕망의 지배를 벗어나야 무언가 새로운 것을 모색할 가능성도 열리지 않을까요? 우선은 우리가 현재 너무 과도한 욕망으로 인해 시달림을 받는다는 것을 인정하면 좋겠어요. 정신적 힐링이 필요하다는 정도만 말이죠.

제3부__진리의 인식과 변증법

사이의 공동체를 향하여

로세토를 아시나요?

나는 앞의 강의에서 진정한 힐링이란 레크리에이션을 위한 것은 아니고 새로운 정신적인 체험을 하는 것이라고 말했습니다. 그렇다면 새로운 정신적 체험이란 도대체 어떤 체험일까요? 자본과 국가가 욕망을 통해 우리를 지배하니까 욕망을 넘어서는 것이 자본과 국가의 지배에서 벗어나는 길입니다. 이것이 새로운 정신적 체험의 출발점이 된다고 앞에서 말했습니다.

욕망을 넘어선다고요? 과연 가능할까요? 만일 욕망을 완전히 끊어 버린다면 사람은 움직일 힘조차 없어질 것입니다. 왜냐하면, 사람을 움직이는 것은 욕망이기 때문입니다. 욕망을 완전히 벗어난 스님이 있다면 그 스님은 마치 바람이 빠진 고무풍선처럼 되어, 그저 무엇이든 허허거리며, 이것도 좋다 저것도 좋다 하면서 지내지 않을까요? 그런 스님 같은 착하고 원만한 분으로만 세상이 이루어져 있다면 이 세상 역시 정지해 버리지 않을까요? 우리는 욕망을 완전히 버릴 수는 없겠죠.

살아갈 힘이 그런 욕망에서 나오는 것이니까요.

불교에서도 대승과 소승을 구분하고 있습니다. 여기서 승(乘)은 수레를 뜻합니다. 대상과 소승은 큰 수레, 작은 수레라는 뜻이죠. 남방불교가 소승불교이고, 소승은 오직 자기 개인의 구원을 위해서 노력한다고 합니다. 반면 북방불교는 대승불교입니다. 한국의 불교도 대승불교이죠. 대승은 자기의 구원을 넘어서서 사회 전체의 구원을 위해 사회 속으로 다시 되돌아가는 불교라 합니다. 소승은 자기 자신의 깨달음을 스스로의 힘으로 얻으려 하지만, 대승은 방법적으로 미륵이니 석가모니니 하는 위대한 선각자들에 대한 신앙을 강조한다고 합니다.

오해하지 마세요. 여기서 내가 불교 신앙을 강조하려는 것은 아닙니다. 나는 다만 깨달음 후에 다시 사회로 돌아간다는 대승의 정신을 말하고자 하는 겁니다. 정신적 힐링을 통해 욕망을 벗어났다면, 다시 대승정신을 통해 욕망으로 되돌아가야 합니다. 이번에는 욕망을 되찾아야 하죠. 물론 과거와 같은 자본과 국가에 의해 강요된 욕망이 아니라 스스로 선택하는 욕망, 자발적인 욕망이어야 하겠죠.

그러면 우리 생각해 보기로 해요. 과연 이런 욕망이 있을까요? 이런 자발적인 욕망을 발견하려는 물음이 이번 주제와 연관하여 청년들이 제시하는 세 번째 물음과 연관됩니다. 청년들이 나에게 물은 물음은 이런 겁니다. "로세토를 아시나요?" 솔직히 청년들이 묻기 전에 나는 '로세토'라는 말을 들어보지 못했습니다. 인터넷을 뒤져서 로세토를 찾아보았죠. 당장 나오는 것은 무슨 명품 브랜드더군요.

아마 청년들이 나에게 물은 것은 '로세토 효과'가 아닐까 해요. 미국에 로세토라는 장수 마을이 있다고 합니다. 그 마을을 찾아가 보니 먹는 거나 사는 게 남들과 다르지 않았다고 해요. 그런데 자세히 살펴보니 이 마을은 공동체적인 방식으로 살아가고 있었다고 해요. 공동체적인 삶이 건강한 삶을 만들었다는 이야기로 보입니다.

〈위키피디아〉에서 로세토 마을이 어떤 공동체인가 알아보았습니다. 이 마을은 이탈리아 이주민이 건설한 마을이더군요. 이주민은 흔히 자기 고향의 이름을 새로운 거주지에 붙이죠. 그래서 마을 이름이 '로세토'가 되었답니다. 이탈리아 농촌에는 혈연 공동체의 성격이 아직도 강하게 남아 있는데, 이 마을 역시 그런 모양입니다. 우리가 잘 아는 영화 〈대부〉에 나오는 마피아 조직 배경도 그런 혈연 공동체에 속하죠.

그런 이야기라면 굳이 로세토 마을을 예로 들지 않더라도 우리에게 널리 알려진 예가 있습니다. 우리나라에도 장수 마을이 많습니다. 그 가운데 전북 순창의 '거북장수마을'이 유명하답니다. 이 마을은 남원 양씨의 집성촌인데 물과 공기도 좋지만 무엇보다도 전통적인 공동체 사회의 흔적을 많이 보존하고 있다고 합니다. 그러므로 나는 공동체적 삶이 건강한 삶, 힐링을 준다는 청년들의 말에 동의합니다.

새로운 공동체의 꿈

하지만 안타까운 것은 로세토 마을이나 거북장수 마을과 같은 혈연적 공동체는 오랜 인류의 역사를 통해 존속해왔으나 이제 거의 무너졌다는 겁니다. 로세토 마을의 경우도 그런 운명을 피해가지 못한 것으로 보입니다. 순창의 장수 마을도 곧 무너지고 말겠죠.

혈연 공동체를 무너뜨리는 데 결정적인 역할을 한 것은 자본주의입니다. 자본주의는 시장의 논리에 따라 무한 경쟁이 일어나는 사회입니다. 그 사회는 승자 독식이라는 철칙이 지배하는 사회입니다. 이런 자본의 무한 경쟁 앞에서 혈연공동체는 무기력하기만 합니다. 혈연공동체조차 그런 경쟁을 통해서 무너지고 말죠.

혈연공동체와 유사한 것이 우정의 공동체입니다. 우정의 공동체는 혈연공동체보다 더 취약하죠. 그리고 보니 대학 시절 꿈이 생각납니다. 그때 우리 친구들은 매일 밥만 먹으면 집에서 나와 뭉쳐 다녔습니다. 매일 만나지 않은 날이 없었습니다. 우리는 너무나도 진한 우정을 지녔다고 생각했기에 어떤 외부적 힘도 우리의 우정을 찢어 놓을 수 없다고 생각했습니다. 우리는 자그마한 땅을 사서 다 같이 모여 사는 꿈을 꾸었습니다. 각자 결혼도 하고 각자 돈도 벌지만, 그 돈을 모두 모아서 공동으로 생활하고 밥도 같이 해 먹으며 산다면 얼마나 아름다울까 생각했습니다. 우리는 굳게 맹세했습니다. 정말 손가락을 잘라 약속한다는 '단지동맹'을 맺은 것은 아니지만 우리 가운데 아무도 약속을 배반하지 않을 것이라는 믿음이 있었습니다. 그러나 우리가 대학을 마치고 사회에 뛰어들어갔을 때 자본은 시장의 논리에 따라서 우리를 찢어 놓았고, 그 누구도 그 힘을 막을 수 없었습니다. 우리는 40년이 지난 지금도 만나지만 다시는 그런 허황된 꿈을 얘기하지는 않습니다. 그게 자본주의라는 것이죠.

하지만 혈연공동체, 우정의 공동체를 대신해서 새로운 공동체를 건설하려는 운동이 오래전부터 시작되었습니다. 이를 '공동체 운동' 또는 '코뮌주의 운동'이라 하죠. 여기서 '코뮌(commune)'은 '마을'이라는 의미입니다. 이런 공동체 운동은 혈연공동체가 무너진 고대 이후부터 기독교나 불교 등 종교를 기반으로 해서 등장했습니다. 자본주의 사회가 극심한 빈부의 대립으로 혼란에 빠지는 19세기 후반에 이르면 다양한 코뮌주의 운동이 활발하게 등장하죠. 대표적인 것이 '아나키즘(무정부주의)'의 사상에서 나온 코뮌주의와 마르크스의 사상에 기초한 코뮌주의, 공산주의입니다. 코뮌주의나 공산주의 모두 영어로는 코뮤니즘(communism)입니다. 다만 그 차이를 밝히기 위해 여기서는 번역을 달리합니다.

여러분에게 이런 공동체 운동의 역사를 소개하지 못하는 것이 유감입니다. 이 운동의 역사는 여러분이 반드시 공부해야 할 것이라 생각합니다. 안타까운 것은 이런 시도가 대부분 실패했다는 겁니다. 무정부주의적인 코뮌주의는 사상의 단계에 머무르거나 아주 소규모로 또는 일시적으로 실현되기는 했으나, 한 번도 사회 전체 차원에서 실현된 적은 없습니다. 공산주의는 사회 전체적으로 실현된 유일한 공동체 운동이었지만 백 년을 버티지 못했고, 몇몇 나라를 제외하고는 대부분 실패로 돌아갔습니다. 그 어느 것도 앞에서 말한 자본주의의 시장 논리, 승자 독식이라는 철칙을 깨뜨리지 못했습니다.

혈연공동체는 무너졌고, 새로운 공동체는 실현하기 어렵습니다. 이제 우리는 공동체의 꿈을 버려야 할까요? 공동체적 삶 속에 건강한 삶, 힐링이 있다면 이 꿈을 버릴 수 없지 않을까요? 그러기에 최근에도 많은 철학자, 사상가, 예술가가 공동체의 꿈을 실현하기 위해 다양한 모색을 하고 있습니다.

나도 역시 공동체의 꿈을 가지고 살았습니다. 역사적으로 실패만 거듭해온 공동체는 어떻게 하면 실현될 수 있을까요? 이것이 오랫동안 나의 철학적 주제 가운데 하나입니다.

사이의 공동체

나는 이렇게 생각해 보았습니다. '공동체의 꿈이 실패로 돌아간 것만은 아니지 않을까? 어떻게 본다면 아직도 공동체가 남아 있지 않을까? 그런 공동체를 발견할 수 있다면 그런 공동체 속에서 자본주의라는 현실의 파도를 헤치고 살아남은 힘을 찾아볼 수 있지 않을까?' 그런 관점에서 내가 발견한 하나의 공동체를 이 자리에서 소개하고자 합니다.

나는 언젠가 〈카미유 클로델〉이라는 영화를 보았습니다. 브루노 뒤몽이 감독했고, 줄리엣 비노쉬가 주연을 맡은 2013년도 작품입니다. 20세기 초 프랑스 여성 화가였으며 조각가 로댕의 애인이었고, 로댕의 작품 〈지옥의 문〉의 일부를 만들었으며, 1차 세계대전이 발발한 직후 정신병자 수용소에서 30년을 살다가 비극적으로 생을 마친 카미유 클로델의 삶을 그린 영화입니다. 이 영화는 프랑스 여배우 이자벨 아자니가 주연으로 나온 1988년 작품으로 같은 제목의 〈카미유 클로델〉이 아니고 최근에 나온 영화입니다. 두 작품 모두 카미유 클로델의 생을 다루었지만 이자벨 아자니가 나온 영화는 화가 카미유의 비극적 생애에 초점을 맞추었고, 반면 비노쉬가 나온 영화는 카미유가 정신병원에 끌려간 이후 그녀의 정신적 구원에 관한 물음을 다루고 있습니다.

이 영화에서 가장 기억나는 장면이 있습니다. 어느 날 정신병원의 환자들(거의 치매 수준의 환자들)과 카미유(역시 병원에 갇혀 있으면서도 그 자신은 멀쩡하다고 주장해요. 하지만 편집증적 요소가 있습니다)가 그들을 간호하던 수녀들과 함께 산에 오릅니다. 산에는 세찬 바람이 불고 있습니다.

영화 〈카미유 클로델〉. 브루노 뒤몽 감독의 2013년 작품.
주인공의 머리칼을 보면 세찬 바람이 느껴질 것이다.

산길에는 투명하게 빛나는 돌조각이 바닥에 깔려 있습니다. 흰 바위 산과 푸른색 하늘, 푸른 옷의 환자와 수녀가 서로 대조되고 있습니다. 이 장면을 감동적으로 만드는 것은 수녀와 환자가 서로 부축하여 마치 하나로 엉킨 것처럼 천천히 산을 오르는 장면입니다.

감독은 이 장면에서 세찬 바람 소리만 들려주었습니다. 그것은 솟아 나오는 생명력을 상징하는 듯합니다. 다른 사건은 없었습니다. 그저 비틀거리고 뒤뚱거리면서 한없이 느리게, 하지만 쉬지 않고 산을 오를 뿐인 그들의 모습을 보면서 나는 '아, 저게 교회라는 것이 아닌가?'라고 생각했습니다. 신은 저 멀리 있는 것도 아니고, 한 사람의 마음속에 있는 것도 아니고, 오직 서로 의존하는 사람들 사이에서 존재하는 것이 아닐까요? 그 사람들, 개인적으로 본다면 모자라고 더럽고 약하며, 심지어는 악하기도 한 사람들이 이루는 그 '사이'는 오히려 성스럽고 완전하다는 것, 그래서 바로 거기에 신이 내재한다는 것, 감독이 표현 하고 싶었던 것은 이런 것들이 아닐까 생각합니다.

그러고 보니 〈장님과 앉은뱅이의 행진〉이라는 옛 동화가 생각납니다. 두 장애인이 나란히 간다면 어떻게 되겠습니까? 두 사람은 한 발자국 도 나갈 수 없겠죠. 그러나 앉은뱅이가 장님의 어깨에 올라타고 간다 면, 두 사람은 아름다운 조화를 이루지 않을까요? '나'와 '너'가 아닌 그 '사이', 바로 이것이 공동체의 원리가 된다면, 이 세상에서 아무리 가혹한 자본주의가 지배하더라도 공동체가 가능하지 않을까요? 그런 공동체는 자본주의보다 더 강한 힘을 가지고 오랫동안 살아남지 않을 까요? 그게 내가 생각했던 공동체입니다.

사람의 아름다움

현실 속에 존재하는 모든 교회 공동체가 이런 '사이 공동체'는 아닐 것 같습니다. 이런 공동체는 예술가가 이상화시킨 것이거나 아마도 원시 교회에서 존재했다고 가정되는 공동체이죠. 이런 공동체가 저절로 이루어지지는 않겠죠. 물론 신이 우리를 대신하여 건설해 줄 것도 아니겠죠. 그렇다면 이런 공동체, 사이의 공동체가 현실적으로 가능해지려면 어떤 조건, 어떤 토대가 성립해야 할까요?

그런 공동체를 유지하는 원리는 여러모로 생각해 보아도 한 가지밖에 없습니다. 그것은 대가 없이 자기를 희생하는 정신이죠. 그것은 피를 나눈 가족에 대한 것이 아니라 공동체에 대한 희생이어야 합니다. 예수님의 정신이 '이웃에 대한 사랑', '무상의 희생'이라는 정신이니, 그런 예수님의 정신이 필요하다는 말이 되겠죠.

이런 사이의 공동체는 기독교를 바탕으로 형성된 공동체이죠. 수녀는 믿음을 기반으로 그런 정신을 가질 수 있었습니다. 그럼, 우리가 모두 영화 속의 수녀처럼 종교를 믿어야 할까요? 나와 같이 종교적 믿음이 없다면 그런 사이의 공동체는 불가능한 것일까요?

아마 대부분의 청년들은 이런 물음 앞에서 고개를 끄덕일 겁니다. 종교적 믿음이 없다면 불가능하다는 말이지요. 하지만 내 생각은 좀 다릅니다. 안치환의 노래에서 나오듯이 "사람이 꽃보다 아름답다" 하겠습니다. 역사는 신과 종교가 없는 사람도 충분히 그럴 수 있다는 사실로 가득 차 있습니다. 멀리 갈 것도 없습니다. 우리 가까이에서도 민주화를 위해서, 사회의 정의를 위해서 몸을 바친 사람이 얼마나 많습니까? 거슬러 올라가면 일제강점기에 조국의 해방을 위해 자신의 붉은 피를 뿌린 선열들을 우리는 수없이 알고 있습니다. 그들은 종교적 지반이 없지만 아무 대가 없이 공동체를 위해 희생한 사람이라 하겠습니다. 나는 그들이 남들보다 뛰어난 능력이 있어서 그런 일을 했다고 생각하지 않습니다. 그들은 우리와 똑같이 모자라고 약한 사람이었습니다. 그런데도 그처럼 기꺼이 자신을 희생했던 거죠. 나는 그런 사람이 있다면 사이의 공동체가 가능하다고 생각합니다.

내가 사람을 너무 긍정적으로 보는 것이 아니냐고 반문할지도 모릅니다. 그런 사람이 있으면 얼마나 있겠느냐 하겠지요. 하지만 이런 사람이 소수라도 남아 있는 한 역사 속에서 '사이의 공동체'가 형성될 가능성은 여전히 있다고 생각합니다.

역사 속에 존재했던 이런 사람은 어떻게 공동체를 위해 자기를 기꺼이 희생할 수 있었을까요? 그에게는 종교적인 믿음도 없었는데 무엇이 그것을 가능하게 했을까요? 이런 문제에 대한 답은 이 강의의 마지막에 가서나 대답할 수 있을 것 같아요.

7강 양비론의 장난

진리와 진실

　　개천절 연휴라서 그런지 거리가 텅 비었군요. 비가 온 후라 차가운 기운이 옷깃으로 스며들고, 거리는 벌써 쓸쓸한 가을빛으로 물들기 시작합니다. 여러분은 지금 친구들과 어울려 꿀맛 같은 연휴를 즐기고 있으리라 생각합니다.

　　개천절 덕분에 연휴를 즐기는 청년들이 심심하지 않게 오늘 토론 거리를 하나 제시하려 합니다. 이것은 내가 제시하는 것이 아니고, 청년들이 나에게 이미 물었던 물음 속에 들어 있었던 것입니다. '진리'와 '진실'은 어떻게 다르죠? 대체로 우리는 이 두 말을 섞어서 사용하고 있지만 조금만 생각해 보면 서로 다른 경우에 사용한다는 것을 알 수 있죠. 이렇게 말하는 경우도 있죠. "그의 말은 진리는 아니지만 그 말 속에는 진실이 들어 있다."

　　좀 이상한 물음인가요? 이렇게 질문하게 된 이유부터 설명해야 하겠군요. 청년들이 나에게 먼저 '양비론이 무슨 잘못을 범했는가?' 하고 물었습니다. 양비론의 잘못에 관해 이야기하다 보면 자연스럽게 '진리'와

'진실'이라는 말이 나오게 됩니다. 그래서 내가 먼저 여러 청년들에게 진리와 진실을 구별해 보라 했던 거죠.

세월호 특별법과 양비론

우선 '양비론'이라는 것부터 살펴보기로 하죠. 사실 요즈음 언론이 가장 많이 사용하는 논리가 양비론이죠. 예를 들어 볼까요. 최근에 전 국민적인 이슈가 되었던 세월호 특별법을 보죠. 2차에 걸친 여야 협상 이 깨지자 드디어 언론이 쌍방향 포화를 퍼붓기 시작했습니다.

언론은 세월호 특별법에 대해서는 여당의 양보를 촉구합니다. 수사 권과 기소권을 진상조사위원회에 부여하자는 유가족의 안을 받아들이 지는 못하더라도 적어도 그에 준하는 안을 내놓으라는 겁니다. 반면 야당에 대해서는 국회를 당장 정상화하라고 야단입니다. 민생법 처리 를 위해 세월호법을 여당에 양보해야 한다는 겁니다.

언뜻 보면 언론의 주장은 다 맞는 말처럼 보입니다. 누구에게나 공 정한 것처럼 들립니다. 이것이 전형적으로 양비론의 논법이죠. 자, 같 이 생각해 보죠. 민생법은 평소에 했던 이야기를 반복하지만 그렇게 시급한 일이 아닙니다. 그것은 잘 살펴보면 기업을 살리자는 것이니 기업지원법이죠. 기업이 볼 때도 그게 무슨 큰 이득이 된다고 생각하 지 않습니다. 반면 세월호법의 경우를 보죠. 수사권과 기소권이 제외된 다면 그게 약간만 양보하는 것일까요? 그 경우 세월호법은 실질적으로 의미 없는 법이 되고 맙니다. 세월호법이 국가의 기본을 다시 세우는 법이니 세월호법의 양보는 엄청나게 중요한 것, 국가라는 것을 내버리는 결과가 됩니다. 언론의 양비론에 따라서 여야가 타협하게 된다면 결과는 어떻게 될까요? 별로 중요하지 않은 것과 엄청나게 중요한 것을 서로 교환하게 되겠죠.

양비론이 어떤 장난을 치는지 찾아보죠. 그것은 의외로 간단합니다. 가벼운 것과 무거운 것을 동등하게 간주하여 뒤섞어 버리는 장난입니다. 언론은 이 양자를 대등한 지위에 올려놓았습니다. 경중을 뒤섞어 놓고서는 서로 양보해서 타협하자고 했던 것이죠.

뉴라이트의 역사 왜곡과 양시론

뉴라이트의 역사 왜곡도 양비론 중의 하나입니다. 엄격하게 말하자면 뉴라이트의 주장은 양비론이 아니라 양시론입니다. 둘 다 옳다는 주장이죠. 예를 들어 봅시다. 일제강점기에 대한 뉴라이트의 평가는 두 가지입니다.

'일제가 조선을 침략해서 수탈한 것은 옳다. 그것은 제국주의적 약탈이다. 그 점은 인정한다. 그러나 또 하나 인정해야 할 것이 있다. 그것은 일제가 조선을 근대화시켰다는 사실이다. 근대적인 법과 문물을 만들었다. 그 덕분에 조선은 근대사회로 진입했다. 그것도 옳다. 일제가 근대화를 시켜준 사실은 인정해야 한다.'

이렇게 두 가지가 다 옳다는 주장을 나는 양시론이라 했습니다만 이 역시 겉으로 보기에는 공정하게 보입니다. 역사를 일면적으로 보는 것이 아니라 다면적으로 보는 것 같습니다. 이런 공정성이라는 외관 때문에 최근 많은 사람이 뉴라이트의 주장에 빠져들기도 합니다.

하지만 이게 과연 공정한 판단일까요? 일제가 조선에 자본주의 제도를 도입하고, 학교를 세우고, 도시와 항만을 건설하고, 공장을 지었다면, 그 목적이 제국주의적 약탈이었다는 것은 누구도 부인하지 못할 것입니다. 학교란 제국주의적 지배와 약탈을 도와줄 하급관리나 하급 기술자를 기르는 곳이었습니다. 전문학교까지만 허용하고 대학은 허용하지 않았습니다. '경성제대'라는 유일한 대학은 기본적으로 조선에 거주하는 일본인을 위한 교육기관이었죠.

공장을 볼까요. 1930년대 들어 일제는 만주 침략을 위해 조선에 군수산업 시설을 건설합니다. 만주에 가깝고 일본과 연결될 수 있는 동해 북부지역 청진, 함흥 등에 공장을 세운 것도 그 때문이죠. 그 공장은 일제가 자본을 들여와서 지은 것입니다. 조선인은 말단 노동자가 되었을 뿐입니다. 조선인은 일본인 노동자에 비해 아주 싼 값으로 고용되었지요. 이처럼 일제의 공장 건설이란 만주 침략의 수단에 불과했습니다.

뉴라이트는 학교나 공장이 지어졌다는 사실만 가지고 그것을 근대화라고 말합니다. 이 경우는 수단(학교나 공장)과 목적(제국주의적 약탈)을 분리하여 동등시한 것입니다. 이것은 경중을 동등시하는 것과 동일한 논리를 가지고 있습니다.

이런 식의 장난은 흔한 일입니다. 논리학에서 '인신공격의 오류'라고 말하는 것도 여기에 속합니다. 어떤 사람의 주장을 비난할 때 그 주장 자체가 옳은지 아닌지를 보지 않고, 그 사람의 인격적인 잘못을 거론합니다. 이 두 가지는 서로 다른 차원입니다. 서로 비교될 수 없지요. 인식공격의 오류는 서로 연관이 없는 것을 서로 연관된 것으로 만드는 것입니다. 그런 점에서 서로 연관된 것(수단과 목적, 가벼운 것과 무거운 것)을 따로 분리해서 보는 양시, 양비론과 정반대입니다. 그러나 기본적으로 연관성을 혼동한다는 측면에서 동일한 것입니다.

결론적으로 양비론, 양시론, 인신공격의 오류는 모두 동일한 논리를 바탕으로 합니다. 이런 오류는 모두 사물의 전체적인 연관을 제대로 파악하지 않는 오류이죠. 사물의 전체적 연관을 파악하는 것이 사유의 기본입니다. 진리를 위해서는 이런 전체의 연관성을 올바로 파악하기 위해 노력해야 합니다. 잘못 파악하는 경우도 있겠지요. 그런 경우 스스로 부끄러워하면서 고치고자 노력해야 합니다. 반면 양비론은 연관성을 무시하면서 사실을 고립시켜 오류를 범하고도 부끄러워하지 않습니다. 뉴라이트는 노골적으로 사실을 분리해서 보아야 한다고 주장합니다.

후기구조주의와 눈 위의 안경

나는 이런 논리가 확산되는 바탕에 구조주의, 특히 후기구조주의를 지칭하는 포스트모더니즘의 철학이 있다고 생각합니다. 뉴라이트가 확산되던 시기가 우리나라에서 포스트모더니즘이 확산되던 시기와 일치합니다. 오늘은 약간 어려워지는 것을 무릅쓰고 후기구조주의의 기본 개념을 설명하고자 합니다. 이 시대의 중요한 철학이니 반드시 그 논리를 이해해야 할 것 같아요. 상세한 설명은 생략하고 구조주의자의 주장을 간단하게 소개하겠습니다.

구조주의의 출발점은 아주 간단합니다. 우리는 대상을 지각할 때 일정한 안경을 쓰고 지각한다는 겁니다. 이 안경은 결코 벗을 수 없는 안경입니다. 이 안경을 쓰지 않고서는 볼 수 없다는 것이 중요합니다.

이런 안경에 해당하는 것이 지각, 또는 인식의 '구조'라 합니다. 예를 들어보죠. 대학교수가 학생을 볼 때 어떻게 보는 줄 아나요? 대개의 교수는 두 가지 좌표로 학생을 보죠. 이때 학생은 재학생이거나 복학생이고, 남학생이거나 여학생입니다. 나는 좀 더 복잡하게 학생을 봅니다. 나는 위의 두 가지 좌표에 한 가지 좌표를 덧붙입니다. 교실에서 앞에 앉는 학생인가 아니면 뒤에 앉는 학생인가를 살펴보기도 합니다. 예를 들어, 어떤 학생을 남학생이고 복학생인데 늘 뒤에 앉는 학생이라고 지각합니다. 마치 수학에서 어떤 점을(x, y, z) 좌표로 규정하는 것과 같죠. 교수는 항상 이렇게 자기 나름대로 좌표축을 가지고 청년들을 지각합니다. 이런 좌표축을 우리는 구조라고 합니다. 철학자에 따라 이 구조는 '개념 틀', '인식 틀', '패러다임' 등 여러 이름으로 불립니다.*

여기에 재미있는 생각이 들어 있습니다. 방금 말했듯이 좌표축 또는 구조는 사람에 따라 다르고 시대나 사회에 따라 다릅니다. 예를 들어, 음식의 구성을 보죠. 우리나라 사람은 밥을 먹을 때 항상 한 상을 차려 먹죠. 이 한 상은 밥과 국과 반찬으로 이루어집니다. 중요한 것은 이 세 가지가 동시에 한 상으로 나온다는 겁니다. 한 상이란 공간적

---

* 사물의 구조는 여러 좌표축의 복합체이죠. 각 좌표축은 대개 대립적으로 이루어집니다. 남/북, 좌/우, 남/녀 등과 같이 이런 좌표축을 변별적 관계라고 합니다. 여기서 변별적이라는 것은 대립적이어서 쉽게 구별된다는 말이죠. 구조주의에서 이런 변별성이라는 말이 중요합니다. 구조주의의 구조는 이런 변별적 좌표축의 복합체입니다.

공존을 의미합니다. 반면 유럽이나 중국 사람의 식사는 어떨까요? 그것은 전채, 중식, 후채로 이루어지지요. 세 가지라는 점에서는 우리와 똑같은데 중요한 것은 이 세 가지가 시간상 차례로 나온다는 겁니다. 전채, 중식, 후채를 한 상으로 차려 나오는 법은 없죠.

우리나라 사람이 식당에 가서 "빨리빨리"를 외치는 이유가 있습니다. 우리는 한 상에 한꺼번에 나와야 먹기 시작하기 때문입니다. 이 한 상을 차리는 데에는 시간이 오래 걸리죠. 우리는 급하면 밥, 반찬, 국을 모두 섞어서 먹습니다. 비빔밥이 가장 한국적 음식이죠. 서양 사람들이 아무리 급하다고 전채, 중식, 후채를 섞어서 먹는 법은 없지 않나요?

구조주의적 무차별성

시대나 사회에 따라 각자가 가진 구조는 모두 동등한 권리, 가치, 자격을 가지고 있습니다. 왜냐하면, 구조를 비교할 객관적인 대상이 없기 때문입니다. 그런 대상에 비교해 보아야 어떤 구조가 다른 구조보다 대상을 더 반영했다든지 그렇지 못하다든지 말할 수 있겠죠. 하지만 객관적 대상이 없으니 비교의 기준점, 준거 틀이 없어요. 모든 구조가 서로 동등한 자격을 가지고 있다고 말할 수 있습니다. 예를 들어, 우리 밥의 구조와 서양 식사의 구조 중에 어느 것이 다시 말하자면 한꺼번에 섞어 먹는 것과 차례로 먹는 것 중에 어느 것이 더 나은 가치를 지닌 것은 아니라는 말입니다. 그저 문화일 뿐이죠.

모든 구조에 차별은 없습니다. 자격과 권리, 가치가 동일하다는 말입니다. 어느 것이 옳다든지 어느 것이 그르다든지, 어느 것이 낫다든지 어느 것이 못하다든지 하고 말할 수 없다는 겁니다. 이런 것을 일컬어 무차별하다고 말합니다. '무차별성'이란 내용상의 차이가 없다는 말이 아닙니다. 내용상으로는 서로 다른 것이지만 그 가치나 권리, 자격이 동등하다는 의미에서 무차별하다는 것이죠. 남녀에게 무차별하게 취직의 기회가 주어져야 한다고 할 때, 그런 무차별성이죠.

구조가 무차별하다는 생각에는 어떤 점에서 장점이 있습니다. 우리는 자주 백인, 서양, 기독교, 남성, 어른이 보는 세계가 흑인, 동양, 비기독교, 여성, 아이가 보는 세계보다 올바르고 더 나은 세계라는 편견을 가지고 있습니다. 그런 편견을 깨는데 이런 구조주의적 무차별성이라는 개념이 도움이 됩니다. 철학자 데리다*는 이런 구조주의의 무차별성이라는 개념을 가지고 백인 중심주의, 서양 중심주의, 기독교 중심주의, 남성 중심주의, 어른 중심주의를 비판했습니다. 데리다는 이런 중심주의가 근대 계몽주의의 특징이라고 보면서 계몽주의를 비난했지요.

이런 논리를 잘못 쓰는 경우도 있습니다. 그러면 소위 '무차별주의'에 빠지게 됩니다. 예를 들어, 사회에는 중세 봉건체제처럼 억압적인 체제가 있고, 근대 민주주의 체제처럼 비억압적인 체제가 있죠. 구조주의적 관점에서 보면 그 각각이 그 시대에 등장한 고유한 체제이고, 어느 것이 낫다 어느 것이 못하다는 비교나 가치 평가는 불가능하게 됩니다. 이런 생각은 중세 봉건체제를 옹호하게 됩니다.

---

* 자크 데리다(Jaque Derrida, 1930~2004) : 알제리의 엘 비아르에서 유대계 집안의 아들로 태어났다. 이후 1952년 고등사범학교에 입학했다. 1967년에는 《글쓰기와 차이》, 《목소리와 현상》, 《그라마톨로지에 관하여》 등 첫 저작 3권을 출간했다. 1979년 소르본의 철학 강의를 맡으면서부터 정치적 참여도 활발해졌다. 그는 주로 동구의 반체제 지식인들을 지원했다.

심지어 일제의 식민지 체제 속에 살거나 민족적 독립 체제 속에 살거나 무슨 차이가 있느냐고 의문을 제기하는 뉴라이트도 있습니다. 이런 뉴라이트는 어느 체제 아래서나 하층민은 똑같은 운명 속에 있다는 거죠. 친일파를 옹호하는 이런 뉴라이트의 논리에 전제된 것은 구조의 무차별성 또는 상대성이라는 개념입니다.

구조적 상대성, 무차별성이 이렇게 잘못 쓰이게 되면 사물의 '상호 연관'이 깡그리 무시되어 버립니다. 이런 연관이 없으니 목적을 수단과 동등하게 간주하고, 원인을 결과와 동등하게 보며, 부분을 전체와 동등하게 생각하는 오류가 발생하게 되죠. 이것이 바로 양시론과 양비론의 원천입니다. 이런 논리는 반드시 인신공격의 오류를 범하기 마련입니다.

그러므로 양시론이나 양비론, 인신공격의 오류를 비판하기 위해 우리는 다시 사물 속에서 경중, 가치, 연관성(수단과 목적, 원인과 결과 등)을 파악해야 합니다. 이런 구분을 위해서는 구조의 상대성을 극복하는 객관성의 지점을 찾아야 합니다. 철학적으로 구조주의를 넘어서야 할 필요성이 여기서 제시되죠.

이 이야기는 다음 시간에 해야 하겠어요. 여러분의 머리를 너무 쥐어짜는 것 같으니까요. '진실'과 '진리'를 구분하라는 물음을 던져놓고 너무 멀리 우회한 것 같습니다. 양해하고 다음 시간에 또 봐요.

8강 구조주의 극복의 길

직관주의와 변증법

　　　　　지난 강의에서는 좀 어려운 이야기를 했습니다. 구조주의 철학에 관한 것이었습니다. 20세기 후반에 등장한 구조주의 철학은 철학의 역사에서 소위 구조주의 혁명을 일으켰습니다. 그 영향력은 거의 세계적이었습니다. 세계 철학의 흐름을 바꾸어놓았던 것이죠. 이런 구조주의를 모태로 상대주의적인 후기 구조주의, 포스트모더니즘 사상이 등장했습니다. 우리 시대를 포스트모더니즘의 시대라 하죠. 이것이 소위 신자유주의 시대의 철학입니다.

　최근 신자유주의가 위기에 직면하면서 포스트모더니즘과 구조주의에 대한 비판 운동이 시작되었습니다. 이런 경향은 부시가 이라크를 침략한 이후 세계 금융위기가 폭발한 다음 더욱 심각해졌습니다. 이런 비판운동이 지금 우리가 직면한 철학의 과제입니다.

　그럼 구조주의는 철학적으로 어떤 한계를 가지고 있을까요? 이미 앞의 강의에서 간단하게 비판하였지만 구조주의는 철저한 상대주의, 소위 무차별주의로 빠져버렸습니다. 구조는 세계를 지각하는 인식 틀입니다. 구조가 다르니까 우리가 보는 세계도 다릅니다. 그래서 상대주의가 된 거죠. 상대주의가 나오면 무차별 주의가 나오게 되죠. 왜냐하면, 우리가 보는 구조적 세계 중에 어느 것이 좋다거나 나쁘다거나 하는 평가도, 목적이라거나 수단이라거나 하는 연관성도 파악할 수 없기 때문입니다.

이런 무차별주의의 결과 양비론, 양시론, 심지어 인신공격의 오류 등이 나온다는 이야기를 지난번에 했습니다. 그러면 이런 구조주의가 빠져든 상대주의와 무차별 주의를 어떻게 극복할 수 있을까요?

이게 정말 어려운 물음입니다. 철학적인 이론 논쟁을 여러 청년들에게 설명하려 하니 너무나 부담스럽군요. 논쟁도 많고, 이해하기도 쉽지 않기 때문입니다. 그러나 아무리 힘들어도 이 잔을 들지 않을 수 없군요. 다 같이 독배를 들어 봅시다. 원래 독은 곧 약이라는 말이 있습니다. 거꾸로 약은 독이겠지요. 약과 독은 원래 어원적으로도 같다고 합니다.* 그러니 약 먹고 독에 걸리기보다 독을 먹고 치료받는 것이 좋지 않겠어요?

일단 구조주의를 비판하는데 크게 두 가지 흐름이 있다는 것을 말해야겠군요. 그 가운데 하나의 길이 '직관주의의 길'이며, 다른 하나가 '변증법의 길'이라는 것을 말하고자 합니다. 이런 직관주의에도 다양한 분파가 있습니다.** 이 직관주의는 인식의 길 어느 한 모퉁이에서 진리와 만난다고 말합니다. 이렇게 진리와 만나는 통로는 직관입니다. 직

---

* 철학자 데리다의 주장에 따르면 약(pharmacy)의 어원인 그리스어 '파르마코스(pharmakos)'는 독을 의미하기도 한다고 한다.
** 라캉, 지젝 등과 같은 정신분석학적 철학도 있고, 들뢰즈와 가타리 등의 감각주의 철학도 있으며, 아감벤, 블랑쇼, 낭시 등의 실존적 철학도 있다.

관이라는 말이 어렵죠? 직관이란 말 그대로 직접 관찰한다는 뜻입니다. 이런 직관은 경험이나 지각(이것은 모두 오감을 통한 것입니다)을 말하는 것이 아닙니다. 이 직관은 예술가의 감각, 종교인의 계시, 수행자의 명상, 몸을 통한 황홀한 체험, 무의식적 경험 등과 같은 것을 말합니다. 이것들은 대개 신비적인 경험에 기초합니다.

직관주의는 구조주의적 인식을 단적으로 거부합니다. 그러나 나는 이런 구조주의에 대한 단적인 거부를 받아들이기 힘듭니다. 구조주의가 지닌 극단적 상대주의, 무차별주의는 잘못이더라도 '구조적 인식'이라는 개념을 버리고서는 인식을 설명하기 어렵다고 생각하기 때문입니다.

구조적 인식을 인정하면서도, 구조주의의 상대주의와 무차별 주의를 극복하는 길은 없을까요? 나는 있다고 봅니다. 그게 바로 '변증법의 길'이죠. 나는 구조주의를 극복하는 길로서 직관주의보다는 이런 변증법의 길이 더 많은 가능성을 보여준다고 믿고 있습니다. 그래서 이번 강의에서는 주로 변증법의 길을 소개하고자 합니다.

이 변증법은 이미 그리스 시대 소크라테스가 대화를 통해 실천했습니다. 근대에 관념철학을 대표하는 독일의 철학자 헤겔(1770~1831)이 소크라테스의 변증법을 새로이 재구성해서 변증법을 완성했죠. 이런 변증법은 나중에 마르크스 유물론의 핵심적인 방법론이 됩니다.

자기 모순적 인식

변증법을 설명하자면 우선 모순이라는 말을 설명해야 하겠습니다.

자기모순이라는 말 알죠? '모(矛)'는 창을 의미합니다. '순(盾)'은 방패를 의미하죠. 옛날에 중국의 어떤 장사꾼이 창을 들고, 이 창은 모든 방패를 뚫을 수 있는 창이라고 선전했습니다. 이어서 방패를 들고, 이 방패는 어떤 창이라도 막을 수 있다고 말했죠. 그것을 보던 어떤 구경꾼이 이렇게 물었습니다. "당신의 창으로 당신의 방패를 찌르면 어떻게 되는가?" 아마도 장사꾼은 당장 보따리를 싸서 줄행랑을 놓았을 겁니다. 여기에서 모순이라는 말이 유래되었습니다.

변증법의 길에서 출발점은 우리는 언젠가 세계에 대한 모순적인 인식에 부딪힌다는 사실입니다. 이런 모순적 인식은 다양한 방식으로 나타납니다. 가장 흔한 형태는 서로 대립적인 인식이 동시에 성립하는 경우이죠. 예를 들어, 자연과학에서 빛이 입자냐 아니면 파동이냐 하는 인식이 여기에 속합니다. 이 두 가지 인식은 대립적이지만 둘 다 진리임을 입증해 주는 실험이 발견되었지요.

이런 모순은 다양한 변형을 통해 나타납니다. 그 가운데 딜레마라는 것도 있죠. 이러지도 저러지도 못하는 경우를 말합니다. 아마 여러분도 이런 상황에 빠진 적이 있지요? 딜레마와 관련해서 흥미로운 논제가 하나 있어요. 그리스의 소피스트들이 논했던 문제입니다. 악어가 아이를 입에 물고 아이의 어머니에게 묻습니다. 내가 지금 이 아이를 삼키겠느냐 아니면 토하겠느냐고 말이죠. 그리고 나서 만일 맞춘다면 아이를 살려주겠다고 말합니다. 아이의 어머니는 어떻게 대답해야 할까요? 어머니가 잠시 생각하더니 "삼킬 것"이라고 말했어요. 그리고 아이를 내놓으라고 요구했어요. 만일 악어가 실제로 아이를 삼킨다면 어머니의 말이 맞으니까 약속대로 아이를 토해 놓아야 하죠. 그 말을 듣고 악어가 아이를 토한다면, 어머니의 말이 맞지 않지만 아이는 살겠죠. 이래도 저래도 아이는 살게 되어 있으니, 아이를 내놓으라고 어머니가 요구했다고 합니다. 그러자 악어가 어머니에게 말했어요. 내가 삼키지 않는다면 어머니가 못 맞추었으니까 아이를 살려 두지 않을 것이고, 내가 삼킨다면 이미 삼켰으니까 아이를 내놓을 수 없다고 했어요. 과연 누구의 말이 맞나요? 이게 바로 딜레마라고 하는 거죠.

모순이 나타나는 방식은 그 외에도 많습니다. 소위 두 개의 규율이 서로 상반한다는 뜻의 이율배반이라는 말이 있죠. 예를 들어보죠. 우리나라의 법에 북한 사람과 접촉하면 처벌하는 국가보안법이 있어요. 그리고 남북의 접촉을 장려하는 남북교류법이 있지요. 두 법은 상반되지만 동시에 성립합니다. 흥미로운 것은 두 법은 서로 짝퉁이라는 겁니다. 국가보안법이나 남북교류법은 모두 정부가 전제됩니다. 정부가 인정하지 못하기 때문에 처벌하고, 정부가 인정하기 때문에 장려합니다. 두 경우 모두 정부와 무관하게 일반적으로 인정되지는 않습니다. 이것은 우리가 미국 사람과 접촉하는 경우를 생각해 보면 알 수 있습니다. 우리가 미국사람과 접촉하면서 정부의 허락을 받지는 않습니다. 정부의 허락 없이 미국사람과 접촉했다고 해서 처벌받지도 않지요.

모순의 다양한 변주 가운데 또 흥미로운 예는 자가당착(自家撞着 : 자기의 언행이 앞과 뒤가 서로 다른 경우)입니다. 자가당착이라는 말은 《선림유취 간경문(禪林類聚 看經門)》에 나오는 남당정의 시에서 유래했다고 합니다. 재미있는 시이니 한번 읽어 보시죠.

수미산은 높디높아 봉우리를 볼 수 없고 (須彌山高不見嶺)

바닷물은 깊고 깊어 바닥을 볼 수 없어라. (大海水深不見底)

흙을 뒤집고 먼지를 털어도 찾을 수 없으니 (硾土揚塵處尋)

고개를 돌려보니 나의 밑바닥에 부딪히누나. (回頭撞着自家底)

이 시 구절 마지막 연에서 "……당착자가(撞着自家)……"라는 말이 나오는 거 보이죠? 자기 자신에게 부딪힌다는 뜻입니다. 예를 들어, 어머니가 자식을 야단칠 때 "너 누굴 닮아서 이러니?" 하고 말하죠. 그런데 아이가 누구를 닮았을까요? 바로 어머니겠죠. 이런 경우를 자가당착이라 합니다. 우리나라에서 정권이 바뀔 때마다 항상 부정척결을 하죠. 그러다가 곧바로 멈추어 버립니다. 왜냐고요? 부정의 또 다른 뿌리가 자기 자신이었다는 것이 밝혀지게 되니까요. 그래서 황급하게 멈추어 버리죠. 이걸 자가당착이라 합니다.

그 외에도 우리는 다양한 형태의 모순에 부딪히게 됩니다. 이런 모순의 다양한 변주(變奏)들에 대해서 헤겔은 그의 책 《정신현상학》에서 정말 까무러질 정도로 철저하게 분석했어요. 나중에 관심이 있으면 한 번 보시기 바랍니다.

인식틀의 확장과 해탈의 길

중요한 것은 우리가 이런 모순적인 인식에 부딪히게 될 때 그 근거와 이유가 무엇인가 하는 것입니다. 이를 알아야 우리는 모순적 인식을 벗어날 수 있겠지요. 모순을 발견한 게 헤겔의 업적이 아니고, 이런 모순이 일어나는 근거를 밝힌 게 헤겔의 업적입니다.

헤겔은 구조주의와 마찬가지로 우리의 인식이 이미 일정한 인식 틀을 가지고 일어난다는 것을 기초로 합니다. 헤겔은 칸트로부터 이런 구조적인 원리를 배웠어요. 헤겔은 이런 기초 위에서 인식상의 모순이 생겨난다면, 그것은 우리가 이미 가지고 있는 인식 틀이 지닌 한계 때문이라고 보았습니다. 쉽게 말해 우리의 인식 틀이 일정한 한계를 가지고 있다면 그 끝, 즉 경계선이 있겠죠. 그 경계선상에 무언가가 있다면, 그건 이쪽으로도 저쪽으로도 규정하기 어려운 것이 됩니다. 이렇게 해서 모순적 인식이 생겨난다는 이야기입니다. 이해하기 어려우니 한 가지 예를 들어 보죠.

우리는 성관계를 항상 남녀의 관계라는 이성애의 틀을 가지고 봅니다. 이런 이성애의 틀이 한계에 부딪히는 경계선에서 우리는 여러 가지 형태의 성적인 관계를 발견합니다. 그중의 하나가 동성애이죠. 동성애는 이성애의 경계선상에 존재하는 것이죠. 우리는 동성애를 파악하고자 합니다. 성적 관계에 대해 우리가 가진 인식 틀이 이성애이므로 우리는 동성애조차 이성애의 개념으로 이해합니다. 동성애에도 이성애처럼 남녀의 역할이 구분된다고 보죠. 이런 인식은 동성애를 이성애의 틀 속에 억지로 집어넣은 결과입니다. 반대로 동성애는 이성애와 다르기 때문에 전적으로 병적인 성적 관계라고 인식하기도 합니다. 이 경우 동성애는 이성애의 틀 밖에 내던져 버린 겁니다. 이렇게 동성애에 대해서는 두 가지 대립된 인식이 존재합니다. 동성애는 이성애의 변종이거나 아니면 병적인 성관계라는 거죠. 동성애는 경계선상에 있으니 이성애의 틀 속으로 강제로 끌어오거나, 아니면 이성애 밖으로 아예 내던져 버리죠. 이렇게 이성애의 틀 자체가 동성애에 대한 모순적인 인식을 발생시킵니다.

모순적 인식이 이렇게 생겨나는 것이라면, 모순적 인식을 벗어나기 위해서는 어떻게 해야 할까요? 그거야 아주 쉬운 일입니다. 우리가 가진 인식 틀의 한계 때문에 모순이 나온 것이니 이 인식의 틀을 더 넓히면 되겠죠. 인식 틀이 확장되면 이전에 경계선에 걸쳐 있던 것도 이제는 인식 틀 안으로 들어오니까 분명하게 인식되겠죠. 이런 식으로 자기 자신의 인식 틀을 계속 확장하면서 모순적 인식을 극복해 나가는 것이 곧 변증법의 길입니다.

이런 변증법의 길에 관해 또 다른 예를 들어 볼까 합니다. 널리 알려진 사실이지만 과거 1980~1990년대 민주화운동의 시대 청년학생운동 내에는 많은 정파가 있었습니다. 크게 엔엘(NL : '민족해방'의 영어 이니셜)과 피디(PD : '민중민주주의'의 이니셜)로 나뉘지만 나는 지금 NL이 무엇이며 PD가 무엇인지 설명하려는 게 아닙니다. 내 이야기를 더 들어보아 주세요.

그때 청년들은 이런 고민도 했습니다. "정파가 다른 청년과 연애를 해도 되는가?" 요새 생각하면 좀 우습지만(로미오와 줄리엣이 생각나죠?) 그때 청년들에게는 이거 정말 심각한 고민이었습니다. 어떤 청년이 술을 마시고 나를 찾아와서 울면서 하소연하기에 들어보니 그런 고민이었습니다. 자기로서는 이 딜레마를 벗어날 길이 없다는 겁니다. 사랑을 버릴 수도, 자신이 옳다고 믿는 정파를 버릴 수도 없다는 거죠.

내가 들어보니 뭐 어려운 고민은 아니더군요. 나는 속으로 웃으면서 이렇게 설명했습니다. '울지 말게, 내가 철학을 하니 간단하게 해결해 주지.' '그런 고민은 너희가 지닌 인식 틀, 이른바 과학주의(계몽주의)라는 인식 틀 때문이 아니냐?' '과학주의가 무언지 잘 모르죠?' 당시에는 이런 과학주의가 지배적인 사조였습니다. 운동을 과학적으로 하자는 주장이 설득력을 가지면서 생활도 과학적이어야 한다는 생각으로 발전했습니다. 당연히 사랑도 과학적으로 해야 한다는 주장이 나왔죠. 이게 과학주의입니다. 이 세상 모든 것을 과학적으로 파악하고 모든 삶을 과학적으로 살자는 주장이죠. 이런 과학주의의 틀로 보니 사랑도 이해에 기초해야 하고, 따라서 정치적 이해관계가 서로 다른 정파끼리 사랑이 가능한가 하는 고민이 나왔던 거죠. 1990년대 후반 들어 과학주의라는 인식 틀이 사라지자 청년들은 더 이상 이런 고민을 하지 않게 되었습니다. 사랑과 정파는 상호 무관하게 된 거죠.

이 예가 이해되나요? 그게 바로 변증법입니다. 우리는 모순적 인식에 부딪히기 마련입니다. 우리의 인식 틀이 제한적이기 때문입니다. 만일 이런 모순적 인식에 부딪히지 않았다면 아직 철저하게 산 것은 아니죠. 그런 사람은 자신의 인식 틀이 제한적이라는 사실을 아직 모르는 거죠. 그는 모순적 인식에 부딪힐 때까지 더 철저하게 살아야 합니다. 모순에 부딪힐 때 비로소 자기의 인식 틀이 제한적이라는 것이 드러나게 되니까요.

일단 이런 모순적 인식에 부딪히면 이것을 극복하기 위해서 우리는 자기의 인식 틀을 확장해야 합니다. 바로 이런 자신의 내부에서 주관적 인식 틀을 확장하는 운동을 반성이라 말합니다. 이 반성(reflection : '반영'으로도 번역한다)이란 그저 거울에 비추어본다(반영)는 뜻이 아니라 자기의 인식 틀 밑에 깔려 있는 더 큰 인식 틀에 이른다(복귀, 되돌아옴, 반성)는 거죠.

이런 반성은 마치 해탈의 과정과도 유사하죠. 불교에서 해탈이란 곧 더 큰마음에 이르는 겁니다. 이 세계는 마음을 통해 이루어졌습니다. 그걸 한자어로 해서 '일체유심조(一切唯心造)'라고 하죠. '모든 것이 마음에 의해 만들어졌다'는 말입니다. 마음이 비좁고 편협하여 결국 집착이 생기고 고통이 발생하죠. 그러므로 마음을 더 넓히고 더욱 관대해지면 집착이 사라지고 고통도 없어지지요. 나는 변증법의 길이 불교적으로는 곧 해탈의 길이라 말합니다.

모순에 직면하는 용기

모순에 부딪혔을 때 이런 근본적인 반성에 이르지 못하고 절망에 빠지는 경우도 있습니다. 그러나 항상 절망의 순간이 바로 희망이 싹트는 순간입니다. 동양 역학은 음양으로 모든 것을 규정합니다. 1년 중 가장 우울한 절망의 날인 동짓날은 음양이론에서 음으로만 표시되지 않습니다. 음들이 쌓인 가운데 양이 하나 들어 있거든요. 절망 속에, 바로 그 절망 때문에 오히려 희망이 보인다는 조상들의 지혜가 거기 담겨 있다고 생각합니다.

마찬가지로 기독교에서 메시아가 오기 직전 30분간 세상에는 오직 침묵만이 흐른다고 합니다. 이 이야기는 성경 묵시록에 나오는 이야기이죠.* 그때 세상은 영원히 끝나버릴 것 같지만 사실 바로 그때가 새로운 세상이 오기 직전이라는 거죠.

---

* 〈요한 묵시록〉 8장 1절 : 어린 양이 일곱째 봉인을 뜯으셨을 때, 하늘에는 반시간 가량 침묵이 흘렀습니다.

마찬가지입니다. 인식이 모순에 부딪히는 가운데서 절망이 아니라 오히려 희망을 발견하려 했던 사람들이 있습니다. 그 사람들이 바로 변증법을 따라 사유했던 헤겔이고 마르크스이죠. 그 희망은 어디에 있나요? 그 모순이라는 것이 현재의 인식 틀 때문에 나타난다는 것을 깨닫는 것이 희망입니다. 모든 빛은 이미 자기 속에 감추어 놓고 있습니다.

항상 모순에 부딪힐 수밖에 없다는 것을 인식하고, 모순 앞에 도피하거나 모순을 부인하는 비겁한 태도를 버리고, 이 세상의 모순에 정면으로 부딪치자는 것이 변증법의 원리이죠. 변증법은 용기의 철학입니다. 비겁한 자는 변증법을 받아들일 수 없습니다. 항상 정직하고 자신에게 솔직한 사람만이 변증법을 받아들일 수 있습니다.

모순을 회피하려는 태도를 우리는 주변에서 자주 발견합니다. 특히 타인의 태도 속에 있는 모순은 곧잘 지적해 내지만 자기 자신 속에 있는 모순은 보지 못하고, 어렴풋이 알고 있더라도 이를 무의식적으로 감추려 합니다. 단적인 예를 하나 들어보려 합니다.

멀리 갈 것도 없습니다. 앞에서 이율배반의 예로서 국가보안법과 남북교류법의 모순을 예로 들어보았습니다. 이 모순은 북한을 바라보는 우리의 주관적 인식 틀 자체에서 나오는 모순입니다. 마땅히 우리는 이 모순을 직시하고 모순을 넘어서려고 하여야 할 것입니다. 우리는 인식 틀을 확장하여 북한을 이해하려 해야 합니다. 그렇지만 현재 어떤가요? 오히려 모순을 회피하고 이를 덮어버리려 합니다. 이렇게 모순을 덮으려다 보니 웃기는 결과가 자꾸 나타나게 되죠. 가장 웃기는 것은 최근 만들어진 탈북자 관련법입니다. 탈북자가 배우자를 북한에 두고 탈북했을 때, 탈북자와 그 배우자의 관계는 여전히 결혼관계인가요, 아닌가요? 양자를 결혼시킨 것은 북한의 법입니다. 북한이 국가라면 당연히 국제법상 결혼관계는 유효합니다. 결혼관계는 외국에서도 인정받을 수 있으니까요. 그러나 북한은 반란정부입니다. 그러니 결혼관계를 인정할 수 없습니다. 그 법은 효력이 없습니다. 하지만 현실적으로 인정하지 않을 수 없어요. 그래서 사실혼의 관계를 인정합니다. 엄연히 법적으로 결혼했는데 말이죠. 모순이지만 그것까지는 좋아요.

모순이 모순을 낳는 일이 계속됩니다. 탈북자의 경우 실질적으로 결혼생활을 하지 못합니다. 이혼의 사유가 됩니다. 하지만 우리나라의 경우 합의 외에는 오직 재판상 이혼만을 인정하므로 이혼을 위한 재판을 진행할 수가 없습니다. 이번에는 소위 실종법을 원용합니다. 실종신고를 해서 몇 년 지나면 이혼이 성립하는 거죠. 실종신고를 해도 웃기는 일이 발생합니다. 실종신고를 하면 주소지에 문의하게 되어 있습니다. 정말로 실종했는지 확인해야 하니까요. 배우자가 사는 북한 지역 주소지에 문의하는 게 불가능합니다. 그래서 편법으로 보내지도 않은 편지를 보낸 척하고 실종신고를 받아 줍니다. 법이 이렇게 위선에 빠지는 경우도 있나요? 결국 알아보지도 않고 실종을 주장하는 겁니다.

이렇게 계속 모순을 회피하여야 할까요? 이제 모순을 직시할 때가 됐습니다. 모순의 핵심은 우리의 인식 틀입니다. 북한은 우리 영토가 아닙니다. 조선민주주의인민공화국의 영토로 인정하여야 합니다. 모순을 직시하고 모순에 부딪치는 용기를 내야 할 것입니다.

변증법의 길과 과학적 인식

박정희 평가와 객관성

이 강의는 앞의 두 강의에 이어지는 강의입니다. 처음 양비론으로부터 시작하여 구조주의, 그리고 변증법 개념까지 이야기가 전개되었군요. 어려운 개념이었죠? 아무래도 '진리의 인식'을 다루다 보니 이런 어려운 개념을 건드리지 않을 수 없었습니다.

이번 강의에서는 '진리의 인식'이라는 주제와 관련하여 여러분이 나에게 물었던 질문을 다루려 합니다. 청년들의 물음은 "박정희를 객관적으로 보자'는 주장을 어떻게 이해해야 하는가?" 하는 물음입니다.

박정희의 망령이 여전히 우리 청년들이나 시민들을 괴롭히는 모양이죠? 그는 마땅히 재판을 받아야 했습니다. 그래야 그에 대한 객관적인 평가가 이루어질 수 있었겠지요. 또 그래야 그 유령이 더 이상 소동을 부리지 않고 무덤에 고요히 잠들 수 있었겠죠. 유감스럽게도 그는 비명횡사했습니다. 부하의 총에 맞아 죽었죠. 그 때문에 유령 박정희는 저승으로 가지 못하고, 세상을 떠돌아다니면서 살아있는 사람들을 괴롭히게 되었습니다. 이제 그에 대해 객관적인 평가가 이루어져, 그도 고요히 잠들기를 기대하면서 이 글을 씁니다.

'객관적'으로 본다니 좋습니다. 객관적으로 보자는 말에 반대할 사람은 없습니다. 하지만 객관성에 두 가지 의미가 있다는 것을 주목해야 합니다.

박정희가 독재는 했지만 경제개발의 공은 있지 않은가 하고 사람들은 말합니다. 주로 뉴라이트가 그렇게 주장하죠. 박정희의 경제개발에 관해서는 이미 앞의 3강에서 이데올로기적 선전의 문제와 연관하여 다루었습니다. 상세한 것은 그 강의를 참조하기로 하고, 여기서는 사소한 것은 다 제쳐놓고 핵심만 정리해 봅시다.

박정희 시대 경제 성장이란 국민 소득이나 수출입 실적을 놓고 보면 양적으로 증가했으니 성장이라 할 수 있겠습니다. 하지만 그 실제 내용을 놓고 보면 그것은 한일회담 이후 일본 자본이 한국에 재진출한 것에 지나지 않습니다. 일본 자본의 외연적 확장이죠. 마치 요즈음 한국기업이 중국에 진출하듯 값싼 노동력을 노리고 일본 자본이 들어왔던 겁니다. 어떤 사람은 이를 일본의 신식민지적 지배라고 말합니다.

김지하의 오적

박정희 시대 경제성장에 관해서는 김지하의 시 〈오적〉을 보면 너무나 잘 알 수 있습니다. 이 시가 나온 것은 1970년대 초입니다. 사람들은 이 시야말로 그 시대를 가장 정확하게 보여주는 풍자시라 보았어요. 재미도 있으니 일부분만 인용해 보겠습니다.

"첫째 도둑 나온다 제벌(狾緤)이란 놈 나온다.

……

저놈 재조 봐라 저 제벌(狾緤)놈 재조 봐라.

장관은 노랗게 굽고 차관은 벌겋게 삶아

……

세금 받은 은행돈, 외국서 빚낸 돈, 온갖 특혜 좋은 이권은 모조리 꿀꺽

이쁜 년 꾀어서 첩 삼아 밤낮으로 작신작신 새끼 까기 여념 없다.

수두룩 까낸 딸년들 모조리 칼 쥔 놈께 시앗으로 밤참에 진상하여

귀띔에 정보 얻고 수의계약 낙찰시켜 헐값에 땅 샀다가 길 뚫리면 한몫 잡고

천(千)원 공사(工事) 오원에 쓱싹, 노동자 임금은 언제나 외상 외상

둘러치는 재조는 손오공 할애비요 구워삶는 재조는 뙤놈 술수 뺨치겠다.

……

마지막 놈 나온다.

장차관(暲曤)이 나온다.

허옇게 백태 끼어 삐적삐적 술지게미 가득 고여 삐져나와

추접무화(無化) 눈꼽 낀 눈 형형하게 부라리며 왼손은 골프채로 국방을 지휘하고

오른손은 주물럭주물럭 계집 젖통 위에다가 증산 수출 건설이라 깔짝깔짝 쓰노라니

호호 아이 간지럽사와요.

이런 무식한 년, 국사(國事)가 간지러워?

굶더라도 수출이닷, 안 팔려도 증산이닷, 아사(餓死)한놈 뼉다귀로 현해탄에

다리 놓아 가미사마 배알하잣!"

김지하는 여기서 "가미사마 배알하자!"라고 말합니다. 가미사마란 일본귀신 가미와 임이라는 뜻의 사마의 합성어입니다. 이것은 그만큼 일본의 재진출, 식민지화가 심각했다는 것을 단적으로 표현하는 말입니다.

사실이야 역사적으로 동일할 텐데 박정희에 대한 평가가 이렇게 달라지는 것이 이상한가요? 사실에는 두 가지가 있어요. 단순한 사실과 근본적인 사실입니다. 단순한 사실이란 그저 눈앞에 보이는 고립적인 사실입니다. 표면적 사실이라 하겠죠. 반면 근본적인 사실은 전체적인 연관 속에서 보았을 때 발견되는 사실입니다. 이런 근본적 사실은 심층적으로 발견되는 사실이죠.

이렇게 단순한 사실과 근본적인 사실을 구분한다면 박정희 시대를 객관적으로 본다는 것은 어디에 기초하는 것일까요? 단순한 사실에 기초한 객관성일까요, 아니면 심층적 사실에 기초한 객관성일까요? 박정희 시대 소득이나 수출입이 증가했다는 것은 단순한 사실에 지나지 않을 겁니다. 반면 그 시대 경제성장이 일본 자본의 재진출 또는 신식민지였다는 것은 전체적 연관 속에서 파악된 근본적인 사실이겠죠. 박정희 시대에 대해 객관적으로 보더라도 사실에 기초하느냐, 아니면 진실에 기초하느냐에 따라서 평가가 달라집니다.

'하나님은 유언비어를 통해 말한다'

단순한 사실과 근본적 사실, 개별적인 사실과 전체적 연관 속에서의 사실 사이의 차이에 대해 위에서 설명했습니다. 이제 여기서 한 걸음 더 나갈 필요가 있습니다. 이걸 이야기하기 위해 '유언비어'라는 말을 소개해야 하겠군요.

유언비어는 한자로 流言蜚語라고 씁니다. 유언비어에서 '유언'은 흘러 다니고 떠돌아다니는 말이라는 뜻이죠. 누가 말하는지 주체가 불분명한 말, 소문과 같은 것입니다. 여기서 '비'는 바퀴벌레를 의미합니다. 그러니까 비어란 바퀴벌레처럼 벌레에 지나지 않는 존재, 백성이나 노예가 하는 말이라는 뜻입니다. 이런 백성이나 노예가 하는 말은 그저 먹고 싸고 하는 지저분한 말일 뿐이고 대부분 쌍욕이 뒤범벅된 말일 뿐입니다.

이런 말들은 대체로 사실이 아닐 가능성이 크죠. 여러분도 소문이 얼마나 사실을 왜곡하는지 잘 알고 있을 겁니다. 게다가 노예나 백성이 떠드는 그저 먹고 싸고 하는 이야기에는 나라나 민족을 구하는 의미가 들어 있을 리 없죠. 유언비어라는 것은 그런 말입니다.

언제가 함석헌 선생이 한 말이 생각납니다. 함석헌 선생은 1960~1970년대 박정희 독재에 저항했던 기독교인이죠. 그는 '씨알' 사상가로 유명합니다. 나는 함석헌 선생을 해방 이후 우리나라 최고의 사상가로 생각합니다. 그의 사상은 기독교를 바탕으로 하지만 과학을 포함하고, 유불선이라는 동양의 지혜조차 포괄하는 사상입니다. 그런 함석헌 선생이 하나님은 유언비어를 통해 말한다고 했습니다. 유언비어, 소문이나 노예가 하는 말, 거의 대부분 거짓이거나 그저 먹고 싸는 이야기 속에 하나님의 뜻이 들어 있다니 정말 어마어마한 주장이 아닐 수 없습니다. 함석헌 선생은 왜 그런 말씀을 하셨을까요?

내가 유언비어를 거론하는 이유는 사실과 진실의 차이를 설명하고 싶기 때문입니다. 앞에서 사실과 진실의 차이를 구별해 보라는 문제를 내걸었는데, 이제야 비로소 답하게 됩니다. 사실이란 현재 존재하는 현실입니다. 진실은 사실과 다릅니다. 그것은 사람이 절실하게 바라는 염원과 같은 것입니다. 그 염원은 미래에 실현될 것입니다. 아직 나타나지 않았고, 다만 마음속에만 있기에 가능적인 것이라고 말해도 됩니다. 이런 가능성은 공허한 논리적 가능성이 아닙니다. 염원이란 절실하게 바라는 것이니 언젠가는 반드시 실현될 것입니다. 어떻게 보면 그것은 숙명처럼 실현될 가능성이죠. 이런 숙명적 사실, 그것이 진실입니다.

진실, 사람의 염원, 숙명적 사실이라는 개념을 생각해본다면 함석헌 선생이 왜 유언비어에 하나님의 뜻이 담겨 있다고 말하는지 이해됩니다. 하나님의 뜻, 그것은 곧 사람이 절실하게 바라는 염원이죠. 노예와 백성이 떠드는 말과 먹고 싸는 말 가운데 노예나 백성이 가진 염원이 들어 있어요. 그러므로 함석헌 선생은 유언비어가 비록 사실은 아니더라도 진실을 담고 있다고 말씀하신 게 아닐까 생각합니다.

그러니 여러분은 거짓말도 새겨들어야 하지 않을까요? 누가 여러분 앞에서 거짓말할 때, 단순히 그 말이 거짓이라는 사실을 안다고 해서 충분하지는 않습니다. 나아가서 그가 거짓말을 하는 이유도 알아야 합니다. 그가 그저 당신을 속여 이익을 취하려는 것인지, 아니면 그 자신이 절실하게 바라는 염원을 말하는 것인지를 구별하여 알아야 하죠. 만일 그 말 속에 그의 염원이 들어있다면 그는 여러분에게 진실을 말하는 겁니다.

이런 예는 우리 주변에서 많이 찾아볼 수 있습니다. 사랑하는 사람의 거짓말을 경험한 적이 있나요? 그 말을 거짓말로만 이해한다면 그는 사랑하는 사람의 마음을 이해하지 못하는 겁니다.

염원과 진실

사실과 진실을 가리는 예를 또 들어보죠. 예를 들어, 일제가 멸망하기 직전 일제는 동남아를 향해 파죽지세로 뻗어 나갔습니다. 미국을 필리핀에서 격파하고, 영국을 미얀마에서 격파하여 동아시아 전체를 수중에 장악했습니다. 그때까지는 그래도 저항하던 조선의 지식인이 하나같이 두려움에 빠졌습니다. '조선의 독립이란 불가능한 것 아니냐? 아, 이러다가는 내가 설 자리가 없겠다.' 눈앞에 닥친 현실을 보자 그들은 우르르 앞을 다투어 가면서 친일로 전향하고 말았습니다.

그때 아주 소수의 사람은 알고 있었습니다. 일제가 저렇게 팽창하는 바로 그것이 일제가 멸망할 징조라는 것을. 그것은 다가올 파멸을 막기 위한 몸부림이었다는 것을. 그래서 그 소수는 일제의 패망에 대비했습니다. 이런 사람은 다가올 일제의 패망을 어떻게 알았을까요? 그들은 친일 전향자보다 더 지식이 많았나요? 더 많은 정보를 얻었나요? 아니면 미래를 투시하는 혜안이 있었던가요? 아니, 전혀 그렇지 않습니다. 그들에게 있었던 것은 조선이 독립해야 한다는 염원뿐이었습니다. 그런 염원이 있기에 조그마한 징조도 크게 볼 수 있었고, 나지막한 소리도 크게 들을 수 있었습니다.

사람의 마음속에 있는 염원이라는 것, 그것은 머지않아 실현될 가능적 현실 곧 진실입니다. 진정으로 객관적으로 본다는 것은 사실을 넘어서 심층적 사실조차 넘어서 이런 염원까지 볼 수 있어야 합니다. '전체적으로 보고, 나아가 염원에 기초해서 보자. 그래야만 진정으로 객관적으로 볼 수 있다.' 이것이 내가 말하고 싶은 바입니다.

이것과 관련해 또 하나의 설명을 하고 싶습니다. 유물론 철학에서 진리는 계급적이고 당파적이라는 주장을 합니다. 그 때문에 유물론이 욕을 많이 먹습니다. 계급적, 당파적이라는 말이 자기 계급이나 자기 당의 이익에 충실해야 한다는 말로 오해되었던 거죠. '이렇게 계급성과 당파성에 충실하다면 현실을 주관적으로 보게 되고, 사실도 허위가 되고, 허위가 사실로 되는 것 아니냐?' 유물론을 비판하는 사람들은 객관성을 강조했습니다. 또는 과학적으로 보자고 떠들기도 했죠. 객관성과 과학성을 부정할 사람이 누가 있겠습니까? 유물론 역시 객관성과 과학성에 관해서는 누구보다도 충실하고자 했습니다. 그러면서도 '계급성'이니 '당파성'이니 하는 말을 한 것은 그것이 객관성과 과학성을 찾는 나침반이기 때문입니다.

계급성이나 당파성에는 사람들의 염원이 들어있습니다. 그것은 물론 추상적인 도덕이나 당위를 의미하지 않습니다. 그것은 곧 다가올 미래에 대한 기대이고 곧 실현될 가능성이죠. 그래서 염원이라 합니다. 이렇게 염원에 충실한 경우에 비로소 사실이 아니라 진실을 볼 수 있습니다. 과학성이나 객관성은 그런 진실 위에 세워질 수 있습니다.

미래의 관점에 서서

잠시 사극 이야기를 할까요? 여러분이 좋아하는 사극은 아마도 퓨전 사극이겠죠. 반면 나는 정통 사극을 좋아합니다. 퓨전 사극과 정통 사극의 차이가 무얼까요? 퓨전 사극에는 사실과 환상이 뒤엉켜 있죠. 정통 사극은 사실에 충실하려고 합니다. 그러나 퓨전 사극과 정통 사극을 이렇게 구분하는 데에 문제가 있습니다. 퓨전 사극도 사실에 충실할 수 있고, 정통 사극도 환상을 끌어들일 수 있습니다. 나는 퓨전 사극과 정통 사극을 이렇게 구분합니다. 역사를 현재의 눈으로 본다면 퓨전 사극이고, 역사를 그 시대의 관점에서 본다면 정통 사극이라는 거죠. 타임머신을 타고 과거로 돌아가서 바라보는 사극, 단순히 몸만 가는 것이 아니라 마음과 생각도 그 시대로 되돌아가서 바라보는 사극이 정통 사극이죠.

내가 정통 사극을 칭찬하려고 이 이야기하는 것이 아니라, 이런 정통 사극의 원리를 약간 변화시켜보고 싶어서입니다. 우선 현재를 과거의 관점에서 보는 경우가 있지요. 예를 들어, 향수를 자극하는 이야기는 대개 과거의 관점에서 현재를 바라봅니다. 또 다른 예는 복고주의자의 역사관이죠. 경제성장 하면 무조건 박정희의 관점에서 바라보는 사람들이 있습니다. 그래서 토건사업을 벌이고 재벌에게 각종 특혜를 부여합니다. 이런 사람들이 박정희의 관점에서 현재를 바라보는 복고주의자이죠. 나는 이런 복고주의자는 반대합니다.

거꾸로 미래의 관점에서 현재를 바라보는 것도 있습니다. 앞으로 백년 뒤의 사람이 오늘날을 돌아보면서 무어라고 말할까요? 아니면 내가 먼저 백 년 뒤의 사람이 되어서 이 시대를 바라볼 수 있지 않을까요?

나는 이것이 축구 선수의 눈이라 봅니다. 나는 축구를 못합니다. 어릴 때는 축구를 해볼까 했는데, 아무리 열심히 뛰어다녀도 공이 나한테 안 오는 겁니다. 내가 죽어라 뛰어가면 공이 딴 데로 가버려요. 힘만

들고 얻는 것은 없어요. 축구를 잘하는 친구를 보니 늘 가만히 있는데 이상하게도 공이 그의 발에 감겨드는 겁니다. 그에게 물어보았더니 글쎄, 사람들이 자기한테 공을 보내 준다는 겁니다. 그 뒤 나는 축구를 안 했습니다. 사람들이 나를 미워해서 공을 안 보낸다고 믿었습니다. 사실 알고 보니 그것이 아니더라고요. 진짜는 뭐냐면, 그 친구는 이미 공이 올 것을 예상하고 그 길목에서 기다렸던 겁니다. 그러니 꼭 공이 그쪽으로만 날아오는 것처럼 보이는 거죠. 그만큼 그는 미래의 눈으로 현재를 바라보았던 것이죠. 나는 그것이 진정한 정치가의 눈이라 생각합니다. 미래에 일어날 일을 예측하면서 그곳으로 가는 길목을 장악하는 것이죠. 미래에 남북의 통일이 오리라 예상하고 그 길목을 장악하면, 통일이 오는 순간 모든 사람이 그 길로 몰려오지 않을까요? 나는 객관성을 추구하는 사람들에게는 이런 관점이 필요하다고 생각합니다.

염원의 눈으로 보자

그러면 구체적으로 어떻게 하면 그렇게 될까요? 앞의 강의에서도 말했듯이 우리의 삶이란 늘 모순에 부딪히는 삶이죠. 이렇게 모순의 한가운데서 우리는 온몸이 찢겨나가는 듯한 고통을 경험하게 됩니다. 그러나 모순 속에서 느끼는 고통 속에는 이미 미래가 출현하고 있습니다. 미래는 바로 고통으로 출현하고 있는 거죠. 고통이 곧 미래라는 말, 이해됩니까?

노예는 고통스러워하지 않습니다. 그는 자신의 삶을 노예의 눈으로 보면서 당연하다고 생각하기 때문입니다. 노예가 스스로 주인이 되는 꿈을 꾸게 될 때 비로소 고통을 느끼는 거죠. 마찬가지이죠. 모순 속에 있지만 대부분의 사람은 이 모순을 알지 못합니다. 그저 그런 삶이 당연하다고 보죠. 그러나 그가 모순을 깨닫자 미래에 대한 염원이 떠오르면서 참을 수 없는 고통 속으로 빠져들죠. 그러니 이 고통이 곧 미래의 꿈이라는 겁니다.

우리가 조국통일의 염원을 가질 때, 노동해방이라는 염원을 가질 때 그것은 이미 다가온 것입니다. 그것은 논리적인 가능성이 아니라 구체적으로 실현 가능한 것, 곧 실현될 미래이죠. 하지만 우리는 이것이 어떻게 실현될지 모릅니다. 그래서 고통을 느끼죠. 우리의 고통은 염원을 더욱 강화하고, 우리의 염원은 고통을 더욱 강화하죠.

바로 이 염원이 진실입니다. 이 염원의 자리에 서는 것이 미래의 눈으로 현재를 보는 것입니다. 마음속에서 느껴지는 염원, 그 진실에 귀를 기울이고 그 말에 충실하면, 다시 말해 염원과 진실의 관점에서 현재를 본다면, 비로소 다가올 미래가 아무리 미미하게 나타난다 하더라도 그 미래가 다가오고 있음을 분명하게 볼 수 있습니다.

물론 이 염원이 진실이지만 아직은 주관적으로 느끼는 것에 불과합니다. 그렇기에 모호하고 막연하게 나타날 뿐입니다. 실현될 미래가 다가오고 있다는 것은 확실하지만 어떤 모습을 가지고 어떤 길을 거쳐 다가올지는 알기 어렵습니다. 이런 것을 이해하기 위해서는 과거의 인식 틀이 아니라 미래의 인식 틀로 인식의 틀을 확장해야 합니다. 이런 확장이 변증법적 길입니다. 이런 변증법을 통해 미래는 과학적으로 인식되겠죠.

제4부__한국의 사이비 실용주의

꺼삐딴 리의 기회주의적 실용주의

시험 유감

어이쿠, 다음 주가 중간시험 기간이군요. 어떻게, 준비
됐나요? 아마 여러분 중에 이렇게 말하는 청년이 있을 겁니다. "닥치
지 않았는데 시험 준비를 왜 하나!" 닥치지 않으면 절대로 안 하는 게
시험공부죠. 미리부터 해 봐야 소용없다는 겁니다.

시험이란 항상 얼마나 암기했는가에 달려 있습니다. 중·고등학교의
시험, 대학입학 시험이라는 것이 모두 그런 것이죠. 대학 강의조차도
이런 식으로 시험을 봅니다. 사실 중간시험만 그런가요? 기말시험도
마찬가지 아닌가요?

도대체 대학에서 시험을 본다는 것 자체가 우스꽝스러운 일입니다.
리포트를 쓴다는 것은 응용할 수 있는 능력을 본다는 점에서 적어도
어느 정도는 의미가 있어요. 하지만 시험이란 한 학기 배운 것을 한
시간 안에 확인해야 하는데, 결국 가르쳐준 것을 얼마나 잘 외우고 있
는가를 확인할 뿐이죠.

왜 이 나라 대학에는 아직도 중간시험이란 것이 남아있을까요? 나는

여기에 우리나라 대학의 비밀이 담겨 있다고 봅니다. 시험이란 대학과 청년 자신, 그리고 사회가 공모하여 만들어낸 작품이죠. 이런 공모에 관해서는 차차 이야기하기로 하죠. 마침 이번 질문이 대학과 관련된 물음이니 이야기하다 보면 자연스럽게 그런 공모에 관해서도 이야기가 나오지 않을까 생각합니다.

장학금 확충은 실용적인가?

이번에 다루는 주제는 '실용주의'입니다. 청년들은 이 실용주의가 지금 대학에 만연하고 있다고 보는 모양입니다. 청년들은 대학과 관련해서 이런 실용주의의 허실에 관해 물었습니다. 그중 첫 번째 물음은 이런 겁니다. "반값 등록금은 정치적이고, 장학금 확충은 실용적인가?"

아마 이명박 정부 말기부터 복지가 사회적 이슈로 떠오르자 그 가운데 '반값 등록금'에 관해 사회적인 논란이 일어났습니다. 사회 한 구석에서는 반값 등록금은 실현하기 어렵고, 장학금 확충이 현실적인 대안이라고 주장했지요. 그런 주장을 하는 사람들은 반값 등록금을 주장하는 것은 '정치적인 선전'이고, 장학금 확충이 '실용적'이라고 말합니다.

이런 물음은 굳이 철학적 판단을 기다릴 것도 없습니다. '장학금 확충'이라는 말이 얼마나 기만적인지는 우리가 모두 너무나 잘 알기 때문입니다. 실제로 장학금이 어떻게 사용되는가를 보면 됩니다. 지금 대학에서는 교육조교라는 제도를 교육을 보조하기 위해서가 아니라 행정을 보조하기 위해서 이용합니다. 이런 교육조교에게 등록금 감면 등의 명목으로 지급하는 돈이 모두 장학금으로 간주됩니다. 행정비용을 장학금이라니 말이 되나요? 또 장학금이라는 게 대부분 공부 잘한 학생에게 주는 상여금처럼 운영됩니다. 면학을 증진하기는 하지만 실제 장학금이 필요한 가난한 대학생에게는 아무 도움이 되지 않죠. 그런 장학금조차 대부분 학생들의 등록금에서 나오는 것이고, 재단이나 정부에서 나오는 장학금은 아주 극소수이죠. 결론적으로 이런 장학금은 대부분의 학생들이 돈을 모아 일부 학생을 지원하는 제도인 셈이죠. 학생에 대한 지원을 동료 학생이 맡는 제도가 장학금이라는 제도입니다.

그러니까 장학금 확충이라는 말이 실용적이냐 아니냐를 따질 필요도 없습니다. 그것은 기만적인 것에 불과하기 때문입니다. 이번에는 반값등록금이라는 주장이 과연 정치적일까 한번 알아보죠. 우선 대학등록금의 본래 책임이 누구에게 있는가부터 가려보죠. 교육은 국가의 의무입니다. 대학 교육이라고 해서 국가의 의무가 아닐 수 없죠. 사회주의 국가나 유럽에서는 대학 교육이 국가의 의무입니다.

물론 이런 의무에도 불구하고 국가가 재정적으로 이를 부담하기 어려우면 부모나 사회 등의 지원을 받을 수도 있겠습니다. 이런 지원에 대한 호소는 국가가 해야 하죠. 학부모와 사회에 대해 "제발, 좀 도와달라!"라고 호소해야 마땅합니다. 지금은 거꾸로 수익자 부담이라면서 학부모와 학생이 등록금을 지급해야 하는데 국가나 사회가 약간 도와줄까 말까 합니다. 학생과 학부모가 국가에 빌면서 "제발, 좀 도와 달라!"라고 요청하죠. 이는 주객이 전도된 일이라 하겠죠.

주객을 분명하게 하면 국가가 의무를 인정하는 가운데 재정적으로 학부모가 어느 정도까지 부담할 수 있는가를 따져봐야 할 겁니다. 과연 국가가 등록금을 반값까지 부담할 수 있는지가 문제가 아니라 학부모가 과연 반값까지 부담할 수 있는지가 문제이죠.

실용주의와 백묘흑묘

이 얘기는 이 정도로 하고 이번 기회에 '실용주의'라는 말의 의미를 검토해 보기로 하죠. 실용주의의 의미야 굳이 설명할 필요도 없을 것 같아요. '실제로 유용한 것을 찾고 추구하자'는 주장으로 요약할 수 있을 것 같아요.

이 '실용적'이라는 말은 '현실적', '합목적적', '적절한'과 유사한 말이고, 이에 대립하는 말은 '비현실적'이거나 '공상적' 또는 '원칙적', '교조적'이라는 말이라 생각됩니다. 예를 들어, 우리는 '공허한 도덕'이라든가 '교조적인 이념' 또는 '순수한 학문', '예술을 위한 예술'을 비실용적이라 말합니다. 도덕과 이념, 학문과 예술이 처음 출현할 때는 모두 다 삶에 어떤 도움이 되는 기능을 지니고 있었을 겁니다. 세월이 가면 이런 도덕과 이념, 학문과 예술은 현실적인 삶에 적합하지 않아서 우리 삶에 도움이 되지 않고, 심지어 삶을 파괴하기도 합니다. 이때 실용주의가 등장하여서 삶의 현실에 적절한 것을 합리적으로 추구하자고 주장하기 시작합니다. 공허한 도덕과 이념 대신 건실한 삶의 행복이, 순수 학문이나 예술 대신 실학과 생활예술이 등장하죠.

이런 점에서 실용주의는 대체로 긍정적인 의미를 지니고 있습니다. 역사적으로 보아도 실용주의는 상당히 긍정적인 역할을 수행한 것으로 보입니다. 몇 가지 예를 들어 보죠.

조선 시대 성리학자들은 공허한 도덕과 예의, 규범에 사로잡혀 있었습니다. 그들은 임진왜란 때 우리를 도와준 명나라에 대한 의리를 강조했습니다. 반면 새로이 등장하는 청나라에 대해서는 오랑캐라고 하면서 멸시했지요. 현실을 고려하지 않고 도덕적 의리를 무조건 실현하려는 것이니 비현실적이고 교조적인 주장이었습니다. 이때 실학자가 등장했습니다. 실학자들은 '이용후생(利用厚生)'을 주장했습니다. 생활에 이롭고 유용한 것, 삶을 도와주는(厚生) 것을 연구하자는 주장입니다. 평범한 말 같지만 사실 이 말은 당시 선비들의 존명의리(尊明義理 : 명나라를 존중하는 의리)에 대해 비판을 깔고 있습니다. 현실적으로 번성하는 청나라를 인정해야 한다는 생각이지요. 그런 까닭에 이들은 청나라의 새로운 문물을 적극 도입하자고 주장했습니다. 바로 이런 것이 실용주의입니다.

실용주의는 미국을 대표하는 철학이기도 하죠. 미국의 윌리엄 제임스*, 존 듀이** 등이 발전시킨 철학적 이론이 실용주의입니다. 미국에 실용주의가 등장한 이유도 따지고 보면 재미있습니다. 미국은 흔히 청교도가 건설했다고 하죠. 청교도란 개신교의 일파로 무척이나 순수한 신앙심을 가지고 있었던 사람입니다. 청교도는 영국의 종교직 탄압을 피해 미국으로 건너왔죠. 세월이 지나자 청교도는 종교적 순수성을 지키기 위해 교조화되면서 그 때문에 사회적인 갈등이 발생하기도 했습니다. 청교도의 세력이 강한 만큼 그에 대립하는 철학이 등장하지 않을 수 없었죠. 그게 바로 실용주의이죠. 실용주의가 미국에 유행한 것

---

* 윌리엄 제임스(William James, 1842~1910)는 미국의 철학자, 심리학자이다. 프래그 머티즘 철학의 확립자로 알려진다.
** 존 듀이(John Dewey, 1859~1952)는 미국의 철학자, 교육운동가이다. 미국의 학교 제도에 막대한 영향을 준 실용교육론을 제시했다.

은 교조화된 청교도 근본주의에 대한 비판으로서 이해해야 합니다.

사람들은 자주 실용주의를 눈앞의 이익, 찰나적 이익, 개인적 이익, 생활상의 이익 등을 의미하는 것으로 받아들이기도 합니다. 이런 생각을 '찰나주의'라고 하기도 합니다만 실용주의가 찰나주의라는 생각은 정말 잘못입니다. 눈앞의 이익만 실용적이라면 원대한 이익, 장기적 이익, 사회 전체의 이익, 과학적인 이익 등은 비실용적인 것일까요? 그렇지는 않아요.

또한 이런 실용주의가 쾌락주의로 오해되기도 합니다. 물질적 쾌락이든 정신적 쾌락이든 사람의 삶에 즐거움을 주는 쾌락, 또는 행복을 추구하는 것이 실용주의라는 겁니다. 하지만 이런 주장 역시 오해이죠. 쾌락주의가 실용주의라면 쾌락을 경계하는 도덕이나 종교, 진리를 위하여 고투를 벌이는 학문, 아름다움을 추구하는 예술은 모두 비실용적인 건가요?

찰나주의든 쾌락주의든 그것은 삶의 목적에 관한 주장입니다. 쾌락주의는 삶의 목적이 쾌락에 있다고 주장합니다. 찰나주의는 눈앞의 이익이 삶의 목적이라는 거죠. 여기서 삶이란 수단이 됩니다. 우리의 삶은 이런 쾌락과 이익을 실현하는 수단이고 도구이죠. 찰나주의나 쾌락주의는 수단과 도구에 대해서는 아무런 언급을 하지 않습니다.

반면 실용주의는 무엇이 삶의 목적인지에 관해서는 말하지 않습니다. 그것은 괄호 안에 들어 있습니다. 그래서 그 목적을 그저 일반적으로 '삶'이라고 표현하는 거죠. 그 삶 속에 무엇이 들어갈 것인가는 각자가 선택할 바입니다. 실용주의는 다만 우리가 그런 목적을 최대한으로 실현하도록 충실해야 한다는 주장이죠. 실용주의는 목적에 충실하기 위해서는 자기가 처한 현실에 적절하게 수단을 마련하여야 한다고 주장합니다. 실용주의란 이런 합목적성을 말하는 것이며, 합리적 수단이나 방법에 관한 주장입니다.

쾌락주의와 찰나주의가 실용주의와 비슷한 것 같지만 이처럼 목적과 수단이라는 차이가 있습니다. 그러므로 쾌락주의, 찰나주의에도 실용적인 주장이 있는가 하면 비현실적이고 공상적인 주장도 있습니다. 또 실용주의에도 개인적 이익을 추구하는 개인적 실용주의가 있는가 하면 사회 공동체를 최우선시하는 사회주의적 실용주의도 있어요. 중국의 등소평이 주장했다는 '백묘흑묘(白猫黑猫)론'을 아나요? "흰 고양이나 검은 고양이나 쥐를 잡기는 마찬가지이다. 중요한 것은 쥐를 잡는 것이지, 고양이가 검으냐 희냐를 가지고 논할 필요가 없다." 뭐 이런 정도의 뜻이라 합니다. 이런 등소평의 정책을 실용주의라 합니다.

꺼삐딴 리

해방 이후 한국사회를 지배하고 있는 실용주의의 싱격을 살펴보면 이상한 냄새가 납니다. 우선 한국의 실용주의는 실용주의 가운데서도 특히 한정된 실용주의입니다. 실용주의는 그 목적에 대해 중립적입니다. 그 비어있는 자리에 한국의 실용주의는 개인주의, 찰나주의라는 목적을 집어넣었죠. 소위 '잘살아 보세' 실용주의입니다. 한국적 실용주의자의 삶에는 자기의 이웃이나 민중의 삶이나 민족의 미래라는 것은 전혀 문제 되지 않습니다. 한국적 실용주의자에게 삶이란 바로 자기 개인의 눈앞에서 실현되는 편안하고 즐거운 삶일 뿐입니다. 철저한 개인주의적 찰나적 삶이라 할 수 있겠죠.

　개인주의야 자본주의 사회라면 어디서나 있는 것이니 개인주의라고 해서 비난받을 것은 아닙니다. 실용주의라는 말 그대로 현실에 맞게 합리적인 방식으로 개인의 목적을 추구한다면 잘못이라 할 수는 없겠지요. 그런데 한국 사회에서 실용주의는 개인의 목적을 위해 무슨 일이라도 할 수 있다고 보았습니다. 그 수단이 비현실적인 것은 아닌지, 비열한 것은 아닌지 등은 고려하지 않아요. 한국의 실용주의는 개인주의를 넘어서 근본주의가 되었지요. 종교적 원리주의자가 신앙을 무조건 고집하고, 도덕적 근본주의자가 도덕을 지상 목적으로 삼듯이 한국의 실용주의는 개인적 이익, 찰나적 이익을 무조건 실현되어야 하는 지상 최고의 목적으로 삼았습니다. 따라서 한국의 실용주의는 엄밀한 의미에서 실용주의가 아니고 사이비 실용주의이며, 사실은 근본주의적인 개인주의라고 하겠습니다.

　한국의 실용주의는 수단과 방법을 가리지 않죠. 이렇게 모든 것을 수단화하는 가운데 자기가 이용하는 것들이 지닌 고유한 가치를 파괴하고 부정하니 철저한 허무주의라고도 볼 수 있습니다. 이런 모습은 때에 따라 기회주의적인 모습으로 나타나기도 하죠. 기회에 따라서 무엇이나 이용하는 모습은 때로는 정말 처절하게 보이기도 합니다.

　기회에 따라서 이리저리 요령껏 움직이는 기회주의자의 모습은 전광용의 소설 《꺼삐딴 리》라는 소설에서 잘 형상화되어 있습니다. 주인공 외과 의사 이인국은 일제강점기에는 일제에 달라붙고, 북에 소련군이 진주하자 소련군에 아부하며, 남쪽으로 내려와서는 미국에 굽실대는 방법을 통해서 자신의 부와 권력을 얻죠. 이를 위해 심지어 자기의 아이들조차 수단으로 만들죠. 아들은 소련에 유학 보내고, 딸은 미국에 유학 가서 미국인과 결혼할 예정입니다.

꺼삐딴 리의 이런 모습이 별로 낯설지 않은 것은 이런 사람이 우리 주위에 널려 있기 때문입니다. 부와 권세를 쥔 자들의 뒤를 조금만 캐 보면 조상은 친일파였고, 본인은 친미파인 경우가 허다합니다.

이런 기회주의, 이런 허무주의, 이런 근본주의의 태도가 실용주의가 아니라는 것은 분명합니다. 그럼에도 불구하고 한국사회에서는 이런 태도를 실용주의로 알고 있습니다. 사람들은 아마도 이렇게 반문하겠 죠. '그런 태도야말로 정말 실용적이지 않은가? 개인적 이익을 목적으로 하는 것이 잘못이 아니라면, 기회에 따라 요령껏 처신하고 무슨 수단이든 사용하여 나의 이익 자체에 충실한 것이 정말로 현실적이고 합리적이지 않은가? 그러니 이게 바로 실용주의이다.' 이런 식으로 생각하는 사람들이 정말 많을 겁니다. 청년들이 생각하기에도 그럴듯한 주장이죠. 한국의 실용주의가 사실 실용주의가 아니면서도 실용주의인 체하는 이유가 바로 여기에 있습니다.

비정상 시대의 사이비 실용주의

실용주의라는 말이 이렇게 왜곡된 이유를 알아보기 위해 《꺼삐딴 리》를 가지고 생각해 보죠. 이 소설에서 꺼삐딴 리는 환심을 사기 위해 무엇이든 이용했습니다. 그의 행동은 표면적으로 보면 실용적으로 보입니다. 하지만 그게 정말 실용적인 태도였을까요? 다시 말해 그가 선택한 수단이 현실적인 것이었을까요?

생각해 보세요. 꺼삐딴 리가 일제에 달라붙었을 때 그는 일제의 닥쳐온 패망을 모른 채 일제에 아부하다가 생존의 위기에 부딪혔죠. 그래서 그는 소련군이 왔을 때 다급하게 소련군에 붙었습니다. 그는 우연히(정말 우연이죠!) 소련군 장교를 치료해 주었는데 그 덕분에 살아날 수 있었습니다. 우연은 행운이었지만 이런 우연은 항상, 그리고 누구에게나 기다리는 것은 아닙니다.

하늘은 항상 그런 기회주의자의 편일까요? 과연 꺼삐딴 리는 세상이 변화할 때마다 그런 요행을 얻어서 승승장구할 수 있을까요? 나는 그렇게 보지 않습니다. 그는 그야말로 요행의 삶을 살았던 것에 불과합니다. 만일 우연이란 것이 없었다면 그는 한순간에 추락하고 말았을 거죠.

다른 사람은 소설 《꺼삐딴 리》가 말하는 것을 어떻게 해석할지 모릅니다. 나는 이 소설이 말하는 내용은 기회주의적으로 살면 잘 살 수 있다는 것이 아니라 오히려 기회주의적으로 살 수는 없다는 것이라고 봅니다. 작가는 그런 삶은 항상 있을 것 같지 않은 행운에 의존하도록 그려놓았으니까요. 꺼삐딴 리는 요행에 자기 목숨을 아슬아슬하게 걸어가면서 살아간 사람입니다.

내가 이렇게 말하면 청년들은 나에게 이렇게 반문할지 모릅니다. '말도 안 된다. 한국의 현실을 보라. 일제강점기 친일파가 어느 사이엔가 친미파가 되어 있고, 그때나 지금이나 여전히 부와 권세를 누리고 있는 것이 아닌가? 그러니 이런 사람이 적어도 한국의 현실에서는 가장 합리적으로, 가장 실용적으로 산 것이 아닌가?' 정말이지, 청년들의 말대로 친일파와 친미파가 부와 권세를 유지해온 것도 사실입니다. 하지만 그것은 한국의 현실이 비정상적인 방식으로 전개되어 왔다는 것을 보여주는 증거가 아닐까요? 미군정의 보호를 받아 친일파가 주도해서 건국했으니 그런 결과가 나온 것이죠. 그러나 이런 역사가 역사의 일반적 원리가 될까요?

결국 이렇게 말할 수 있지 않을까요? 적어도 20세기 와서 일제 식민지가 되고 다시 미군정의 지배에 들어가고, 독재의 억압 아래 수십년 살면서 우리 역사가 너무 비정상적인 길을 겪었고, 그런 가운데 사람들은 합리적 판단을 할 수가 없었던 거죠. 그래서 거꾸로 무슨 짓을 하든 살기만 하면, 그리고 잘 살아남기만 하면, 부와 권세를 누리기만 하면, 그게 실용적이라는 이상한 믿음을 가지게 된 겁니다. 생각해 보면 한국의 사이비 실용주의자의 처참한 모습은 우리의 지극히 비정상적인 역사가 낳은 부산물이 아니었을까요? 그런 점에서 오히려 그런 비참한 모습에 안타까운 마음이 들게 됩니다.

그러나 그게 합리적인 방식은 아닙니다. 이제 머지않아 우리 역사가 합리적 발전의 길에 들어서면 기회주의적이고 허무주의적인 사이비 실용주의는 더 이상 견디기 힘들 겁니다. 그때 꺼삐딴 리는 더 이상 기회를 포착할 수 없겠죠.

정말로 우리가 실용적으로 살기 위해서는 어떻게 해야 할까요? 우리는 가능한 한 나의 삶이 또는 우리가 사는 사회가 어떻게 변화할지를 예측해야 하지 않을까요? 그것을 알기 위해서는 이 사회의 구조나 역사를 제대로 이해해야 할 것으로 생각합니다. 앞에서도 말했듯이 과거가 아니라 다가오는 미래의 눈으로 현재를 보아야 할 것입니다.

결론적으로 나는 두 가지 실용주의를 구분하고 싶습니다. 하나는 표면적으로 보면 실용적으로 보이는 겁니다. 그것은 요행에 의존하는 것이죠. 다른 하나는 진정으로 실용적인 것입니다. 그런 삶의 길은 요행이 아니라 합리적으로 발견해야 합니다.

11강 수명 20년짜리 인간 제품

월정사 약사보살상

　　　　잘 지냈어요? 가을이 벌써 깊었습니다. 나는 지난 주말 친구들과 오대산으로 등산을 떠났습니다. 하지만 월정사 입구에 단풍 관광객을 태우고 온 차들이 너무 몰려서 하는 수 없이 오대산 앞산이라 할 동대산에 올라갔다가 내려왔습니다. 유감스럽게 그쪽에는 단풍이 없었습니다. 산에서 내려와 오후 늦게 월정사로 들어가 경내에 핀 아름다운 단풍을 구경했지요.

　월정사에는 내가 제일 좋아하는 조각상이 있습니다. 팔각형으로 둥글게 깎은 월정사 9층 석탑 앞에 두 손을 모으고 무릎을 꿇고 있는 약사보살상입니다. 화강암으로 되어 있고 두툼한 볼과 가슴, 그리고 허벅지가 풍요롭게 보이는 조각상이죠. 나는 이 보살상을 대학 시절 여름 방학 때 월정사에서 일주일 정도 참선 수련을 하러 갔다가 발견했어요. 처음에 이 보살상은 눈앞에 있었음에도 불구하고 내 눈에 뜨이지 않았습니다.

월정사 석조보살 좌상 (1.8미터, 보물 제139호)
부처님의 진신 사리를 모신 팔각구층석탑 앞에 탑을 향하여
오른쪽 무릎을 꿇고 두 손을 모으고 입가에 부드러운 미소를 머금은 채
부처님을 바라보며 공양을 드리는 모습이다.
여기 전시된 것은 복제품이고 본래 작품은 사찰 박물관 안에 있다.

월정사에서 며칠 보낸 어느 날 밤, 달빛이 하도 밝아서 숙소를 몰래 빠져나왔습니다. 그때 탑 앞에 달빛을 받아 은은히 빛나는 약사보살상을 보았습니다. 나는 무척 충격을 받았습니다. 그 모습이 너무나도 간절했기에 가슴이 미어질 듯했습니다. '무엇이 저렇게 간절할까?' 마침 어디서 왔는지 모르는 아주머니들이 염불을 외우며 9층 석탑을 돌고 있기에 나도 그 틈에 끼어 약사보살상을 보면서 탑돌이를 했습니다.

약사보살상은 보살상의 일종입니다. 관세음보살, 약사보살, 지장보살은 민중을 다 구제할 때까지 부처가 되지 않겠다는 서원을 했다고 합니다. 보통 다른 절의 약사보살은 민중이 아프고 병들었을 때 주기 위해 약병을 들고 있습니다만 월정사 약사보살은 그저 두 손으로 바치는 간절한 마음뿐입니다. 끝없이 자비로운 보살의 마음, 한 명의 민중이 고통을 당하더라도 끝까지 남아 있겠다는 보살 정신이 이처럼 잘 표현된 예를 나는 본 적이 없습니다.

대학의 실용교육화

그럼 다시 본론으로 돌아가 보죠. 지난 시간부터 실용주의를 주제로 삼고 있습니다. 지난 시간에는 실용주의의 개념에 대해 간단하게 설명했습니다. 나는 실용주의란 근본주의에 반대하고 합리적으로 살아가자는 것이니, 설혹 그게 개인주의적 실용주의라도 비난받을 일은 없다고 했습니다. 그럼에도 불구하고 우리나라에서 실용주의는 타락했습니다. 우리나라 실용주의는 무슨 짓을 해도 되는 허무주의이며, 기회를 요령껏 이용하는 기회주의로 전락했다는 점을 안타까워했습니다. 그것은 실용주의가 아니라 차라리 근본적 개인주의라고 비판했었죠.

이번 시간에는 실용주의의 본래 정신에 비추어 대학 교육에 관해서 한마디 하려 합니다. 이 주제와 관련하여 청년들이 나에게 던진 두 번째 물음은 연세대에서 '재수강 제도'를 폐지했다는 사실에 대해 논의해 달라는 것입니다. 대강 짐작은 가지만 사정이 구체적으로 어떤 것인지 잘 모르니 그 물음에 대한 논의는 생략하죠. 대신 좀 더 일반적인 문제인 대학의 '실용교육화'에 대해 다루어 보려 합니다.

요즈음 신문을 보니 교육부가 강제해서 대학이 자율적으로 구조조정 중이라고 합니다. 핵심은 취업률이 떨어지는 학과를 통폐합하는 것이죠. 대학의 '자율'이 '강제'된다는 말이 이상하죠? 자율적으로 하지 않으면 교육부가 재정 지원하지 않는다고 하니 강제나 다름없죠. 말로는 자율이라 합니다. 실로 암담한 정책입니다.

이런 정책이 지금 시작된 게 아닙니다. 이미 오래전부터 시작되었죠. 여러분이 잘 알듯이 우리나라 대학은 1990년대 말 이후 '인간교육'에서 '실용교육'으로 급격히 전환했습니다. 이 시기가 대체로 우리나라에서 신자유주의가 본격적으로 전개되는 시기입니다. 반면 대학에서 민주화 운동이 급격히 쇠퇴하였던 시기이기도 하죠. 일부 교수들은 실용교육화가 대학의 운동권을 죽이기 위한 교육부의 음모라 생각할 정도로 미묘하게 두 시기가 일치합니다.

실용교육의 핵심은 취직입니다. 모든 것은 취직을 중심으로 돌아갔습니다. 취직에 도움이 된다고 해서 교양교육은 영어회화, 컴퓨터 교육 중심으로 되었습니다. 반면 그전까지 교양의 핵심을 이루던 역사나 철학, 그리고 문학은 선택과목으로 격하되었지요. 웃기는 것은 글쓰기 교육인데, 이것이 대학에서 필수가 된 이유를 아나요? 어느 해인가 언론에서 청년들이 자기소개서도 못 쓴다는 기사가 나왔습니다. 그런 기사가 나오자 발 빠르게 대학이 글쓰기 교육이라는 강좌를 만들었습니다. 여기서 글쓰기란 문학적이거나 자기 성찰적 글쓰기가 아닙니다. 자기소개서를 쓰는 글쓰기이죠.

실용교육이란 목표가 정착되자 대학에서 구조조정이 시작되었습니다. 인문학이나 예술 관련 학과들은 취직률이 낮다는 평가를 받아 상당히 많은 대학에서 폐과되었습니다. 원래 문학이나 철학, 예술이란 자본주의 사회에서 독립적 생산부문을 이룹니다. 비교하자면 자영업에 가깝습니다. 그런 것을 생산하는 기업이 있어서 거기에 취직하는 게 아니죠. 당연히 취직률이 낮을 수밖에 없습니다. 아니 취직률이라는 게 없습니다. 자기가 곧 생산자이니까요. 이런 학과가 다른 학과와 마찬가지로 취직률이라는 일률적인 잣대로 '낮다' 또는 '없다'는 평가를 받고 폐과되었습니다.

더욱 심각한 것은 교육의 내용입니다. 교육의 내용도 학문적인 목표와 상관없이 취직 준비로 전락했습니다. 모든 과목은 그 전공과 관련하여 사회에서 치러지는 각종 시험문제를 풀이하는 것으로 바뀌었습니다. 이렇게 해서 교육은 새로운 지식을 창출하는 능력을 기르는 생산적인 교육이 되기보다 기존에 교과서에 존재하는 지식을 외우는 소비적 교육이 되었습니다.

양적으로 확장된 교육을 위해서 대학은 주로 시간강사에 의존했습니다. 대학의 수익성은 시간강사를 얼마나 착취하는가에 따라서 결정되죠. 우리나라 기업이 노동자의 노동시간을 연장해 수익을 얻는 원시적 자본축적 단계를 아직도 크게 벗어나지 못했다면, 우리나라 대학은 그야말로 원시적인 자본축적 단계에 머물러 있어요. 강사의 노동시간을 착취해서 수익을 올리니까요.

대학은 수익률을 올리기 위해 대규모 강의를 늘렸습니다. 학생들을 평가하는 방식도 시험 위주로, 심지어 객관 시험 위주로 전락했죠. 대학에서 실용교육, 강사의 착취, 객관적 시험이 이렇게 서로 맞물려 있습니다.

위의 얘기는 주로 내가 재직 중에 겪었던 일인데, 지금은 이보다 더욱 심각한 상황이라고 합니다. 대학은 이제 취직 학원과 다름없다고 해요.

20년짜리 공장 제품

대학 실용교육의 기준이 취업률이 되었다는 것은 무슨 의미인가요? 결국 우리 사회에 존재하는 기업이나 기관이 필요로 하는 인력을 대학이 만들어내겠다는 것이겠죠. 쉽게 말하면 삼성, 현대 등 재벌기업이나 은행, 공사와 같은 공기업, 각종 행정 기관을 위한 기술자, 경영자, 관료를 대학이 길러낸다는 말이죠.

생각해 보세요. 이런 기업이나 기관이 얼마나 오래갈 건가요? 산업은 끊임없이 변화하고 제도도 변화합니다. 과거 산업과 기관은 몰락하고 새로운 산업과 기관이 나타납니다. 이런 변화에 비추어 보면 대학의 실용교육은 앞으로 백 년을 바라보기는커녕 지금 당장에도 사라지고 있는 기업이나 기관에 맞는 인력을 양성하고 있어요.

또 요행히 그런 기업이나 기관에 취직했다고 해 봐요. 얼마나 오랫동안 일을 할 수 있겠어요. 대체로 40대 말, 50대 초쯤에는 물러나야 합니다. 대학 졸업하고 겨우 20년 정도 취직할 수 있을 뿐입니다. 따라서 대학이 지금 추진하는 실용교육이란 현재 기업이나 기관이 20년 정도 쓰다가 내버릴 소모품으로서 사람을 만들어내는 것에 불과합니다.

더구나 그런 인간 제품이란 지시와 복종에 익숙한 충성스러운 노예적 사람이죠. 그런 인간 제품만이 현재의 기업이나 기관에 적응할 수 있을 테니까요. 검은 정장을 입고 대기업과 기관이 마치 자기 재산인 양 착각하면서 오만과 자부심으로 가득 찬 그런 사람 말이죠.

나는 물론 그런 사람이 필요 없다고 생각하는 것은 아닙니다. 다만 대학이 그런 사람만 길러내기 위해 존재하는 것은 아니라고 말하고 싶습니다. 이 나라에 어디 이런 20년짜리 공장 제품만 필요하겠습니까? 대기업과 기관만 존재합니까? 새롭게 출현하는 자영업도 필요하고, 사람의 삶을 풍요롭게 하는 문화적 활동도 필요합니다. 그런 일을 수행할 사람도 필요하지 않나요? 지시와 복종에는 익숙하지 못하지만 새로운 아이디어로 승부를 거는 대담하고 모험적인 사람도 필요하지 않나요?

그렇다면 한번 생각해보세요. 20년짜리 공장 제품, 지시와 복종에 익숙한 사람을 길러내는 것이 과연 실용적인가요? 어떻게 보면 사회 전체적으로 가장 낭비가 심한 교육이 아닐까요? 사람을 20년짜리 공장 제품으로 소모해 버리는 이 끔찍한 교육이 오늘날 대학의 실용교육이라는 것이죠.

순수학문 강조하는 독일 대학 교육

나는 실용교육이라는 개념을 반대하지 않지만 과연 취직률을 기준으로 하는 교육이 실용교육인지는 의심스럽습니다. 이 지점에서 19세기에 있었던 독일에서의 대학 개혁에 관해 말씀을 드리려 합니다. 실용교육이 나오기 전에 대학은 '학문과 진리를 통해 인간을 교육하는 장소'라고 알려졌습니다. 아직도 여러 대학의 문장에는 '베리타스 룩스 메아'(Veritas Lux Mea : 진리는 나의 빛)와 같은 라틴어가 새겨져 있습니다. 이런 대학의 이념이 사실은 19세기 초 독일 대학개혁에서 비롯된 것이죠.

18세기에 이르러 영국이나 프랑스는 절대왕이 출현하고 통일된 민족국가가 출현했습니다. 자본주의도 발전하기 시작했죠. 하지만 독일의 경우 16세기 종교전쟁의 여파로 18세기 말까지 극심한 분열 속에 있었습니다. 지금 주 정도의 크기를 지닌 소국가가 무려 30여 개나 있었다고 합니다. 각 국가는 여전히 봉건제 아래에 있어 자본주의적 발전도 일어나지 않았죠.

18세기 말 이웃 나라 프랑스에서 프랑스혁명이 발생하자 독일의 지식인도 분기하기 시작했습니다. 철학자 피히테*와 역사학자 헤르더**는 새로운 대학을 만들어서 이 대학을 중심으로 독일 민족국가를 발전

---

* 요한 고트리이프 피히테(Johann Gottlieb Fichte, 1762~1814) : 헤겔, 셸링과 더불어 독일 관념론을 대표하는 사상가이다. 나폴레옹전쟁 당시 그는 〈독일국민에게 고함〉이라는 연설을 통해 민족의식을 고취시켰다.
** 요한 고트프리트 헤르더(Johann Gottfried Herder, 1744~1803) : 독일 민족 문화를 강조했던 민족주의적인 역사학자.

시키려 했어요. 그들의 주장에 호응했던 국가가 프러시아였습니다.

이런 지식인들과 프러시아가 합작하여 만든 대학이 베를린 대학입니다. 이 베를린 대학은 몇 가지 점에서 특별합니다. 중세 대학이 지역별로 학생을 모집했으나 이 대학은 지역을 가리지 않고 전국에서 청년을 모집했습니다. 독일 소국가로서 프러시아의 대학이 아니라 독일 민족 전체의 대학이라는 점을 분명하게 한 거죠.

베를린 대학의 청사진을 놓고 피히테와 헤르더가 서로 논쟁했습니다. 피히테는 순수한 학문을 강조하다 보니, 그리스 시대 플라톤이 만든 아카데미처럼 순수한 학자들이 토론하고 연구하는 기관을 만들려 했습니다. 말하자면 요즈음 연구소에 해당하는 것이죠. 반면 헤르더는 연구보다는 청년 교육을 강조했죠. 결국 두 가지 생각이 결합하여 베를린 대학은 청년 교육이 위주가 되었습니다만 연구 기관으로서의 성격도 강화했습니다.

이런 목적을 수행하기 위해 대학은 반드시 도시로부터 떨어진 교외에 세워야 한다고 보았습니다. 상업적이고 사교적인 도시문화에 대학이 물들면 학문이 제대로 서지 않는다고 보았기 때문입니다. 이 때문에 '상아탑'이라는 말이 나오게 되었습니다. 상아탑이란 코끼리가 죽을 때 가는 계곡에 있는 은밀한 장소이죠. 그곳에 상아가 쌓이니 상아탑이라 말합니다. 마찬가지로 대학이 도시 문화로부터 격리되어 있어야 한다는 의미에서 상아탑이라 불린 것이죠. 그리고 대학 교육에서 철학을 필수과목으로 만들었습니다. 철학이 기초가 되어야만 모든 학문이 제대로 자리를 잡을 수 있다고 보았기 때문입니다.

상아탑이니 철학이니 하는 것들은 모두 대학이 실용적인 취직을 위한 교육이 아니라 순수한 학문을 위한 대학이어야 한다는 생각에서 나온 결과입니다. 사람을 기르는 교육도 이런 순수 학문을 통해서 가능하다고 보았습니다. 도덕이나 종교가 사람을 교육한다기보다 보편적 진리와 객관적 학문이 사람을 교육한다고 보았습니다. 이것이 학문, 진리, 인간교육을 지향하는 대학 이념의 원천입니다.

이런 베를린 대학의 모범에 따라 전 유럽의 대학이 변화했습니다. 철학과 학문은 이제 대학의 일반적인 이념이 되었습니다. 이런 대학 교육은 순수학문을 강조하니 어떻게 보면 비실용적인 것처럼 보이지만 그 결과를 보면 결코 그렇지 않습니다. 오히려 그런 대학 교육이 가장 실용적이었다고 할 수 있죠.

독일 대학을 중심으로 순수학문이 강조되자 이것을 기초로 해서 순수과학이 발전했습니다. 이 순수과학으로부터 새로운 기술이 나왔습니다. 기술이 학문에서 나온다는 것을 독일의 대학이 증명했던 것이죠. 1860년대 독일은 새로운 과학기술에 기초하여 새로운 산업, 중화학 공업을 발전시켰고, 그 결과 유럽의 신흥 자본주의 제국으로 발전했습니다. 이런 순수학문, 순수과학의 힘이 오늘날까지도 독일의 경제를 버텨주는 토대가 되고 있죠. 비실용성을 강조하고 순수한 학문을 강조한 것이 결과적으로는 오히려 철저하게 실용적이었다는 이런 역설에 대해 우리는 주목해야 합니다.

장자의 쓸모 있는 빈 배

비실용적인 것이 오히려 실용적이라는 역설을 생각해보니 장자의 말이 떠오르는군요. 동양의 위대한 철학자 장자는 '무위(無爲 : 억지로 인위적인 것을 가하지 않는다는 뜻)'를 강조했습니다. 그의 무위사상은 실용주의에 대해 가장 대립적인 철학이라 하겠죠. 실용주의가 어떤 것은 어디엔가 '소용'이 있어야 한다고 주장한다면, 장자의 무위 사상은 어떤 것을 우리 마음대로 변화시켜서 무엇인가에 소용되도록 만들지 말라는 점을 강조합니다. 이런 무위 사상을 보여주는 장자의 말들 가운데 재미있는 말이 많이 있습니다. 그 가운데 〈허주(虛舟 : 빈 배)〉 이야기를 들려주려 합니다.

배로 강을 건널 때 方舟而濟於河
빈 배가 떠내려와서 자기 배에 부딪히면 有虛船來觸舟
비록 성급한 사람이라도 화내지 않겠지만 雖有偏心之人不怒
그러나 그 배에 사람이 타고 있었다면 有一人在其上
즉시 배를 저어 떨어지라고 소리친다. 則呼張歙之
......
처음에는 화를 내지 않다가 지금 화를 내는 것은 向也不怒而今也怒
처음에는 빈 배였고 지금은 누군가가 타고 있기 때문이다. 向也虛而今也實
이처럼 자기를 비우고 세상을 즐기면 人能虛己以遊世
그 누가 그를 해치겠는가? 其孰能害之

　장자의 말은 아이러니를 담고 있습니다. 빈 배라서 어디에도 쓸모가 없어 보이는 것이 역설적으로 오히려 쓸모가 있더라는 주장이죠. 사실나는 장자의 이런 주장을 좋아하지 않습니다. 그저 세상의 소용돌이를 피해서 자기 자신의 안위만을 바라는 것처럼 보입니다. 하지만 쓸모없는 것에서 쓸모를 발견하는 이 안목만은 높이 사주어야 할 것이 아닐까 생각합니다. 취업 기관이 되어버린 대학에서 학점에 매달리고 스펙에 열중하는 청년들을 보면 한 번쯤 이런 말을 들려주고 싶습니다. 과연 지금 진정으로 쓸모 있는 사람이 되려고 애쓰는 것인가? 아니면 20년 뒤에 폐기될 쓰레기가 되기 위해 악착같이 노력하는 것은 아닌가 하고 말이죠. 진짜로 쓸모 있는 것, 진정한 실용주의는 어디에 있을까요?

오타쿠 문화

실용주의와 대립하는 현상으로서 또 생각나는 것이 일본의 오타쿠(おたく：귀댁(お宅)의 일본 발음, 상대방을 높이는 말, 집에 처박혀 지낸다는 암시가 들어 있다) 문화입니다. 오타쿠 문화가 무언가 해서 살펴보니 우리에게도 낯선 것은 아닌 것으로 보입니다. 청년들 가운데도 이런 오타쿠가 많죠?

일반적으로 말해서 오타쿠란 사회와 담을 쌓고 사는 폐인입니다. 나이가 들어도 주로 알바를 해서 살고, 가족이나 주변 이웃 심지어 친구와도 교제가 없다고 해요. 오타쿠는 다른 사람의 시선이나 사회윤리에 전혀 구애를 받지 않고, 또 그럴 필요도 없다고 합니다.

오타쿠는 시간이 남으면 자기 나름대로 빠져드는 취미를 갖는다고 합니다. 그는 거기에 광적으로 빠져들어 그것과 관련된 것이라면 세세한 일까지도 다 알고 있다고 해요. 그런 취미라는 게 상당히 공상적이고 심지어 엽기적이랍니다. 그것은 일본 특유의 만화적 상상력을 바탕으로 한답니다. 만화라는 것이 현실을 쉽게 뛰어넘을 수 있으니 공상과 엽기에 가장 적합한 표현방식이죠.

인터넷이나 카페 등을 통해 같은 취미를 가진 사람들끼리 만나서 의견을 교환하고 함께 같은 일을 하기도 합니다. 하지만 그런 만남 자체는 인격적인 것과는 무관하고, 오직 취미를 매개로 한 만남에 불과하다고 해요.

늙은 나이가 되도록 이런 취미에 빠진 오타쿠도 있지만, 오타쿠 문화는 대체로 아직도 삶의 여러 면에서 불안정한 청년기 시절의 현상입니다. 그러고 보니 어떻게 보면 나도 이런 오타쿠이군요, '철학 오타쿠' 말이죠. 나이도 제법 먹었고 만화적 상상력도 부족하지만 철학에 빠져서 다른 것에 아무 도움도 되지 못하는 사람이니까요.

오타쿠 문화는 1960년대 '히피 문화'나 비트 족의 '청년문화'와도 비교됩니다. 또는 하위문화(subculture)로 간주되는 민중문화, 예를 들어, 흑인들의 힙합과 같은 문화와도 비교됩니다. 이런 문화들은 명백히 자본주의와 지배 권력, 사회적 억압에 대한 저항이라는 의미를 분명하게 표현합니다. 오타쿠 문화는 비현실적 상상력에 기초한다는 점에서 부분적으로 반자본주의적이거나 반권력적이라고도 해석할 수 있습니다. 하지만 오타쿠 문화는 상상을 통한 도피에 불과할 뿐 자본이나 권력에 대한 적대감은 발견할 수 없습니다.

내가 이런 오타쿠 문화를 생각하게 된 것은 얼마 전 노벨 물리학상을 받은 일본의 기술자가 생각났기 때문입니다. 그는 남들이 미친 짓이라고 생각하는 청색 LED를 발견하기 위해 20년간 실험을 되풀이했다고 합니다. 그의 집념은 일본과 같이 오타쿠 문화가 번성한 곳이기에 가능하지 않았을까요? 최근 세계적인 미술가가 된 무라카미 다카하시라는 사람도 이런 일본의 오타쿠 문화를 바탕으로 해서 작품을 만들었다고 합니다. 그렇게 본다면 오타쿠 문화도 쓸모없는 것처럼 보이지만 나름의 쓸모 있는 것이 아닐까요?

결론적으로 내가 말하고 싶은 것은 실용주의에서 실용성의 기준을 좀 더 폭넓은 차원에서 바라보아야만 한다는 겁니다. 눈앞에 보이는 것만 실용적인 것이 아닙니다. 남들은 쓸모없다고 생각하는 것이 오히려 더 실용적인 경우가 많습니다. 그리고 가장 중요한 것은 도대체 무엇을 위해 쓸모 있는지를 잘 살펴보아야 합니다.

이쯤 되면 여러분이 손을 번쩍 들고 이렇게 질문할 것으로 예상됩니다. '장자의 '빈 배'나, 오타쿠 문화는 앞으로의 쓸모(실용성)를 찾기 위해 현재 쓸모가 없게 된 것은 아니다. 쓸모와 무관하게 살아갔지만 결과적으로 그런 쓸모가 생겼던 것이 아닌가? 그렇다면 앞으로도 전혀 쓸모없는 삶도 가능한 것이 아닐까? 그런 쓸모없는 삶도 괜찮다는 말인가?'

여러분이 그런 물음을 던지게 되면 이제 본격적으로 철학적인 토론이 됩니다. 그러나 오늘은 너무 시간이 많이 지나갔어요. 실용주의 기준, 실용주의의 필요성에 관한 철학적 논의는 다음 시간에 하죠. 다만 다음 시간에는 이야기가 좀 어려워질 것이라는 점을 각오해 합니다.

12강 변태적 도구주의

학문은 이루기 힘들다

　　　　　벌써 한 주가 지나갔군요. 어느덧 한 해가 저물어 갑니다. 내가 대학 시절에는 그렇게도 시간이 가지 않더니 육십이 넘어서니까 시간이 정말 빛의 속도보다 빨리 지나가는군요. 이 시간의 속도에 현기증을 느끼면서 나 자신을 돌아보니 학문적으로 이루어놓은 것이 별로 없군요.

　성현으로 칭송받는 주자가 이런 말을 했습니다. "소년은 쉽게 늙고 학문은 이루기 힘들다." 나는 젊었을 때 이와 같은 주자의 말이 전혀 성현의 말답지 않은 시시한 말이라고 생각했어요. 속으로 "아니 겨우 그런 말밖에 못 해" 하고 입을 비죽거렸습니다. 나이 들어 생각해보니 주자의 이 말처럼 '만고의 진리'는 없는 것 같습니다. 학문이란 정말 힘이 듭니다. 학문의 봉우리는 다가가면 더욱 멀리 물러나니, 언제 그 봉우리에 오를지 까마득합니다. 요즈음은 정말 울고 싶을 지경입니다.

　이렇게 아주 시시한 말인 것처럼 보이지만 생각하면 할수록 더욱 깊이 가슴에 다가오는 말, 그런 말을 할 수 있는 사람이 곧 성현이겠지요. 진부하게 보이는 진리, 그것이 진짜 진리인 것 같습니다. "진리는 진부한 것이다"라는 말을 만들어보고 싶기도 합니다. 그러고 보니 입적하신 성철 스님이 하신 말도 생각이 납니다. 성철 스님을 잘 모르시는 청년이 많을 겁니다. 10년 면벽수도를 했던 분이시죠. 1981년 1월 조계종 6대 종정으로 취임하면서 "산은 산이요 물은 물이다(山是山 水是水)"라는 법어를 남겼습니다. 다른 사람들도 그랬겠지만 나도 신문에서 이 말을 듣고 그야말로 죽비가 머리를 쾅 내리치는 듯한 충격을 받았습니다. 생각해 보세요. 너무나도 평범한 말이죠. 산이 어찌 물이 되고 물이 어찌 산이 되겠습니까? 하지만 사람들은 대번에 그 말의 깊은 의미를 이해했습니다. 그 뜻이 뭐냐고요? 산은 산이고 물은 물이지요.

역사적 맥락을 떠나서 이 말씀을 돌이켜 본다면 너무나 진부한 말입니다. 그러나 역사적 맥락 속에서 살펴보면 전혀 다른 의미가 됩니다. 당시 신군부(전두환, 노태우 쿠데타 세력)가 등장하여 서슬이 시퍼런 정치를 하고 있을 때입니다. 사람들은 아무도 산을 산이라고 말할 수도 없었고, 물을 물이라고 말할 수 없었습니다. 그저 시키는 대로 산을 물이라 하면 물이라 믿는 척하고, 물을 산이라 하면 산이라 믿는 척했죠. 믿는 척하다 정말 믿어버린 사람도 부지기수였지요. 잠든 척하다 정말 잠들어 버린 아이처럼 말이죠. 이런 역사적 배경 속에서 종정 스님께서 그렇게 말씀하신 거죠. 산은 산이고 물은 물이라고. 이 말씀을 듣고 다들 부끄러워했습니다. 1981년 봄 침묵에 빠졌던 민주화 운동이 되살아난 것이 꼭 그분의 말씀 때문만은 아니었지만 그분의 말씀이 많은 사람을 깨운 것도 사실입니다.

나도 그런 말을 하고 싶어요. 진부하지만 가슴에 오래 남는 말을. 하지만 나는 아직 그런 경지에 오르기에는 멀었다는 것을 잘 압니다.

원칙주의와 무위사상 비판

그럼, 이제 본격적으로 강의에 들어가 보도록 하죠. 지난주부터 실용주의라는 주제를 계속 다루어왔습니다. 강의가 어떻게 흘러왔는지 짐작되나요? 여기서 다시 정리해 보죠. 실용주의는 그 목적이 무엇인지는 제쳐놓고 현실 속에서 합리적으로 그 목적을 추구하자는 것이니 나는 긍정적으로 본다고 했습니다. 반대로 나는 '무위사상'이나 '원칙(원리)주의'에 대해서는 비판적입니다. 원칙(원리)주의란 종교적, 정치적, 철학적, 윤리적 원칙을 어떤 상황이나 현실의 변화에도 불구하고 지켜나가자는 입장입니다. 원리를 변화하는 현실 속에서 수행하기에 최대한으로 노력한다는 게 아니라 원칙을 원칙이기에 지키는 비실용적인 입장이죠.

원칙주의자는 원칙을 지켜서 얻는 결과가 아니라 그 원칙을 지키는 데서 즐거움을 누리기 쉬워요. 나는 이 경우를 변태적인 입장으로 봅니다. 변태적인 원칙주의자의 모습은 여러분이 잘 아는 현진건의 소설 〈B사감과 러브레터〉라는 소설에 나옵니다. 거기 보면 기숙사 사감이 나오는 데 그녀는 연애 금지라는 원칙에 철저하죠. 그녀는 그런 원칙을 지킨다는 데서 스스로 즐거움을 얻는 사람입니다.

그럼 무위사상은 어떤가요? 무위 사상을 엄격하게 정의하기 쉽지 않아요. 무위를 '당장의 실용성'에 사로잡히지 말자는 입장으로 본다면 일리가 있습니다. 앞에서 말했지만 쓸모없는 빈 배가 오히려 쓸모가 있었죠. 하지만 그 목적이 무엇이든 간에 "어떤 유용한 행위도 하지 말자"는 입장이라면 나는 이 세상에서 그렇게 살아갈 수는 없다고 봅니다.

이런 입장을 무위를 위한 무위사상이라 한다면 이는 어떻게 보면 원칙주의와 유사합니다. 이런 원칙적 무위사상은 관념 속에서는 가능합니다만 현실에서는 불가능합니다. 그것은 마치 허무주의가 관념적으로만 가능하고 현실적으로는 불가능한 것과 마찬가지이죠. 허무주의자는 허무주의라는 것에 대해서도 가치를 부여해서는 안 되는 것이니까요.

우리는 늘 어떤 행위를 하지 않을 수 없고, 심지어 행위를 하지 않는다는 것 역시 하나의 행위*를 선택한 것이기 때문입니다. 우리는 항상 자기에게 가치가 있다고 생각하는 것을 선택합니다. 이런 선택이란 살아가는 사람으로서 불가피한 판단입니다.

그래서 나는 지난 강의에서는 원칙주의와 무위사상에 반대하여 실용주의를 옹호했습니다. 다만 무엇이 진정으로 실용적인가에 대해서는 대학의 실용교육을 예로 들어 설명했습니다. 대학의 실용교육은 진짜 실용적인 교육은 아니라고 결론을 내렸습니다.

본래적 가치와 도구적 가치

실용주의는 '유용한 행위'를 말하지만 그 목적이 무엇인가에 대해서는 말하지 않습니다. 무엇이든 유용한 행위를 하자, 어떤 목적이든 간

---

* 부작위의 작위 : 예를 들어, 위험하게 질주하는 차로 뛰어드는 아이를 가만히 바라보고 있는 행위

에 그것에 현실적으로 적합한 행위를 하자는 주장입니다. 따라서 실용주의가 무엇을 목적으로 하는가에 따라서 다양한 실용주의가 나올 수 있다고 말했습니다.

이런 실용주의가 목적으로 하는 것, 가치 있는 것이 무엇인가와 관련하여 나는 두 가지 가치 개념을 구별하려 합니다. 하나는 '본래적 가치'이고, 다른 하나는 '도구적 가치'라는 것입니다.

본래적 가치란 다른 것의 수단이 아니라 그 자체로서 가치가 있는 것입니다. 반면 도구적 가치란 그 자체로서 가치가 있는 것은 아니지만 다른 것의 수단으로서 가치가 있는 것입니다. 예를 들어, 건강은 본래적 가치일까요? 아니면 수단적인 가치일까요?

"건강하게 살면 됐지 다른 무얼 바라겠는가?" 이런 말을 들어 본 적이 있을 겁니다. 그런 말을 하는 사람은 건강이 본래적 가치라고 생각하는 것이죠. 반면 "몸만 튼튼하면 무얼 해. 돈이 있어야지!" 이렇게 말하는 사람도 있습니다. 그는 건강이 돈을 버는 데 필요한 도구적 가치를 가진다고 보고 있죠.

이런 식으로 어떤 것이 본래적 가치에 속하는지, 아니면 도구적 가치에 속하는지 하나하나 따져 보세요. 공부 본래적 가치인가요, 아니면 도구적 가치인가요? 물어보나 마나죠? 여러분은 도구적 가치라고 하겠죠. "그거 본래적 가치야!" 하는 극히 소수의 사람도 있죠. 나도 아마 거기에 속하지 않을까요? 그럼 연애는요? 본래적 가치인가요? 아니면 도구적 가치예요? 갑자기 어려워집니까? 여러분 대부분은 "연애는 그 자체로서 좋은 거죠. 본래적 가치예요" 하고 대답할 것입니다. 아마 여러분 가운데에는 '어장관리'하는 사람도 있을지 몰라요. 나는 이 말을 몰랐는데 여러분의 부탁으로 김난도의 《아프니까 청춘이지》라는 책을 읽다가 발견했습니다. 그런 사람에게 연애는 도구적 가치가 되겠죠. 그럼 화폐는 어떤가요? 여러분이야 당연히 도구적 가치라 하겠죠. 돈이란 그것을 쓰는데 기쁨이 있는 것이니까요. 돈을 집에 쌓아 놓고 밤마다 세어보면서 즐거움을 얻는 사람도 있을 겁니다. 그는 바로 돈을 본래적 가치로 보는 사람이죠.

이렇게 본래적 가치와 도구적 가치의 구분은 내가 시작한 것은 아닙니다. 서양철학의 아버지 소크라테스가 했던 일이죠. 그는 아테네 시장에서 지나가는 사람을 붙들고 늘 이렇게 물었다고 하지요? "너 자신을 아느냐?" 더 구체적으로 말하면 "무엇이(사람에게, 그리고 너에게) 좋은 것인지를 아느냐?"고 물었습니다. 이때 그는 "너희가 좋아하는 것이 본래적으로 좋은 것인지 도구적으로 좋은 것인지?"를 물은 것이라고 할 수 있겠습니다. 본래적 선, 그것을 소크라테스는 선의 이데아라고 말했습니다.

변태적 도구주의

이렇게 본래적 가치와 도구적 가치를 나누어 볼 때 본래적 가치에 충실한 실용주의가 있을 수 있고, 도구적 가치에 충실한 실용주의도 있을 겁니다. 도구적 가치를 본래적 가치를 실현하기 위한 수단이나 매개로 본다면 문제가 없습니다. 그러나 도구적 가치인데도 그걸 마치 본래적 가치로 생각하면서 그것에 충실하다면 문제라는 겁니다. 예를 들어, 돈은 분명 도구적 가치입니다. 이를 그 자체 본래적 가치로 보고

집안에 쌓아 놓고 보기만 해도 흐뭇한 사람이 있다면 그는 변태적이라 할 수 있죠.

다른 예를 들어 보죠. 건강도 필요합니다. 왜냐하면, 건강이 있어야 삶의 진정한 본래적 가치를 실현할 수 있는 거니까요. 하지만 건강을 건강 자체로서 추구하는 사람도 있습니다. 오늘날 헬스클럽에 가서 자나 깨나 몸매를 다듬는 사람을 보면, 남자이든 여자이든 섹시한 몸매 자체에서 즐거움을 얻는 것 같습니다. 그는 매일 몸무게가 몇 그램 빠졌는지, 허리둘레가 몇 센티미터인지를 재면서 흐뭇해 합니다. 그는 섹스를 위해서 그런 섹시한 몸매를 가다듬는 것은 아닙니다. 그에겐 오직 섹시한 몸매 그 자체가 좋은 것이죠. 내 말이 과장인가요? 정말 그런 사람이 있지 않나요?

이해가 잘 안 되면 이번에는 스토커를 생각해 보세요. 스토커도 마찬가지예요. 스토커는 끊임없이 주변을 맴돕니다. 하지만 절대로 다가가지 않습니다. 스토킹 당하는 사람이 거꾸로 돌아서서 스토커에게 다가가면 그는 오히려 도망치죠. 가장 위험한 때가 바로 이 순간이라 합니다. 도망치지 못할 때 그는 다가오는 대상을 살해하고 마니까요. 무시무시하죠? 스토커는 다만 맴돌면서 대상을 욕망하는 데 즐거움을 느끼기 때문입니다.

사용가치가 교환가치에 종속된 변태 사회

자본주의 사회는 변태적 도구주의의 일종으로 보입니다. 여기서 잠깐 마르크스의 '화폐 물신주의'라는 개념을 생각해 보죠. 원래 상품이란 두 가지 가치를 갖죠. 하나는 사용가치이고, 다른 하나는 교환가치입니다.

이것은 뭐 설명 안 해도 잘 알겠죠. 철학책의 사용가치는 뭐예요? 누구는 잠잘 때 사용하는 베개라든가 아니면 수면제라고 합니다. 그럼 교환가치는 뭐예요? 만 원짜리도 있고 5만 원짜리 책도 있죠. 바로 이 것이 교환가치입니다. 모든 상품은 결국에는 누군가에게 사용되는 가치를 지녀야 합니다. 그렇지 않으면 상품은 무용한 것이죠. 그런데 상품이 그 사용자를 찾아가는 것은 시장에서 교환을 통해 일어납니다. 시장에서 상품을 교환하기 위해 교환의 척도로서 교환가치가 있는 거죠. 사용가치가 상품의 본래적 가치라면 교환가치는 그것이 실현되기 위해 필요한 도구적 가치에 해당합니다.

예를 들어, 주문생산의 체제라면 사용가치가 교환가치를 지배하게 되죠. 그러나 자본주의는 주문생산 체제가 아닙니다. 자본주의에서는 먼저 상품을 만들고, 나중에 그 사용자를 시장을 통해서 발견하죠. 그래서 상품생산 체제라고 말합니다. 이런 상품생산 체제에서 상품을 만드는 것은 사용가치를 위한 것이 아니라 교환가치를 위한 것이죠. 여기서는 교환가치가 그 자체 목적이 됩니다. 이렇게 교환가치가 마치 본래적 가치로 간주될 때 마르크스는 이를 '물신화'라고 합니다.

물신숭배란 나무 막대기와 같은 것을 신으로 숭배하는 우상숭배를 말합니다. 나무 막대기에 새겨진 신상은 신의 모습을 상기하는 수단에 불과합니다. 그 수단인 막대기 신상을 신 자체로 간주하면서 귀하게 모시고 누구도 범접하지 못하게 한다면, 그것이 곧 우상숭배, 물신화이죠.

마르크스는 이런 화폐의 물신화를 통해 자본주의적인 축적까지 설명합니다. 그 상세한 설명은 경제학에서 배울 수 있으니 생략하도록 하죠. 다만 결론만 말하자면 마르크스는 자본주의 사회에서는 모든 사용가치가 교환가치에 종속되었다고 합니다. 교환가치가 본래적 목적이 된다고 합니다. 그러니 자본주의 사회는 변태적 도구주의가 지배하는 사회입니다.

악의 진부성

앞에서 건강이나 돈이라는 도구적 가치가 본래적 가치로, 그 자체 목적으로 숭배되는 것을 보았습니다. 자본주의 사회에 이르면 이런 전도는 새로운 모습을 취하게 됩니다. 자본주의 사회에서는 도구적 가치가 본래적 가치로 숭배되는 것을 넘어서서 마침내 모든 것이 도구적 가치가 됩니다. 심지어는 그 자체로 본래적인 가치인 것조차 도구적 가치로 전락하게 되죠. 그래서 사람조차 이제 교환가치, 도구적 가치로 평가되죠. 마르크스는 이것을 '인간의 소외'라고 말합니다. 자본주의 사회가 비참한 것은 바로 여기에 원인이 있습니다.

그 스스로 목적적인 존재인 존엄한 인간이 수단적인 존재, 노동력이라는 존재로 격하됩니다. 노동을 팔아야만 먹고 살 수 있으니까요. 그는 자신이 원하지 않더라도 자본가가 시키는 일을 강제적으로 해야 합니다. 그는 인격적으로 자본가와 대등하지 않습니다. 항상 자본가 앞에 가면 주눅이 들고 스스로 초라해집니다. 자본가는 하늘 높이 우러러 보이는 존재가 됩니다.

군이 설명하지 않더라도 여러분은 사람이 얼마나 쉽게 노예적 존재, 자발적으로 비굴한 존재가 될 수 있는가를 잘 알 것입니다. 내가 직접 들은 이야기가 있습니다.

어떤 사람이 재벌 회사에 다녔습니다. 그는 입사하여 몇 년도 되지 않아 자기 회사 회장을 숭배하기 시작합니다. 그의 생각으로 그 회장은 영웅이라는 것이죠. 자기로서는 도저히 꿈꿀 수 없는 사업을 일으켜 세웠다는 겁니다. 거기까지는 나도 그냥 끄덕거렸습니다. 하기야 자본주의적 생존경쟁에서 살아남았다는 것만 해도 굉장한 것으로 생각할 수 있겠죠.

곧 그는 자기 재벌의 회장을 인격적으로 존경하기 시작합니다. 그 회장은 발걸음조차도 예사롭지 않고, 거기에는 알 수 없는 신비한 힘이 있다고 합니다. 자기 회사 사람들은 복도를 뚜벅뚜벅 걷는 그 발걸음 소리만 들어도 무언가 오싹하는 신비한 힘을 느낀다는 겁니다. 이해 가나요? 아마 취직하면 당장 이해할 겁니다.

자본주의 사회에서 자본가는 노동자를 자본을 축적하는 수단으로 보기에 더 이상 수단으로서의 가치가 없으면 하등의 미련도 없이 내버립니다. 수시로 일어나는 구조조정은 노동자의 삶과 운명을 전혀 고려하지 않습니다. 자본이 주기적으로 배출하는 실업자가 목숨을 끊거나 노숙자로 길바닥을 떠돌아도 전혀 상관하지 않습니다.

우리 자신도 마찬가지입니다. 우리는 이제 목적인 사람이 수단화되는 자본주의 사회의 비극을 그저 당연한 모습으로만 바라보고 있습니다. '성공한 사람이 있다면 실패한 사람도 있어야 하는 게 아니냐?' 이렇게 우리는 자기가 실패한 축에 끼지 않은 것을 다행스럽다고 생각하면서 가슴을 쓸어내립니다. 얼마 전 우리는 아파트 경비원이 자살하는 것을 보았습니다. 열두 살 난 아이가 자살하면서 남긴 유서도 보았습니다. 며칠을 굶은 예술가가 자살하는 것도 보았습니다. 우리는 잠시 기사를 훑어보다가 곧바로 다시 잊어버립니다.

한나 아렌트*라는 철학자가 있습니다. 그가 악의 모습에 대해 말한 적이 있습니다. 그는 나치의 아우슈비츠 수용소에서 유대인을 가스실에 보냈던 책임자 아이히만의 재판을 구경하였습니다. 아이히만은 평범한 직장인이었습니다. 집에서는 사랑스러운 아버지였고, 동네 사람에게는 착한 남자였습니다. 그런 그는 아무런 죄의식도 느끼지 않은 채 직업적 의식을 가지고 유대인을 가스실로 집어넣었던 겁니다. 재판정에서 아이히만은 다만 국가의 명령을 행정적으로 수행했다고 주장했습니다. 아이히만의 그런 항변을 보면서 한나 아렌트는 "악의 모습은 진부하다"고 말했습니다. 이렇게 악이 진부하다는 사실이 오히려 우리를 더욱 소름 끼치게 한다는 것이죠. 자본주의 사회에서 사람이 도구화되는 광경, 그 처참한 광경을 보면서 우리는 모두 이를 당연한 것으로, 또는 어쩔 수 없는 것으로 보고만 있으니 우리 자신의 모습 역시 '진부한 악'이 아닐까요?

자본주의 사회에서 이처럼 도구적 가치가 본래적 가치가 되고, 본래적 가치가 도구적 가치가 되는 역설이 일어납니다. 나는 이런 사회에서 실용주의는 아무리 겉으로 멋지게 포장하더라도 이것은 변태적 도구주의에 불과하다고 봅니다. 반면 진정한 실용주의란 본래적 가치를

---

* 한나 아렌트(Hannah Arendt, 1906~1975)는 독일 출신의 정치 이론가이다. 공적인 영역에서의 소통의 중요성을 강조했다.

본래적 가치라 하고, 도구적 가치를 도구적 가치라 하는 것, 산은 산이
고 물은 물이라 하는 것이 아닐까 생각합니다.

　이제 어느 정도 진정한 실용주의와 변태적 도구주의를 구분할 수 있
게 되었나요? 여전히 여러분의 의문은 남아 있을 겁니다. "그러면 도
대체 진정한 가치, 삶의 본래적 가치란 무엇인가?" 하지만 이 물음은
다음번에 답변하도록 하고 오늘 강의를 이것으로 마치죠.

제5부__남에게 피해 주지 않는 개인주의 가능한가?

13강 자유경쟁의 허상

가을과 삼겹살

　　　　벌써 낙엽이 길바닥에 뒹굴고 찬바람이 목덜미 속으로 파고듭니다. 거리를 오가는 사람도 몸을 잔뜩 움츠린 채 바쁜 듯 지나칩니다. 주위를 돌아볼 여유도 없는 것 같아요. 이럴 때면 따뜻한 것이 그리워지죠. 나는 '군고구마', '오뎅(어묵) 국물', '찐빵', '단팥죽', 뭐 이런 것들이 생각나는데, 여러분은 어떻습니까?

　아마, 어머니가 그립다고 말하는 청년도 있을 것이고, 떠나간 애인이 혹 문자라도 보내지 않았을까 하고 핸드폰을 뒤적거리는 청년도 있지 않을까요? 역시 가장 따뜻한 것은 사람, 그것도 사랑하는 사람이 아닐까요?

　그러고 보니 이런 생각이 납니다. 대학교수가 되어 부산에 처음 내려왔을 때 한 일 년을 혼자 살았습니다. 그때 어느 날 저녁 갑자기 고기를 구워 먹고 싶은 겁니다. 아마 요즘과 같은 날씨가 아니었던가 해요. 삼겹살을 사서 집에 와 굽기 시작하는데 갑자기 눈물이 핑 도는 겁니다.

아니, "왜 눈물이 나지?" 하고 생각해 보니, 내 평생 그때 처음으로 혼자서 고기를 구워 먹었던 거죠. 고기란 명절에 먹든가 집안에 큰일이 있을 때나 먹던 거죠. 사회적으로도 친구나 동료와의 회식이 있을 때 고기를 구워 먹었지요. 한 번도 이렇게 혼자서 구워 먹었던 적이 없었거든요.

혼자서 고기를 굽자 무의식적으로 고기를 함께 구워 먹었던 기억이 되살아났나 봅니다. 날이 추워지니 별생각이 다 나는군요. 다시 본론으로 돌아가 봅시다. 지난 강의에서는 가치를 다루면서 '본래적 가치'와 '도구적 가치'를 구분했습니다. 잘 이해되었는지 모르겠습니다. 그런 것들을 구분한 이유는 우리가 실용적으로 충실해야 할 목적이 무엇인가, 삶의 본래적 가치인가, 아니면 삶을 위한 도구적 가치인가 하는 물음 때문이었습니다.

지난 강의에 이어서 '삶의 가치'라는 물음을 다시 생각해 보죠. 삶의 본래적 가치라 하더라도 다시 두 가지가 구분되기 때문입니다. 하나는 개인적 생존이라는 삶이고, 다른 하나는 공동체적 삶입니다. 우선 개인적 생존이라는 삶의 가치를 다루어 보겠습니다. 왜냐하면, 청년들의 다섯 번째 주제는 '개인주의에 대해 어떻게 생각하는가?' 하는 물음이기 때문입니다. 청년들은 이 주제에 관해 덧붙여서 이렇게 물었습니다. "남에게 피해를 주지 않는 개인주의가 가능할까? 그것은 결코 존재하지 않는 허상이다!" 이미 청년들이 답을 내렸습니다. 나는 이 결론을 바꾸려 하지 않겠습니다. 나도 청년들의 주장에 동의하니까요. 다만 그런 결론을 끌어내는 과정에 대해 몇 가지 흥미 있는 얘기를 덧붙이고자 합니다.

육법당

이런 물음과 관련하여 청년들은 구체적으로 한 가지 예를 내놓았습니다. 그 예는 소위 학벌 권력에 관한 것입니다. 청년들은 개인주의라는 주제와 관련하여 첫 번째로 "학벌 권력이 불로소득을 노력에 따른 성취로 미화하는 개인주의의 마술이 아닐까?" 하면서 의문을 제기했습니다. 오늘은 주로 이 학벌 권력에 관한 이야기를 해 보죠.

우리 사회에서 학벌이 엄청난 위력을 가지고 있다는 것은 여러 청년들도 너무 잘 아는 사실입니다. 그 때문에 힘든 대학입학 전쟁을 치렀으니까요. 우리 사회에서 학연은 혈연, 지연과 더불어 사회를 이루는 세 가지 기본 축이 되고 있습니다. 요사이 혈연과 지연이 그 힘을 점차 상실하여 가는 반면 학연은 그 힘이 더욱 세지는 것으로 보입니다. 이 학연을 중심으로 형성된 것이 바로 학벌이죠.

한자로 '벌' 자가 재미있습니다. '벌(閥)' 자는 '문(門)' 앞에 '사람(人)'이 '칼(戈)'을 들고 서 있는 것을 말합니다. 거대한 소슬 대문 앞에 펼쳐진 살벌한 분위기가 한자 자체로 충분히 전달되죠. 그만큼 그 문을 지나가기 힘들다는 것을 말해주죠. 거꾸로 그 문만 통과한다면 그 뒤로부터는 아늑한 별천지가 펼쳐지겠죠. 바로 그런 살벌한 문을 세우고 있는 것 중의 하나가 학벌이죠.

우리 사회에서 학벌이 가지고 있는 힘을 단적으로 말해 주는 예가 있습니다. 혹시 '육법당'이라는 말을 아나요? 전두환 독재 시절 유행했던 말입니다. 권력은 육사 출신이 잡고, 그 뒤에서 참모나 행정은 검찰 출신이 그것도 S대 법대 출신이 장악한다는 말입니다. 당시 S대 법대라는 것도 전국의 주요 명문고가 독차지했습니다. 그 가운데 서울에 있는 K고가 압도적 다수를 차지했지요. 거기에 경북의 K고, 경남의 K고가 상당수 들어있었습니다. 그러니 육법당이라는 것은 사실 육사와 K고들의 합작이라고 해도 과언이 아닙니다. 이런 육법당의 전통은 면면히 이어져 왔습니다. 지금도 보수 세력의 핵심을 이루는 세력이 있다면 바로 이 육법당 또는 육사와 K고들의 합작이죠.

삼성의 공채는 공정한가?

나라의 권력만 이렇게 학벌로 장악된 것은 아닐 겁니다. 사회 대부분의 영역을 보면 학벌이 지배적인 역할을 담당합니다. 오늘날 흔히 사용하는 말 중의 하나가 'SKY(서울대, 고려대, 연세대)'입니다. 이 SKY가 관계, 경제계, 학계, 기술계, 의료계 등을 장악하고, 그들 내부에서 서로 경쟁하고 있는 모습이 우리나라의 실상이 아닐까요? 구체적인 예로 기업의 경우를 볼까요?

얼마 전 삼성이 공채 응시 자격을 각 대학마다 할당한 적이 있었습니다. 그 때문에 사람들은 분노했고, 결국 삼성이 철회했습니다. 사람들이 분노한 이유는 삼성이 응시 자격을 할당한 대학이 전국 대학 가운데 소수에 지나지 않았기 때문입니다. 나머지 대학은 아예 응시 자격조차 얻을 수 없었습니다. 응시의 기회조차 박탈한다는 것은 평등하지 않다고 생각해서 나는 그런 분노에 공감합니다. 이런 분노에 대해 삼성의 변명이 더 걸작이었습니다.

삼성은 자기들이 지방대학이나 마이너 대학에 인원을 할당한 것은 평등성을 강화하기 위한 것이었다고 변명했습니다. 만일 공채를 하게 되면 그런 대학에 실제로 돌아가는 인원은 거의 없다는 것이죠. 공채의 경우 시험을 치게 되면 SKY가 독차지하게 된다는 겁니다.

삼성의 말은 현실을 반영한다는 점에서 사실일지 모릅니다. 그러나 그것이 진실은 아닙니다. 나는 그래서 더욱 분노했습니다. 과연 SKY만이 통과할 수 있는 이런 공채가 공정한 것인지 의심스러웠기 때문입니다. 정말 SKY 대학에 입학한 청년이 다른 대학에 입학한 청년과 그렇게 차이가 날까요? 나는 대학에 있어 보았기 때문에 잘 알지만 청년들의 능력에 근본적인 차이가 있는 것은 아닙니다. 그러므로 공채시험을 SKY만이 통과할 수 있다면 그런 시험 자체가 불공정하다고 생각하지 않을 수 없습니다.

단적으로 외국어 실력을 봅시다. 외국어 실력이 좋은 청년의 경우 대부분 어릴 때 부모님을 따라 외국에 나간 적이 있습니다. 나는 거의 모든 대학교수와 공무원이 미국에서 안식년을 지내는 이유를 압니다. 그 이유는 바로 자기 자식에게 영어를 가르치기 위한 것이지요. 그들은 부수적으로 골프를 배우기도 하죠. 그렇지 않은 경우 학생이 상당한 영어 실력을 갖추려면 적어도 최소한 1년 이상 어학연수를 해야만 합니다. 하지만 이런 기회는 모든 청년에게 평등하게 주어지는 것은 아닐 겁니다. 특히 가난한 학생에게는 그림의 떡에 불과합니다.

이런 사정을 고려한다면 영어 실력의 차이가 학생의 능력 차이가 아니라 부모라는 배경, 가정의 빈부 차이와 밀접하게 연관되어 있다는 것은 삼척동자도 알 수 있습니다. 그러니 영어 실력을 기초로 학생을 선발하는 것이 공정하다고 볼 수 있을까요?

부르디외의 문화자본

우리나라만 그런 것이 아니고 프랑스와 같은 선진 자본주의 국가의 시험도 불공정하기는 마찬가지입니다. 이에 관해서는 이미 일반 이론이 존재합니다. 프랑스의 유명한 사회주의적인 철학자인 부르디외*는 이 물음과 연관하여 '문화자본'이라는 개념을 제시했는데, 이 자리에서 간단히 알아보기로 하죠.

그의 연구에 의하면 학생의 학업성적과 학생의 경제적 지위가 비례한다는 거죠. 풍요로운 집안 아이일수록 성적이 좋다는 겁니다. 시험은 공정한데 어떻게 이런 일이 있을 수 있을까요? 경제력에 비례해서 공부의 환경이 유리해진다는 것은 말할 것도 없습니다. 이런 환경 말고도 중요한 것이 있습니다. 간단히 말하자면, 잘사는 집안에서는 평소에 듣고 보고 즐기는 문화가 시험 문제 풀이에 유리하다는 것이죠. 부르디외는 이를 문화자본이고 하였고, 문화자본의 차이가 경쟁을 좌우한다고 설명했습니다. 부르디외는 시험 성적은 개인이 스스로 노력을 해서 얻은 것이 아니라고 주장하죠. 개인이 갖춘 능력은 부모의 자본으로부터 물려받은 것일 수 있다는 주장입니다. 다시 말해서 출발선 자체가 동일하지 않다는 말입니다. 능력이 아니라 노력이 공정한 평가의 기준이 되어야 한다면 노력 없이 능력을 얻은 경우가 공정하다고 말할 수는 없겠죠.

---

* 피에르 부르디외(Pierre Bourdieu, 1930~2002)는 프랑스의 사회학자이다. 그는 계급이나 계층이 고유한 생활양식 '아비투스'를 갖는다고 했다.

자본주의와 학벌 사회

우리 사회에 학벌만 있는 게 아닙니다. 우리 사회를 조금만 둘러보면 이런 학벌과 유사한 역할을 하는 여러 기구를 발견할 수 있습니다. 누군가는 이렇게 말하더군요. "장사를 하려면 대형 교회에 나가라." 교인들끼리 단결을 도모하자는 것이죠. 김영삼 정권 시절에는 무슨 교회에 나가야 한다 하고, 또 이명박 정권 시절에는 무슨 교회 출신이 아니면 내각에 들어가기 힘들다는 말이 돌아다니기도 했죠. 이런 것을 보면 이제 교회도 하나의 연을 형성하고 있는 모양입니다. 이름을 어떻게 붙여야 하나요? '학연', '지연'에 맞추어 '교연'이라 해야 하나요?

그러면 우리나라에서 이처럼 학벌과 지연, 교연이 만연하게 된 이유는 무엇일까요? 사람들은 우리나라에서 아직 자유롭고 공정한 경쟁이 발달하지 않았기 때문이라고 말합니다. 자본주의 사회는 자유롭고 공정한 경쟁에 의한 사회라 하죠. 반면 학벌은 혈연이나 지연처럼 봉건적 요소라 합니다. 우리나라는 자본주의가 충분하게 발전하지 않았기 때문에, 즉 여전히 봉건적 잔재가 남아 있기 때문에 이런 학벌이 지배한다는 거죠. 하지만 나는 이런 생각에 의문을 가지고 있습니다. 자본주의가 발전했어도 이런 학벌은 여전히 유효할 수 있다고 봅니다.

내가 이렇게 말하면 여러분이 당장 항의하겠죠. '자본주의적 경쟁은 자유롭고 공정한 사회를 만드는 가장 중요한 통로가 아니냐? 자본주의 사회에서 봉건적인 학벌이 발달한다는 게 말이 되느냐?' 만일 이런 게 남아있다면 그건 봉건제의 잔재로 보는 게 맞는다는 거죠.

이런 사람들이 자주 인용하는 예가 바로 나폴레옹의 위대성이죠. 잠시 그 주장을 들어보도록 하겠습니다. 나폴레옹이 유럽을 석권했던 힘은 어디서 나오는 것일까요? 두 가지라 합니다. 하나는 농민 병사의 힘입니다. 나폴레옹의 군대는 프랑스 혁명 이후 일반 징집으로 만들어진 농민의 군대죠. 그들은 훈련받지 않은 무지렁이 군대입니다. 그런데도 나폴레옹 군대는 높은 사기 때문에 유럽 다른 국가의 훈련된 용병 군대를 상대로 승리를 거둘 수 있었습니다. 나폴레옹 군대의 사기는 어디서 나왔을까요? 나폴레옹은 프랑스 혁명이 미완으로 남겨놓은 토지혁명을 수행했습니다. 그 결과 토지를 분배받은 농민은 혁명을 지키겠다는 열의로 가득 차 있었고, 따라서 높은 사기를 유지할 수 있었죠.

나폴레옹을 뒷받침해 주는 힘의 원천이 또 하나 있습니다. 그것은 바로 나폴레옹이 능력에 따라서 공정하게 승진하는 제도를 택했다는 것입니다. 평민 출신 부사관도 능력만 있으면 과거 귀족들만이 차지했던 장군의 자리에 올라갈 수 있었습니다. 나폴레옹이 파리고등사범학교, 국립행정학교 등 엘리트 대학을 만든 이유도 거기에 있습니다. 이런 나폴레옹의 정책은 자본주의가 자유롭고 공정한 경쟁을 실현한다는 주장을 정당화하는 적절한 예로 많이 소개되고 있습니다.

공정한 경쟁이 없는 현실 자본주의

나폴레옹과 같은 지도자가 법으로 자유롭고 공정한 경쟁을 도입하거나 사회의 민주적 합의에 의해서 이런 경쟁을 촉진하는 법을 만들 수도 있습니다. 그러나 이것은 어디까지나 정치의 힘이지 결코 자본주의 자체의 힘은 아니지 않을까요? 만일 자본주의를 법에 따라 구속하지 않고 그대로 방임하게 되면 어떤 결과가 나타날까요? 내가 주장하는 것은 이런 겁니다. 자본주의가 방임된다면 결코 자유롭고 공정한 경쟁 체제를 확립하지 않는다는 거죠.

우선 역사적으로 보아 자유롭고 공정한 경쟁이 지배한 자본주의 사회는 없었습니다. 초기 자본주의의 원시적인 축적은 약탈과 착취에 의해 진행됐습니다. 19세기 중반 이후 19세기 말까지 일시적으로 자유 경쟁적 자본주의 체제가 전개되었죠. 그때조차도 그게 정말 자유롭고 공정했는지는 의문이지만 상대적으로 자유 경쟁적이었다고 할 수 있겠지요. 그 후 19세기 말부터 자본주의는 독점자본주의 체제로 이행했지요. 그때부터 오늘날까지 이 세계 어디에도 경쟁이 자유로운 적은 한 번도 없었습니다.

우리나라의 경우는 더 심합니다. 우리나라는 자유 경쟁적 자본주의를 거친 적이 없어요. 해방 후 처음부터 곧바로 독점자본으로 이행했고, 이 독점자본이 자본을 축적하는 방식은 원시적 축적이었습니다. 좀 이상한 자본주의 체제였죠.

자본주의에서 기대와 달리 이처럼 자유롭고 공정한 경쟁을 찾아보기 힘든 까닭은 무엇인가요? 이번에는 이론적으로 검토해 보기로 하죠. 자본주의적 경쟁은 효율성을 목표로 하는 것이지 공정한 것을 목표로 하는 것이 아니기 때문입니다. 여기서 중요한 것은 누군가가 승리하여 자본을 집중하는 것입니다. 이렇게 해서 자본이 집중되면 자본은 저절로 효율적으로 됩니다. 자본이 대규모화하고, 생산시설이 기계화되니까요. 이 경쟁이 반드시 자유롭고 공정해야 할 필요는 없습니다. 물론 자유롭고 공정할 수도 있겠죠. 그러나 이 경쟁이 자유롭지 못하고 불공정하더라도 아무 문제는 없다는 말입니다. 이 경쟁에서 누군가가 승리하기만 하면 자본주의는 탈 없이 돌아갈 뿐만 아니라 효율적으로 됩니다. 정말 재미있는 체제이죠?

알쏭달쏭한가요? '공정한 승리를 얻었을 때 언젠가는 망할 것이 아니냐? 마치 능력이 없는 자가 한 번은 불공정하게 승리하더라도 여러 번 경쟁을 거치게 된다면 결국 패배하기 마련 아니냐? 그러므로 자본주의가 발전하면 이런 불공정한 경쟁은 없어지게 마련이다.' 이렇게 생각하는 사람은 착각하는 겁니다. 실제 효율성은 자본이란 것 자체가 갖고 있습니다. 자본은 축적되면 기계화되고 대규모화하니까요. 그러니까 이상한 역설이 성립합니다. 무능력한 사람이라도 경쟁에서 승리하게 되면 그때부터 그는 능력을 갖추게 됩니다.

이해를 돕기 위해 이런 예를 하나 들어볼까요? 옛날에는 커피를 마시려면 전문가가 커피를 내리는 커피숍을 찾아갔습니다. 사람들은 어느 커피숍은 무슨 커피를 잘하고, 어느 커피숍은 어떤 커피를 잘한다고 하는 입소문을 퍼뜨리기도 했지요. 요새는 그런 전문가의 능력이라는 것이 불필요합니다. 왜냐하면, 커피를 내리는 기계가 커피의 맛을 과학적으로 조절하니까요. 유명 커피숍에 가 보아도 커피 전문가가 아닌 알바생이 커피를 내립니다. 전문 커피숍과 비교해서 맛의 차이가 없습니다. 그 결과 커피 체인점이라는 게 유행하게 되었던 거죠. 결국 커피의 기계화, 자본화가 가장 효율적으로 커피를 만듭니다. 일단 자본만 모으면 알바생이라도 커피숍을 차릴 수 있죠. 그러니 자본을 모으는 과정에서 능력이 있느냐 없느냐는 아예 논란거리도 되지 못하죠. 이게 자본주의가 아닐까요?

또 우리나라 재벌을 보세요. 그들이 어떤 과정을 거쳐서 축적했는지는 천하가 다 아는 일입니다. 권력에 빌붙어서 원조자금과 차관을 배정받아서 자본을 축적하였던 것 아닌가요? 이렇게 해서 자본이 축적되니까 축적된 만큼 자본이 효율적이게 되었습니다. 이제는 세계적인 경쟁력을 갖추게 되었죠. 지금은 마치 자기들이 원래 효율적으로 경영해서 자본을 축적한 것처럼 쇼를 벌이죠.

불공정한 경쟁에서 승리하더라도 이기기만 하면 효율적이므로 자본주의가 아무리 발전하더라도 이런 부자유하고 불공정한 경쟁은 사라지지 않습니다. 자본주의가 사라지지 않는 한 이 세상에 부자유하고 불공정한 경쟁은 없어지지 않는 거죠.

오직 승리와 효율성이 목표인 자본주의

나는 결론적으로 우리나라 사회에서 학벌이 만연하는 것은 봉건적 잔재가 아니라고 봅니다. 자본주의가 발달하면서 그런 학벌을, 다시 말해 불공정하고 부자유한 경쟁을 확대한 것이죠. 다만 서구 자본주의 국가의 경우 이런 자본의 논리를 사회적 합의를 통해 규제하는 법을 만들어서 어느 정도 공정하고 자유로운 사회를 만들었죠. 하지만 우리나라에서는 그런 공정한 사회를 지향하는 데 관련된 법은 거의 없습니다. 그러니 일단 이기고 보자는 온갖 수단이 사용되었고, 학벌도 그렇게 해서 발전되었습니다.

다시 말하지만 내가 자본주의 사회의 공정성이 전적으로 결여되었다고 말하는 것은 아닙니다. 상대적으로는 자유롭고 공정한 자본주의라는 것도 있습니다. 내가 말하려는 것은 다만 자본 자체의 경쟁에 맡겨 두었을 때 저절로 자유롭고 공정한 경쟁체제가 성립하는 것이 아니라는 말입니다. 자본주의는 자유든 강제든, 공정하든 불공정하든 가리지 않아요. 오직 승리와 효율성이 목표이죠. 자본주의는 이를 위해서 차라리 불공정하고 부자유한 방식을 선호하는 것처럼 보입니다.

자본주의가 너무 부자유하고 불공정하게 전개될 때, 다시 말해 약육강식의 체제가 사회 전체를 위협하게 되자 민주적 합의에 의해, 또는 부분적으로는 독재자의 시혜적 정책에 의해 자본주의의 경쟁을 규제하는 다양한 법이 만들어졌습니다. 다양한 법을 통해 자본주의에서 그나마 자유와 공정성이 유지될 수 있었습니다. 민주적 사회일수록 자유롭고 공정한 경쟁이 그만큼 많이 발전하였죠. 하지만 이런 법에 의한 제한은 그야말로 제한적일 뿐입니다. 다만 부분적으로만, 그리고 일시적으로만 자유롭고 공정한 경쟁이라는 것을 살릴 수 있었을 뿐입니다.

지금까지 학벌 문제를 다루었습니다. 주로 그 불공정한 경쟁에 초점을 맞추었습니다. 많은 청년들은 학벌을 통해 얻은 승리가 자신의 노력의 결과인 것처럼 오해합니다. 경쟁에서 진 것은 능력과 노력이 부족한 결과이니 그 결과는 스스로 책임질 수밖에 없다고 생각합니다. 하지만 이게 사실이 아니라는 것을 밝히고 싶었습니다.

오늘은 학벌의 물음에 집중하다 보니 본래 우리의 과제였던 개인주의의 물음에 관해 충분하게 논하지 못했던 것 같습니다. 길었지만 이 얘기는 개인주의의 물음과 밀접하게 연관되어 있습니다. 아무래도 개인주의의 물음은 다음 시간에 이어서 말해야겠네요.

민주주의라는 쇼

앙데팡당 전과 인상파 화가

　　잘 지냈나요? 날은 추워지고, 푸른 하늘이 쨍쨍하게 얼어붙을 겨울이 멀지 않았군요. 어떤 청년이 수능시험에 절망해서 자살을 택했다는 우울한 소식도 들리는군요. 절망하지 말기 바랍니다. 아마 언젠가는 낮은 수능 점수를 받았다는 것이 자랑거리가 될 때도 있을 겁니다.

　　인상파 화가를 아나요? 19세기 말 프랑스 화가들이죠. 모네, 고흐 등은 우리 식으로 말하자면 국전에서 낙방한 화가들입니다. 그래서 따로 낙방자 전시회를 열었어요. 이름을 '앙데팡당(Indépendant : 독립적) 전시회'라고 하였습니다. 오늘날 아무도 당시 국전에 전시된 화가를 기억하지 않습니다. 누구나 앙데팡당 전에 참가했다는 화가, 인상파만을 찾지요.

　　그런 역사가 있었습니다. 낙방한 자가 승리자가 되는 전복의 역사죠. 우리가 대학 다닐 때는 F 학점 맞은 게 자랑이었습니다. 그래서 "나, 쌍권총 찼어!"하면 사람들이 "와!" 하고 부러워했습니다. 좋은 학점을 얻는 것은 대학의 노예적 교육에 복종하는 비굴한 청년이나 하는 짓이라 보았거든요. 이제 머지않아 수능에서 낮은 점수를 받으면 축복받는 사회가 오리라 기대합니다. 그날을 기다리며 강의를 시작해 보죠.

개인주의는 냉혹한 이기주의

지난번부터의 강의 주제는 "남에게 피해를 주지 않는 개인주의가 가능한가?" 하는 물음입니다. 학벌사회 이야기가 길어져서 진짜 주제는 못 다루고 말았습니다. 이제 본격적으로 개인주의를 다루어 보기로 하죠. 개인주의는 이론적으로는 '다른 사람이 죽어도 좋다. 나만 잘살면 된다'라는 냉혹한 이기주의는 아닙니다. 그런 이기주의를 정당화하려는 사람은 아무도 없을 겁니다. 개인주의는 개인이 자유롭게 자기의 이익을 추구하면, 그것이 경쟁하는 다른 개인에게도 오히려 이익이 된다고 주장하는 윤리적 입장이죠. 개인주의가 주장하는 것은 개인과 개인이 조화롭게 발전할 수 있다는 것입니다. 이런 이론은 그 자체로만 본다면 그럴듯한 것처럼 보이고, 따라서 많은 사람이 개인주의를 좋아합니다. 요즈음 개인주의를 선언하는 사람은 냉정하지만 산뜻한 태도를 가진 사람으로 인정받지요.

과연 "남에게 피해를 주지 않는 개인주의가 가능한가?" 하고 묻는 사람들에게 개인주의가 내세우는 증거가 바로 자유 경쟁의 관계입니다. 여기서 중요한 것은 이런 관계는 승리한 개인뿐만 아니라 패배한 개인에게도 이익이 된다는 주장입니다.

적어도 자유롭고 공정한 경쟁이 있다면, 그게 가능할 수도 있습니다.

경쟁이 사람의 능력에 기초하는 자유롭고 공정한 경쟁이라 가정하죠. 이 경쟁을 통해서 각자는 자기의 능력을 키우게 되니 사회 전체적으로 능력이 발전하게 되겠죠. 이번 기회에는 다른 사람의 능력이 뛰어나서 그가 승리했지만 다음에는 내가 능력을 발휘할 기회가 찾아올 것이고 그때는 내가 승리하게 되겠죠. 따라서 각자의 능력에 비례하여 가치가 분배되는 정의로운 사회가 수립되겠죠.

하지만 앞의 강의에서 설명한 것처럼 자유롭고 공정한 경쟁은 가상일 뿐이죠. 역사적으로도 존재한 적이 없었고, 이론적으로도 존재하기 어렵습니다. 특히 자본주의 사회에서의 경쟁은 누군가 승리만 하면 그 승리가 아무리 더럽고 치사하더라도 결과적으로는 효율적인 것을 성립하게 합니다.

이런 경우에도 사회 전체적으로 본다면 이익이 된다고 볼 수 있습니다. 자본은 누구에게든지 축적만 된다면 더 효율적인 수단이 되니까요. 하지만 이런 경우 경쟁하는 개인들 모두에게 정의가 실현된다고 할 수는 없습니다. 왜냐하면, 이런 경쟁은 능력에 따른 것이 아니라 우연에 따른 것이니까요. 이번에는 내가 패배했지만 다음에는 승리할 가능성이 보장되는 것이 아닙니다. 자본주의적 경쟁은 사회 전체적으로는 효율적이지만 모든 개인에게 공정한 정의가 실현되는 것은 아니라고 말할 수 있습니다.

자유롭고 공정한 경쟁에서 개인주의가 타당할 수 있다 하더라도 현실적으로 그런 경쟁이 불가능하니 개인주의가 성립할 수 있다고 볼 수 없습니다. 개인주의란 자신의 이론과 달리 실제로는 '냉혹한 이기주의'와 동일한 것이 되고 맙니다.

민주주의와 개인주의

남에게 피해를 주지 않는 개인주의가 성립할 다른 가능성은 없을까 생각해 보죠. 개인이 합의를 통해 '공통의 이익'을 추구하게 되면 당연히 '서로에게', 그리고 '사회 전체에' 이익이 되지 않을까요? 우리는 흔히 이렇게 합의에 의해 이루어지는 사회를 민주주의 사회라고 말합니다. 그러므로 민주주의는 개인주의의 강력한 근거가 되는 셈입니다.

사실 우리나라가 민주화 시대에 들어서면서 개인주의자가 목소리를 높이고 있죠. 개인주의자는 민주주의가 있으니까 서로에게 이익이 되는 개인주의도 가능하다고 봅니다. 내가 대학교 다닐 때는 '개인주의' 라는 말은 비난의 의미를 지녔습니다. 그런 비난을 받으면 얼굴을 붉히고 "무슨 말이냐, 난 개인주의자가 아니야!" 하고 항의하기도 했습니다. 그러면 "이 개인주의자야, 넌 창피한 줄도 모르니?" 하는 면박을 당했습니다. 이제는 자칭 철학자라고 하는 사람조차 자기가 개인주의자이고 자유주의자라고 자랑하고 다닙니다. 아마도 민주주의 때문에 개인주의는 자부심의 대상이 된 모양입니다.

과연 민주주의는 자유로운 경쟁과 마찬가지로 개인주의의 강력한 지반, 근거가 될 수 있을까요? 그럼, 이번 강의에서는 민주주의라는 것을 검토해 보죠. 결론부터 말하자면 순수한 민주주의가 가능하다면 개인주의도 가능하다고 볼 수 있습니다. 이것은 자유롭고 공정한 경쟁의 경우와 마찬가지로 보입니다. 하지만 이런 순수한 민주주의가 실제로 존재하는가는 의문입니다.

먼저 민주주의를 잘 이해해야 하겠습니다. 백 퍼센트 합의의 경우는 생각해볼 필요도 없습니다. 그 경우 개인은 곧 사회이기에 개인주의가 정당화되지만, 그런 경우 이미 개인주의라는 주장 자체가 무의미합니다. 그런 민주주의는 있지도 않죠. 민주주의의 원리라고 하는 '다수결'의 경우를 가지고 살펴보죠.

다수결로 합의가 이루어지는 경우 개인주의가 성립할까요? 다수에 속하는 자라면 자기의 이익이 지켜지니까 개인의 이익이 곧 모두의 이익이겠죠. 그러면 다수에 반대되는 입장에 속하는 사람은 어떨까요? 이 경우 자기의 이익과 다수의 이익이 대립하니까 개인주의가 성립하지 않는 것일까요?

겉으로 보기에는 그렇습니다만 조금만 생각해 보면 이 경우에도 개인주의가 성립할 가능성이 있습니다. 왜냐하면, 다수가 찬성하는 것이라면 그것은 진리를 담고 있는 것이며, 따라서 역사적으로 머지않아 실현되는 것이니까요. 그런 진리는 당연히 그것을 반대한 사람에게도 진정한 의미에서 이익이 될 것입니다. 물론 다수가 찬성한 것이 진리라는 것을 모른다면 그 때문에 자신은 손해 받는다고 생각하겠지만, 이 경우 손해는 주관적으로 느끼는 손해이지요. 객관적으로 본다면 다수의 주장이 반대한 나에게도 이익이 됩니다. 이게 민주주의가 찬양되는 이유입니다.

민주주의에서 다수가 찬성한 것이 역사를 통해 진리로 밝혀진 예는 너무나 많기에 굳이 예를 들 필요도 없지 않을까 생각합니다. 그래도 예를 하나 들어보라 하면, 미국의 남북전쟁을 꼽을 수 있습니다. 북부는 노예제에 반대했습니다. 남부는 찬성했고요. 선거에서 공화당의 링컨이 승리함으로써 다수가 노예제를 반대한다는 것이 밝혀졌습니다.

남부를 지배하는 민주당은 그것을 받아들일 수 없었던 거죠. 남북전쟁이 일어났고 남부의 민주당은 전쟁에서 패배했죠. 그러고 나서 노예제는 폐지되었죠. 처음에 남부는 노예제 폐지가 자신의 진정한 이익이었다는 것을 인정하기 힘들었습니다. 그러다가 1960년대 초 케네디가 민주당 지도자로 등장한 이후 민주당은 흑인의 인권을 옹호하기로 결정합니다. 케네디의 그런 결정 덕분에 대다수 흑인이 사는 남부는 민주당의 아성이 되었죠. 민주당은 자기가 반대했던 흑인의 인권을 백 년 뒤에 인정하였습니다. 다수의 결정이 진리였고, 역사의 진행방향이었다는 것이 명확하게 드러난 사례입니다. 민주주의의 힘이 바로 다수결에서 나오는 것이라 하겠죠.

개인주의를 약간 확장한다면, 민주주의가 이론적으로는 개인주의의 지반이 될 수 있는 것으로 보입니다. 하지만 문제는 진정한 이익, 진리에 기초한 민주주의라는 것이 현실적으로 존재하는 것인가가 의문이라는 데 있습니다. 잠시 현실의 민주주의를 살펴볼까요? 여기서 민주주의란 물론 서구 '자유민주주의 체제'를 말합니다. 사회주의 사회에서 민주주의라는 것은 이런 자유민주주의에 대한 반성 끝에 나오는 것이니 지금 우리가 논의하는 대상이 아니라는 점을 분명하게 말합니다.

대의제 민주주의와 관료국가

서구 사회에서는 자유민주주의야말로 인류의 유일한 대안이라고 말하면서 비서구 사회는 모두 이런 자유민주주의의 체제로 바뀌어야 한다고 주장합니다. 서구사회는 이슬람 사회나 중국, 북한과 쿠바와 같은 사회주의 사회를 비민주적이라 낙인찍으면서 노골적인 간섭을 일삼죠.

과연 자유민주주의가 말 그대로 자유롭고 민주적일까요? 우선 자유민주주의라는 개념을 정의해볼 필요가 있습니다. 자유민주주의 체제의 특징은 두 가지입니다. 서구 자유민주주의 국가는 관료제를 취하고 있습니다. 민주주의적 합의는 단지 법을 제정하는 단계에 한정되며, 그 법의 실행은 국가의 전문적인 관료들에게 위임되어 있습니다. 또한 자유민주주의는 간접 민주주의이므로 국민은 직접 법을 제정하지 않고, 국민을 대표하는 대의원에게 법의 제정을 위임하죠. 자유민주주의는 대의(간접) 민주주의이며 관료국가라는 점을 분명하게 인식해야 합니다. 자유민주주의 체제에서 국민 주권이란 이론적이고 가상적인 주장에 불과하죠. 실제 주권은 법을 제정하는 대의원이나 법을 실현하는 관료에게 속한다고 보겠습니다.

이런 특징을 지닌 자유민주주의를 구체적으로 검토해 볼 때 솔직히 무척이나 실망스럽습니다. 자유민주주의라는 것은 서구에서도 2차 세계대전 이후에 실현된 제도였습니다. 자본주의 사회 초기에는 경제적으로는 원시적 자본축적이 진행되었고, 정치적으로는 한정된 자본가만이 선거권을 지닌 부르주아 민주주의 체제였습니다. 그러다 19세기 중엽 이후부터 노동자와 여성의 참정권 운동이 일어나죠. 그 참정권 운동은 2차 세계대전이 끝난 후에야 마침내 실현됩니다. 전후 서구에서는 모든 사람이 선거권을 지닌 보통민주주의가 실현됩니다. 기쁨도 잠깐이었습니다. 서구의 자유민주주의에 대한 근본적인 회의와 관련하여 두 가지 점만은 분명하게 언급되어야 합니다.

우선 서구 민주주의 국가 대부분의 경우 '대표성의 위기'가 존재하니다. 국민 가운데 노동자, 농민과 같은 민중의 수와 민중을 대변하는 대의원의 수가 비례하지 않는다는 겁니다. 민중의 대표자는 아주 소수에 불과하죠. 그 차이는 현격히 큽니다. 물론 중도적인 정당이 민중의 의견까지 대변한다고는 하지만 이런 대변은 수박 겉핥기에 불과했죠. 서구 중도정당은 대부분 새롭게 등장한 신흥 중산층(기술 관료층)의 의견을 대변하는 정도였습니다.

이런 대표성의 위기보다 더 무서운 민주주의의 적이 있습니다. 전후 관료제가 고도로 발전하기 시작합니다. 복지국가가 대대적으로 규모를 확장하자 관료의 힘도 더욱 세어졌습니다. 관료는 과학적인 방법으로 사회를 관리하기 시작했습니다. 이런 과학적 관리에는 굳이 억압이 필요 없었죠. 대중은 자유롭게 살면서도 자기도 모르는 사이에 관료의 지배에 순응했습니다.

관료가 어떻게 지배하는가에 관해서 프랑스 철학자 푸코*의 주장을 참조해 보죠. 그는 관료적 억압 장치를 여러 가지로 분석했는데 그 가운데 두 가지가 재미있습니다. 그는 '판옵티콘'과 '신체적 권력' 같은 개념을 제시했습니다.

판옵티콘(panopticon)이라면 '일망(一望 : 한눈에 둘러보는)감시' 체제를 말합니다. 이 판옵티콘이라는 말은 들어 보았나요? 원래 감옥에서 죄

---

* 미셸 푸코(Michel Paul Foucault, 1926~1984) : 외과의사의 아들로 태어나 파리 고등사범학교를 졸업한 뒤, 1960~1968년 클레르몽페랑대학교에서 강의했다. 그 후 파리 뱅센 대학교에서 2년을 보냈고, 1970년부터 죽을 때까지 콜레주 드 프랑스에서 사상사 교수를 지냈다. 초기에는 주로 정신병과 그 치료의 역사에 관해 연구했다. 1970년대 이후 감옥의 역사에 대한 연구를 바탕으로 자본주의 사회의 권력 개념을 고찰하였다.

수를 감시하는 체제를 말합니다. '최대다수의 최대행복'이라는 말을 제시한 벤담이라는 공리주의 철학자가 발명했다 하죠. 이런 체제 속에는 감시자가 없어도 자기가 여전히 감시당한다고 착각하면서 자기 스스로를 감시합니다. 예를 들어, 국정원이 숨어서 활약하기에 우리가 모두 국정원한테 감시받는다고 생각하고 스스로 자기를 검열하는 것과 같습니다.

'신체적 권력(bio power)'이란 말은 처음 들어보는 말이죠? 이것은 권력이 우리의 신체를 완전히 재구성하면서 신체 속으로 들어오는 경우입니다. 예를 들어, 군대에 가면 걸음걸이부터 교정됩니다. 군인은 보무당당하게 걷죠. 이 경우 권력이 신체 안으로 들어옵니다. 이를 권력의 화신, 즉 신체적 권력이라 하죠. 권력이 신체 속으로 들어오면 그는 자유롭게 움직이지만 사실은 권력을 추종하는 것에 불과합니다.

이 두 가지는 모두 '자기감시체계'라고 규정될 수 있습니다. 스스로를 억압하므로 자유롭게 움직이더라도 억압 속에 있다는 것, 소위 부처님 손바닥에 있다는 것이 바로 이런 자기 감시체계의 의미입니다. 관료가 사용하는 방법이 이런 자기 감시체계입니다. 그 결과 우리는 자유를 그대로 유지하면서도 관료의 지배를 받고 있죠.

이렇게 관료적 지배가 발달하자 보통 민주주의는 실질적인 의미를 상실해 버립니다. 관료의 과학성이 민주적 합의에 대해 우위를 차지하였기 때문입니다. 아무리 국민의 뜻이라 하더라도 과학적으로 안 된다는데야 어찌할 수가 없습니다. 결과적으로 민주주의는 껍데기만 남게 됩니다. 그게 바로 2차 세계대전 이후 서구 자유민주주의의 실상이죠.

자유민주주의는 쇼

결론적으로 오늘날 서구 국가에서 자유민주주의라는 것은 그저 쇼이 거나 속 빈 강정에 불과합니다. 그것은 우리나라의 경우에서 보는 것과 거의 다를 바 없습니다. 자유민주주의라는 게 원래 그런 거니까요.

민주주의이기에 선거가 진행됩니다. 그 모습은 마치 레슬링이나 권투 시합을 보는 것 같습니다. 사람들은 각자 자기편에 판돈을 걸어놓았습니다. 그리고 자기편을 향해 사자와 같이 적진으로 돌진하라고 함성을 지르죠. 미친 듯이 싸우지 않는 선수는 교체되고 맙니다.

선거 중에는 혁명적인 변화가 일어날 듯한 기대감으로 사람들이 도취됩니다. 선거는 격렬하게 진행되죠. 노골적인 폭력과 거친 투쟁도 불사합니다. 야비한 폭로, 심지어는 무자비한 인신공격조차 사용되죠. 그럴수록 사람들은 좋아하죠. 그러면서도 선거의 기본적인 규칙은 아슬아슬하게 지킵니다. 그러면 신사적이라고 칭찬하죠. 선수는 신사적이면서도 동시에 야비해야 합니다.

사람들은 이런 거친 싸움 때문에 그들이 추구하는 것이 정말로 다르고, 서로는 모순 대립으로 가득 차 있을 것으로 생각합니다. 하지만 실상 그들에게는 별 차이가 없습니다. 그들은 이런 차이를 강조하려고 일부러 인신공격을 하기도 하면서 상대의 감정을 돋웁니다. 그것은 마치 투우경기에서 사용하는 빨간 천이 소를 흥분시키는 것이 아니라 관중을 흥분시키는 것과 마찬가지입니다. 거친 선거 투쟁이란 기만에 불과합니다.

마침내 선거가 끝나서 어떤 한편이 승리하면 거대한 축제의 물결이 벌어집니다. 승리한 선수를 어깨에 메고 춤추고 노래하면서 거리를 행진하죠. 그런 축제는 며칠간 계속됩니다. 그 사이에 정권을 잡은 사람은 그 이전에 자리 잡은 사람을 모두 쫓아내고 그 자리를 차지합니다.

그러나 그 뒤에 어떤 근본적인 개혁도 어떤 변화도 일어나지 않습니다. 사람만 바뀌었을 뿐 진행되는 것은 거의 대동소이합니다. 그럴 수밖에 없는 것이 싸움에 나선 여당이나 야당이 정책적으로 유사하기 때문입니다. 그들의 교체는 그저 자리바꿈에 지나지 않습니다. 설혹 그들의 정책이 대립하더라도 별 차이가 없습니다. 왜냐하면, 실제로 국가를 지배하는 것은 선거에서 승리한 정당이 아니라 관료이기 때문입니다. 그런 관료는 이제나저제나 동일하죠. 결국 정권은 바뀌어도 정책은 동일합니다. 선거란 관료의 지배를 은폐시켜주는 기만적인 쇼에 불과하죠. 이게 오늘날 자유민주주의의 실상입니다.

이런 자유민주주의에서 다수의 합의를 진정한 자기 이익이라고 받아들이는 사람은 없습니다. 그저 힘에 의해 패배했다고 생각할 뿐이죠. 왜냐하면, 자유민주주의가 진정한 민주주의 체제가 아니고, 다수의 합의조차 진정한 다수의 합의가 아니기 때문입니다. 자유민주주의는 역설적으로 힘이 지배하는 가장 반민주적인 지배체제가 되었습니다.

폭력으로 유지되는 미국의 민주주의

민주주의는 이론적으로 개인의 자유로운 합의에 의해 결정을 내리는 체제입니다. 앞에서 보았듯이 그런 합의는 없습니다. 민주주의는 제한적입니다. 다수 민중은 대변되지 못하고, 실제 민주주의 국가를 지배하는 것은 관료입니다. 그러므로 민주주의 국가는 개인에게 자유를 완전하게 부여할 수 없습니다. 자유민주주의는 폭력을 감추고 있습니다.

우리는 나치와 같은 폭력적 국가는 민주주의가 정상적으로 기능하지 못할 때 예외적으로 나타나는 현상이라고 봅니다. 그러나 민주주의 국가의 기초적인 토대 위에 폭력이 있다고 합니다.

여러분이 학교에서 배운 것과 너무 다른 주장이기에 당혹스러운가요? 그러나 사실입니다. 예를 들어 볼까요? 미국에서는 총기 사건이 자주 납니다. 특히 학교에서 무차별 난사를 통해 학생들이 다치는 사건이 수시로 벌어지죠. 그때마다 미국에서는 총기를 규제해야 한다는 여론이 대두합니다. 하지만 지금까지 총기규제는 성공하지 못했어요.

총기 판매상의 로비 때문이라 합니다만 그것은 변명이라 봅니다. 나는 오히려 미국의 정치인이 이를 방임하고 조장했다고 봅니다. 미국에는 가끔씩 총기사건이 터져 줘야 합니다. 그래야 국가가 유지될 수 있다는 거죠. 왜 그럴까요?

미국은 이민으로 이루어진 자유로운 국가입니다. 이런 이민 국가를 유지하는 방법은 최종적으로는 폭력밖에 없습니다. 민주주의적 합의란 한정적인 것에 불과하고, 더구나 어떤 공동의 가치라는 것도 없으니까요. 그러므로 미국의 가장 밑바닥의 토대 위에 폭력이 존재합니다. 평소에는 그것이 민주주의 체제 때문에 감추어져 있습니다. 사람들은 이 때문에 미국을 평화로운 나라로 생각합니다. 사람들이 두려워할 폭력이 없다고 생각하면 국가가 유지되기 어렵습니다. 이 경우 불완전한 민주주의 때문에 각자 자기의 이익을 추구하는 냉혹한 이기주의가 지배하게 됩니다.

이런 경우 가끔씩 총기사건이 터지면 사람들은 "아! 폭력이 바로 옆에 있구나!" 하고 생각합니다. 그러면서 자기의 이기주의를 억제해서 국가 전체의 목적에 복종하죠. 결국 미국에서 총기사건은 미국을 유지하는 감추어진 폭력이 드러난 것에 불과합니다.

민주주의의 역설, 종북몰이

폭력이 민주주의 국가의 기초라는 주장은 논리적으로도 일리가 있습니다. 왜냐하면, 민주주의에서 가장 어려운 것이 개인의 이익과 다수의 합의 간의 갈등이기 때문입니다. 앞에서 말했듯이 개인주의자가 '다수의 합의가 곧 나의 진정한 이익'이라고 받아들인다면 문제가 없습니다. 민주주의가 진정한 민주주의가 되지 못할수록 과연 다수의 합의가 나의 이익인지 의심스러워집니다. 이상적인 민주주의라 해도 원래부터 '진정한 이익'이라는 개념을 받아들이기 힘들어요. 그런데 민주주의가 엉터리라면 이런 다수의 합의를 받아들일 수 없는 것은 당연한 일입니다.

이렇게 되면 다수의 개인주의자는 자기가 '주관적으로 욕망'하는 것만을 유일하게 받아들이죠. 그런 사람들은 자기의 이익이 아니라 해서 다수의 합의조차 거부합니다. 나아가서는 자기의 이익에 불과한 것을 '전체의 이익'이라 고집하기도 합니다.

민주주의는 근본적으로 한계를 지니므로 이기주의가 강화되면 그 결말은 이렇게 비참해집니다. 이제 사람들은 서로가 서로를 의심하게 됩니다. 서로 상대가 적과 내통해서 사회를 파괴한다고 의심하게 되죠. 그래서 어느 사회나 유대인 박해나 종북몰이와 비슷한 소동이 벌어지게 됩니다. 상대를 유대인이라고 또는 종북주의자라고 고발하고 비난하고 배제하려 합니다. 결국 폭력이 난무하게 되죠. 홉스는 그 결과 만인에 의한 만인의 투쟁이 벌어지고, 이를 해소하기 위해 절대적인 전제적 군주가 나타난다고 했습니다.

자유민주주의의 경우 민주와 절대 군주, 평화와 폭력은 동전의 양면입니다. 그것은 이 나라 민주정부가 국정원의 폭력을 없애지 못하는 것과 마찬가지입니다. 민주주의의 기초가 사실은 국정원의 폭력에 있기 때문입니다.

이상에서 우리는 개인주의의 지반인 자유경쟁이나 민주주의가 현실적으로는 존재하지 않는다는 것을 살펴보았습니다. 개인적 이익의 추구가 타인을 침해하지 않고, 오히려 타인의 이익에도 도움이 되는 사회는 없었습니다.

개인주의의 또 다른 지반인 자유의 딜레마

앞의 강의에서 개인주의의 토대가 되는 자유경쟁이나 민주주의가 가상에 불과하고 현실적으로는 존재하지 않는다고 말했습니다. 결국 "개인이 자기의 이익을 고집하면서도 타인에게 유익할 수 있다"라는 개인주의 주장은 정당화되기 힘듭니다. 그래도 개인주의가 서 있을 지반이 있을까요?

아직 하나가 남았습니다. 어떤 개인주의자는 이렇게 주장합니다. '나의 이익이 타인의 이익이 될 수 있는지에 대해서는 관심이 없다, 타인의 이익이 침해되면 어떠랴! 문제의 핵심은 나의 자유이다. 나 개인의 자유로운 선택은 그 자체로서 가치가 있는 것이 아닐까? 자유! 생각해 보라. 그 얼마나 아름다운 것이고 그 얼마나 가슴 뛰는 것인가?'

오랫동안 억압 속에 살아온 사람들로서는 이런 자유가 무척이나 고귀한 것으로 여겨지지 않을 수 없습니다. 자유를 노래했던 그 수많은 시를 예로 들어 보지 않아도 자유의 소중함은 충분히 이해할 것입니다. 개인의 자유를 위해 투쟁했던 수많은 역사가 이를 입증한다고 말할 수 있습니다. 이런 사실은 이미 여러분도 너무나 잘 알고 있으니 굳이 말하지 않으려 합니다.

이와 같은 자유를 향한 투쟁을 통해 근대세계에 들어오면서 개인의 자유가 헌법적인 권리로 인정되었습니다. 이 자유는 어떤 의미를 지니고 있는 걸까요? 우선 외적인 강제에서의 자유이죠. 개인은 무엇을 선택하든 그 선택은 전적으로 그 자신에게 달려 있습니다. 자유의 권리는 곧 자유롭게 선택할 권리입니다. 근대의 법으로 보장되고 있는 다양한 자유의 권리는 모두 이 선택의 권리를 중심으로 펼쳐져 있습니다.

나는 자유를 위한 투쟁은 찬성합니다. 설혹 그게 개인의 자유라도 나는 필요하다고 봅니다. 하지만 오늘은 이런 투쟁 가운데 근대 개인주의자가 얻었다는 자유의 실질적인 내용을 좀 더 정확하게 들여다보고 싶습니다. '자유의 권리'가 가지고 있는 한계, 그 딜레마를 살펴보려 합니다.

근대적 개인의 자유권, 자유롭게 선택할 권리는 '욕망'의 개념과 연관됩니다. 자유는 자기가 욕망하는 것을 선택할 자유이지요. 그래서 개인의 선택의 자유를 말할 때면 철학자들은 항상 어떤 딜레마에 빠집니다. 한편으로 사람은 자유로운 의지를 가지고 선택하는 것 같지만, 다른 한편으로는 사람은 다른 동물처럼 욕망의 힘에 의해 좌지우지되는 노예처럼 보입니다.

갑자기 어느 가을날 훌쩍 여행을 떠나고 싶어집니다. 도서관에 가서 다가오는 기말시험을 위해 공부할 필요성도 있습니다. 그래서 갈등하다가 결단을 내립니다. 여행을 가자고 선택합니다. 그리곤 그저 가방

하나만 메고 여행을 떠났습니다.

이런 선택은 자유로운 것처럼 보입니다. 둘 중의 하나를 선택한 것은 바로 '나 자신'이죠. 이런 선택과 더불어 자유가 느껴집니다. 단순히 일(수업)에서 놓여났다는 의미에서 자유가 아니라 자신이 하고 싶은 대로 선택했다는 것, 자신의 자유의지가 확인되는 느낌입니다. 그런데 다시 생각해보면, 내 마음속에 여행을 가고자 했던 욕망이 도서관에 가고자 했던 욕망보다 더 커서 그 욕망이 나를 사로잡은 것일 뿐이라는 생각이 듭니다. 나의 선택은 이렇게 더 큰 욕망에 의해 강제된 것이 아닐까요?

전자를 '자유의지론'이라 하고 후자를 '의지결정론'이라 하는데, 과연 어느 것이 맞는 걸까요? 자유의지가 있다고 해도 문제가 있고, 자유의지가 없다고 해도 문제가 있습니다. 각 입장의 문제점은 철학자들이 이미 수없이 논의했습니다. 그런 논의는 매우 철학적인 논의라서 여기서는 생략하기로 하죠. 이런 딜레마는 사람의 삶에서 선택이 개입하는 곳이라면 어디라도 마찬가지로 일어납니다. 사랑을 예로 들어볼까요? 내가 사랑하는 사람은 이 사람일까요, 저 사람일까요? 처음에는 아카시아 잎을 하나씩 떼어내면서 고민하다가, 마침내 그중 한 사람을 선택하게 되는 경우를 보죠. 내가 그 사람을 사랑하기로 했을 때 나는 그 사람을 정말로 자유롭게 선택한 것으로 보입니다. 만일 "자유롭게 선택한 것이 아니다"라고 하면 선택받은 애인이 실망해서 당장 떨어져 나가버리겠죠.

또 생각해 보면 나는 두 사람 가운데 더 매혹적인 사람에 의해 사로잡힌 것처럼 보입니다. 만일 그 사람에게 "내가 너에게 사로잡힌 것이 아니다"라고 말하면 마찬가지로 그 사람은 불같은 화를 내지 않을까요? 정말 딜레마가 아닐 수 없습니다. 내가 선택한 그 사람은 이리 말해도 떨어져 나갈 것이고 저리 말해도 떨어져 나갈 것이니, 어떻게 말해야 하죠?

아큐 같은 한국의 장군들

개인의 이런 자유로운 의지는 어떤 욕망 A 대신 다른 욕망 B를 선택합니다. 이때 어떤 욕망 A로부터는 벗어났다는 점에서는 자유롭다는 느낌을 받습니다. 그러나 다른 욕망 B에 지배된다는 점에서는 심리적으로 강제된다는 느낌을 받습니다. 이번에는 욕망 A이든 욕망 B이든 전체 욕망을 가지고 봅시다. 욕망과 욕망 사이에서는 자유롭게 떠도는 것 같지만 전체적으로는 욕망을 벗어나지 못한 것이 아닐까요? 외적으로 강제되는 것이 아닌 점에서는 자유롭게 느껴지지만 결국 내적인 욕망의 강제를 받는다는 점에서는 노예적 상태를 벗어나지 못합니다.

이런 기묘한 '이중적 상태'의 자유가 바로 근대적 개인이 투쟁을 통하여 얻었다는 자유입니다. 이런 자유는 비유하자면 진창을 피하려다가 하수구에 빠진 꼴이라 할 수도 있겠죠. 아니면 이 욕망에서 저 욕망으로, 낮은 욕망에서 더 강력한 욕망으로 빠져드는 마약 중독자의 모습이라고 볼 수도 있겠죠. 물론 이런 비유는 부정적인 비유입니다. 긍정적으로 본다면 이런저런 욕망을 떠돌면서 최고의 욕망을 찾아내는 것이니 '젊은 날의 방황'과 같은 것이라고도 볼 수 있을 겁니다. 자기에게 운명적인 사랑을 찾아서, 어디선가 나를 기다리는 그 사랑을 찾아 헤매는 청년들은 아름답지요.

근대적 개인이 획득한 이런 기묘한 자유의지를 설명하기 위해 철학자들은 여러 명칭을 도입했습니다. 칸트는 욕망 가운데 선택하는 자유의지를 '형식적 자유의지' 또는 '자의(恣意)'라고 말합니다. 쉽게 말하자면 무늬(형식)만 자유라는 것이죠. 진정한 자유의지가 아니라는 거죠. 마찬가지로 헤겔은 이런 선택하는 자유는 그저 자유롭다는 '내적인 느낌'만 불러일으킨다고 말합니다. 오직 '느낌'만 있다는 점에서 헤겔은 이를 '주관적 확신'이라고 이름을 붙였습니다. 헤겔 역시 이 경우 의지를 지배하는 것은 욕망, 자연적인 강제라는 것을 강조합니다.

칸트나 헤겔은 근대적 개인의 자유는 '진정한 자유의지'가 아니라고 본 점에서는 일치합니다. 이들은 이런 자유의지 외에 진정한 자유의지를 따로 제시합니다. 나는 이런 진정한 자유의지를 자주성이라 봅니다만 이 자리에서는 그런 진정한 자유의지, 자주성에 관한 물음은 일단 제쳐 놓겠습니다. 나중에 설명할 기회가 있을 겁니다.

욕망을 선택하는 자유는 사이비 자유입니다. 이런 사이비 자유를 우리는 중국의 유명한 소설가 노신의 소설 《아큐정전(阿Q正傳)》에 나오는 아큐의 자유를 가지고 설명할 수 있을 겁니다. 아큐는 20세기 초 제국주의의 침략으로 나라가 망해가는 시대에 살던 중국인을 상징하는 존재입니다. 아큐는 역사와 인생의 패배자입니다. 그러나 그는 마음으로 승리하는 법을 배웠습니다. 예를 들자면, 자신이 여자에게 걷어차였을 때는 마음으로 내가 먼저 걷어찼다고 생각하거나, 아예 여자보고 나를 걷어차라고 내가 시켰다고 생각하는 거죠. 아니면 나는 걷어차이고 싶어졌다고 생각합니다. 하여튼 어떻게 생각하든 간에 자기가 원한 것을 얻었으니 승리한 것입니다. 이렇게 생각한다고 아큐의 상태가 좋아지는 것은 아닙니다만 마음으로는 항상 즐겁죠. 자기가 욕망하는 것을 얻었으니까요.

이런 아큐의 상태는 요즈음 한국과 미국의 관계를 보면 그대로 나타납니다. 전시작전권 협상이 그렇습니다. 원래 우리의 작전권입니다. 이승만이 전쟁 중에 미국에 갖다 바친 거죠. 수십 년 뒤에 민주정부가 들어서자 돈을 쥐가면서 그 작전권을 다시 되돌려 받기로 했습니다. 그런데 당장 받지 못하고, 몇 년 뒤에 받겠다고 하면서 돈을 준 겁니다. 이것도 웃기는 것이지요. 돌려받지도 않았는데 미리 돈부터 주었으니까요. 그래도 여기까지는 과거의 잘못을 고치는데 든 비용이라고 생각해서 참을 수가 있습니다.

더 웃기는 것은 최근의 정부 태도입니다. 이번에는 전작권 반환을 연기해 달라고 미국에 울고 불며 매달리고 있습니다. 그것도 힘없는 졸병이 아니라 별을 몇 개씩이나 달고 있는 장군들이 그렇게 하고 있는 거죠. 여기에 또 돈이 듭니다. 그래서 무기도 사주고, 기지도 새로 내주면서 미국에 매달리죠. "제발 작전권을 돌려주지 마세요." 하면서 말이죠.

이때 하는 짓이 웃깁니다. 우리 자신의 작전권을 돌려주지 않는 대가로 돈을 갖다 바치고 나서는 우리가 미국과의 협상에서 승리했다고 자축파티를 여는 겁니다. 자기 것을 빼앗긴 패배이지만 이 패배를 우리 자신이 원했으니 그건 승리라는 겁니다. 아큐처럼 정신적으로 승리를 거둔 겁니다. 패배를 욕망하는 것도 자유로운 의지에 속한다고 합니다. 정말 아큐와 같은 무리입니다. 노예 상태를 자유 상태로 착각하는 이런 정신적 승리, 아마 이것이 욕망을 선택하는 자유, 다시 말해서 개인주의자의 자유라고 하는 것일 겁니다. 개인주의자의 자유란 곧 욕망의 노예입니다. 그는 욕망의 힘에 따라서 이리저리 흔들리는 존재에 불과하죠.

근대 개인주의와 욕망의 해방

근대 개인주의는 욕망의 선택을 강조합니다. 이런 선택은 무늬만 자유로운 선택이지 실제로는 더 강력한 욕망의 지배에 몸을 맡기는 것입니다. 욕망에 몸을 내맡긴다 하더라도 문제가 없는 것일까요? 근대 개인주의자는 문제가 없다고 봅니다. 오히려 그들은 욕망의 해방을 아주 긍정적으로 봅니다.

근대 개인주의자는 '욕망'에 대해 일정한 전제를 가지고 있기 때문입니다. 일단 욕망은 자연스러운 것이라는 점을 전제하죠. 기독교적으로 욕망을 '사탄'의 개입으로 보든가, 욕망이 사회적으로나 문화적으로 만들어진 인위적인 것이라는 생각은 부정됩니다. 욕망은 자연적으로 개체가 자기를 유지하는 힘입니다. 욕망은 개체의 생존에 부족한 것을 채워 넣음으로써 자기를 끊임없이 재생산합니다. 욕망은 이처럼 자연적인 것이기에 어떤 억압도 불가능하죠. 만일 욕망이 억압된다면 이 억압은 개체를 파괴하는 것이 되겠죠. 결핍을 방치하게 되는 것이니까요.

근대 자유주의자는 이런 욕망의 결정이 합리적이라고 가정합니다. 욕망은 '쾌락과 고통이라는 장치(mechanism)'를 가지고 있습니다. 쾌락과 고통이라는 장치로 인해 욕망은 자동으로 조절됩니다. 쾌락-고통의 장치는 말하자면 자동조절기계인 셈입니다. 이런 장치 때문에 사람은 여러 가지 욕망 가운데서 자신에게 가장 적합한 것을 찾아낼 수 있습니다. 또한 이런 장치 때문에 자신을 파괴할지도 모를 위험한 욕망을 자연스럽게 회피할 수 있죠. 어떻게 보면 욕망은 인체가 자기를 조절하는 아주 고차적인 기계입니다. 왜 갑자기 어떤 것이 먹고 싶어지는 그런 경험이 있죠? 그건 몸이 부족한 것을 스스로 알아서 우리에게 요청하는 신호라 하죠? 이런 합리적 장치가 있으므로 근대 자유주의자는 욕망에 몸을 내맡길 때 자기를 잘 조절할 수 있다고 가정합니다.

고대인이 바다로 항해할 때 길을 제시하는 것이 바로 하늘의 별입니다. 그런 별이 있기에 고대인은 캄캄한 망망대해에 두려움 없이 배를 띄울 수 있었습니다. 마찬가지이죠. 근대인에게 별이 있다면 그게 바로 욕망입니다. 그는 자신의 욕망이 가리키는 길을 믿고 용감히 이 생존경쟁이라는 망망대해로 용감하게 나섭니다.

비합리적 충동

하지만 근대인의 별이 되었던 욕망, 그런 욕망이 지닌 자연성과 합리성은 진리일까요? 이점에 관해 가장 강력하게 반대한 학자가 바로 정신분석학자이죠. 정신분석학자는 사람의 욕망이 비합리적 충동이라는 점을 강조합니다. 비합리적 충동의 가장 대표적인 표현이 '죽음에의 충동'이라 합니다.

이런 비합리적인 충동의 모습에 관해서도 이 자리에서 충분하게, 그리고 이론적으로 설명하기에 적절하지 않은 것 같습니다. 이야기가 너무 길어지기 때문에 본론에서 한참 벗어나거든요. 이런 비합리적 충동은 어느 정도 상식적으로 알려졌습니다. 또 그런 비합리적인 충동에 관해서는 우리 주변에도 쉽게 예를 찾아볼 수 있습니다.

다른 누구의 예를 들 것도 없이 망가지는 것을 감수하고 대학교수였던 나 자신의 모습을 예로 들어보는 것이 좋겠네요. 나는 매일 아침 집 주변을 돌면서 조깅을 합니다. 벌써 30년째입니다. 날이 덥거나 춥거나 비가 오는 날이면 나가기가 싫어요. 지금부터 15년 전에 그러니까 러닝머신이 처음 보급될 즈음, TV에서 러닝머신 선전을 보았습니다. 마음속으로 꽂히는 게 있었어요. '아, 저거다. 저걸 집에 사놓고, 매일 저 위에서 뛰면 날씨가 덥거나 춥거나 상관없지 않을까?' 곧바로 러닝머신을 사러 나갔습니다.

처음에는 어디에서 러닝머신을 파는지도 몰랐어요. 러닝머신을 운동구점에서 판매한다는 이야기를 듣고 운동구점을 찾아 돌아다녔습니다. 러닝머신은 아주 비쌌습니다. 내 기억에 당시 2백만 원 정도 했습니다. 여러 운동구점을 돌아다녀도 가격이 비슷했습니다. 교수 월급에도 그런 돈은 부담되었습니다. 첫날에는 러닝머신 사는 것을 포기하고 돌아오고 말았습니다. 그런데 이상하게도 꼭 사고 싶은 거예요. 그것만 있으면 삶의 모든 고민이 사라질 것 같다는 생각이 들었습니다. 행복이 바로 저 앞에 있는 것 같은 거예요. 다음 날 나도 모르게 또 운동구점을 돌아다녔습니다.

내가 주변을 배회하고 있을 때 어느 운동구점 주인이 말을 걸어왔습니다. "손님, 좋은 게 있어요." 내가 "뭔데요?" 하고 물었죠. 그러자 주인이 창고에서 러닝머신을 하나 가지고 나오는 겁니다. "손님, 이것은 가격이 엄청 싸요. 15만 원이면 살 수 있어요." 내가 놀란 것은 당연하죠. "왜 이렇게 싸죠?" 주인이 이렇게 말했습니다. "다른 러닝머신은 전동식이지만 이 러닝머신은 자동식(정확하게는 사람의 발로 굴러서 가는 인동식) 머신입니다." 그러면서 자기가 시범을 보여주었습니다. 나는 속으로 생각했어요. '옳거니, 바로 저거다. 어차피 운동을 위한 것인데 굳이 전동식일 필요가 있을까? 내 발로 굴리면 운동도 되니까 더 좋은 게 아닌가?' 나는 쾌재를 부르면서 그 자동식 러닝머신을 샀습니다.

러닝머신을 아파트 베란다에 설치한 다음 시험 삼아 뛰어 보았습니다. 몸에 땀도 나기 전에, 아마 십 분도 채 지나기 전에 아래 집에서 뛰어 올라왔습니다. "왜 쿵쿵거리죠?" 나는 정말 백배사죄하면서 뜀뛰기를 중단했습니다. 그 뒤 다시는 그 머신을 사용해 본 적이 없어요. 그것은 이사 갈 때마다 거추장스러운 짐이 되었습니다. 버리기도 아까워서 늘 들고 다녔죠. 가끔 무거운 이불 빨래하는 경우 빨래걸이 용도로 쓸 뿐이었습니다. 사람의 욕망은 본질적으로 충동적이라는 것이 나의 예를 통해서 단적으로 입증되었다고 할 수 있지 않을까요? 이런 충동적인 욕망을 비합리적이라 하는 이유는 그것이 개체의 생존을 파괴할 위험을 가지기 때문입니다. 이런 점에서 충동적 욕망은 항상 죽음에의 충동으로 이어지게 마련이죠.

푸코와 훈육

만일 사람의 욕망이 자연적인 것도 아니고 합리적인 것도 아니라면, 근대에 출현한 욕망은 저절로 나온 것은 아니라고 볼 수 있습니다. 자연적으로 태어나는 욕망이 합리적인 욕망이 아니니까요. 합리적인 욕망을 지닌 사람이 있다면 그렇게 욕망을 합리적으로 만드는 원인이 있겠죠. 그런 합리적 욕망은 '만들어진 것'이 아닐 수 없습니다. 역사적으로 비로소 근대에 이런 개인이 출현했다면 이 합리적 욕망은 근대사회가 만든 산물이라고 볼 수 있지 않을까요?

이 이야기를 하려면 다시 푸코를 끌어들여야 합니다. 앞의 강의에서도 푸코를 끌어들여 권력 개념을 설명한 적이 있습니다. '판옵티콘'이나 '신체적 권력' 같은 개념인데, 기억이 나시죠? 푸코는 이 외에도 다양한 권력의 개념을 제시했습니다. 그 각각이 모두 흥미로운 개념들입니다. 오늘 이야기에서는 푸코가 이런 권력의 개념들을 제시하는 맥락이 중요합니다. 그 맥락은 근대 자본주의 사회라는 맥락입니다.

푸코가 역사적으로 주목한 것은 근대사의 초기에 등장한 도시 부랑아입니다. 근대 자본주의가 발전하면서 농촌에서는 이른바 인클로저(enclosure : 토지구획) 운동*에 의해 토지에 대한 전통적인 권리(토지를 관습적으로 보유해온 권리, 보유권)를 빼앗긴 농민들이 발생했습니다. 그들은 일단 도시로 흘러들어왔지만 근대 자본주의의 질서에 적응하지 못합니다. 근대 자본주의적 공장에서는 가혹한 노동 착취가 이루어졌는데 농민은 이런 억압에 익숙하지 못하기 때문입니다.

그래서 도시에 흘러들어온 농민들은 공장으로 가지 않고, 도시 주변

---

* 인클로저 운동이란 말 그대로 토지를 구획하는 운동이다. 영국에서 18세기 중, 후반에 발생했다. 이때 지주 귀족이 가난한 농민을 토지에서 추방하고, 자기 토지에 울타리를 쳐서 양을 기르기 시작했다. 귀족은 양털을 시장에 내다 팔면서 자본주의적인 토지 경영을 시작했다. 이 운동을 인클로저 운동이라 한다. 우리나라에서는 일제에 의해 시작된 토지조사 사업이 유사한 특징을 지닌다.

에 머무르면서 도시 부랑아가 되었던 거죠. 이들은 거지이면서 강도가 되었다 합니다. 대개의 여자는 창녀가 되거나 술주정뱅이가 되었습니다. 아이도 예외는 아니었습니다. 이런 도시 부랑아의 모습은 여러분이 좋아하는 영화 〈레미제라블〉에도 잘 그려져 있습니다. 영화에서 여주인공 코제트를 이용해 먹는 여관집 주인 가족이 바로 그런 도시 부랑아에 속하죠. 그는 자기 재산인 여관을 잃고 파리로 와서 거지와 강도의 두목이 되었죠.

국가는 이런 도시 부랑아를 방치할 수 없었습니다. 이런 도시 부랑아는 영화에서 보듯이 혁명에 가담하여 자본주의 사회를 위협하는 세력이 되기도 하지만, 무엇보다도 당시 자본주의는 노동력을 간절하게 필요로 했기 때문입니다. 노동자가 부족해서 심지어 죄수도 노동자로 고용하던 시대였습니다.

그래서 국가는 수용소를 지어서 도시 부랑아를 강제로 감금하기 시작했습니다. 소위 '대감금의 시대'가 시작되었던 거죠. 이게 19세기 초반의 일입니다. 이런 수용소(이름은 구빈원—가난한 자를 구해주는 수용소—이라고 합니다)에서 국가는 도시 부랑아를 훈육하기 시작합니다. 그 결과 다양한 훈육의 기술이 발전했죠. 그중 가장 기초적인 것은 규칙을 제정하고, 그 규칙을 따르도록 강제하는 겁니다. 매일 아침 몇 시에 일어나서, 몇 시에 밥 먹고, 몇 시에 기도하고, 몇 시에 잠잔다는 규칙이 제정되었습니다.

푸코가 설명한 권력 개념은 바로 이런 국가에 의해 수용소에서 자행되었던 훈육의 기술에 관한 연구에서 나온 것입니다. 이런 훈육의 기술은 한마디로 자기를 스스로 통제하여 자율적 개인을 만들어내는 과정입니다. 이 자율적 개인은 합리적인 선택을 배우게 됩니다. 자유롭게 선택하더라도 결코 합리적인 한계를 벗어나지 않도록 만드는 훈련, 그것이 곧 훈육의 기술이죠.

농민은 수용소에서 이렇게 훈육을 통해 자율적 개인으로 만들어집니다. 이를 통해서 농민들은 공장 노동에 적응할 수 있게 되었죠. 근대 노동자 계급이 이렇게 만들어졌고, 비로소 자본주의가 성공적으로 발전하게 되었던 거죠.

사랑의 꿈만 허가받은 근대적 개인

결론적으로 말하자면 근대적 개인은 근대 자본주의의 산물입니다. 노동자가 되기 위해서는 이렇게 자율적 개인으로 만들어져야 했던 것입니다. 그러고 보면 근대세계에 들어와서 종교와 문화, 예술이 자유롭게 선택하는 개인을 그토록 찬양한 이유가 이해됩니다.

셰익스피어의 희극 〈로미오와 줄리엣〉에서 두 사람은 사랑을 위해 자신의 집안을 버리는 결단을 내렸습니다. 근대적 개인으로서 사랑에 몸을 던진 것이죠. 결론은 비극적이었습니다. 우리는 그들의 결단과 죽음을 무릅쓰고 사랑을 선택한 자유를 찬양합니다. 만일 두 사람이 행복하게 결혼했다면 어땠을까요? 행복했을까요?

두 사람은 이제 집안에서 쫓겨나 무일푼이니 살아가기 위해서는 노동을 하지 않을 수 없었을 겁니다. 그들은 이런 노동에 성공적으로 적응하는 데 필요한 욕망의 합리화를 겪어야 했을 겁니다. 그들은 점차 깨달았겠죠. 사랑보다는 먹고 산다는 것이 더 힘들다는 사실을. 사랑을 위해서는 일시적으로 투쟁하면 되었지만 먹고 살기 위해서는 장기간에 걸쳐 투쟁해야 한다는 사실을. 이렇게 투쟁하는 가운데 그들의 사랑에 대한 충동은 합리적인 욕망으로 전환하게 되겠죠. 그렇게 그들의 사랑도 식어가겠죠. 로미오와 줄리엣은 비록 서로에 대한 사랑의 충동은 식었지만 성공적으로 적응해서 잘살게 되었을지 모릅니다. 그게 행복일까요? 아니면 불행일까요? 차라리 사랑한 채로 죽는 것이 더 아름답고 행복하지 않을까요?

행복한 로미오와 줄리엣, 결혼에 성공한 로미오와 줄리엣, 그게 우리와 같은 평범한 근대적 개인의 운명이 아닐까요? 그러고 보니 이상하게 사랑 역시 근대사회에서 강조되었던 것 같습니다. 사랑의 개념은 개인의 개념과 기묘하게도 짝을 이루고 있습니다. 근대 사회에서 개인이 출현하자 그 반대 극에 사랑이 출현합니다. 혹 여러분은 "사랑은 역사상 오래전부터 있었던 것이 아니냐?" 하고 반박할지도 모릅니다. 자유연애가 인정된 것은 근대에 들어와서일 뿐입니다. 과거에 사랑이란 기생이나 매춘녀 같은 소수 예외자에게 국한되었던 것에 불과했으며, 오늘날의 사랑이라는 개념과는 의미가 다른 것이었습니다.

앞에서 말했듯이 근대적 개인이란 훈련을 통해서 욕망을 스스로 제한하죠. 그는 자유롭게 선택하지만 항상 자연적 합리적 욕망의 한계를 벗어나는 법은 없습니다. 반면 사랑이란 가장 비합리적인 또는 충동적인 욕망이 아닐 수 없죠. 내가 지금 기독교적 사랑을 말하는 것이 아닌 줄은 아시겠죠. 나는 그저 남녀 간의 육체적 사랑에 대하여 말하는 겁니다. 이렇게 서로 대립하는 합리적 개인과 충동적 사랑이 어떻게 근대에 동시에 출현한 것일까요?

나는 개인의 욕망과 타인의 사랑을 동전의 양면으로 보고자 합니다. 근대에 개인주의가 만연하게 되었습니다. 현실은 개인의 합리적 욕망입니다. 자본주의하에서 살아가는 우리의 모습이죠. 이를 통해 우리의 욕망 가운데 비합리적 충동에 속하는 것은 모두 배제되고 억압되었습니다. 원래 억압된 것, 배제된 것은 꿈이나 환상 속으로 들어가죠. 배제되고 억압된 비합리적 충동이 사랑이라는 꿈과 환상으로 되돌아온 것으로 보입니다.

그러니까 이런 말이 됩니다. 현실 속에서는 합리적으로 살아라. 다만 사랑이라는 꿈만은 너에게 허용하겠다. 이렇게 해서 수많은 소설, 영화, 음악, 미술 등이 꿈속에서만 존재하는 사랑을 노래한 것이 아닐까 합니다.

개인주의는 개인의 자유로운 선택이 그 자체로 가치가 있다면서 자기를 정당화했습니다. 하지만 개인의 자유로운 선택이란 무늬만의 자유이며, 욕망의 노예에 지나지 않았습니다. 게다가 이 욕망은 충동적이며 자신을 파괴하는 것이지만 근대에 들어와서 훈육에 의해 억압되면서 합리적으로 되었죠. 자유란 그저 무늬만 자유이며 억압의 구둣발을 안고 있는 자유이니 이걸 개인주의를 정당화하는 데 이용하기에는 무리가 있지 않을까요?

제6부__공동체주의와 사회주의

16강 아테네와 스파르타

조직을 폭력이라 말할 수 있나?

오늘 강의는 새로운 주제입니다. 이번 주제는 개인주의와 반대되는 공동체주의이죠. 청년들은 나에게 이런 주제와 관련해서 첫 번째로 이런 물음을 던졌습니다. "조직 관리론을 열공하면서 조직을 폭력이라고 말하는 것은 모순이 아닐까?" 이 물음이 의미하는 바가 무엇일까 생각해 보았습니다. '조직관리론'이란 경영학 과목이 아닐까 해요. 폭력이라고 비난받는 조직은 아마도 '학생회'와 같은 조직이겠죠.

이런 물음을 던진 청년들의 마음이 이해됩니다. 하지만 물음이 좀 잘못된 것 같아요. 청년들이 무엇을 공부하든지 간에 공부하는 것에 잘못은 없습니다. 그러니 조직관리론을 공부하는 것에도 문제가 없습니다. 문제는 학생회가 '폭력적'이라는 비난을 받는다는 것이겠지요. 왜 학생회가 이렇게 비난받을까 생각해 보았으나 이런 물음이 제기된 구체적인 상황을 알 수 없으니 잘 이해되지 않았습니다. 다행히 청년들이 이런 물음과 관련하여 던진 다른 물음들을 보니 그런 비난이 이해되었습니다.

그 연관된 물음을 소개하자면 이런 것입니다. "우리 **단과대는 내 관할이다 하는 것은 '권력남용'에 대한 엉뚱한 해석이 아닐까?**" 이런 물음은 졸업 요건으로 되어 있는 한자 과목을 폐지하자는 운동에 관해서 고려대학교 총학생회와 공대 학생회 사이에 논쟁이 발생한 데서 출발했다고 합니다. 무슨 말인지 이해가 됩니다. 일부 학생(아마 공대 학생)에게는 한자가 취직의 중요 스펙이 되지만 다른 학생에게는 오히려 방해되는 모양입니다. 그 결과 일부 학생을 대변하는 단과대 학생회와 전체 학생을 대변하는 총학생회 사이에 갈등이 벌어졌던 거죠. 각자에게 이익이 되는 것이 다르다 해서 누가 잘못이라 할 수는 없습니다. '이익'이란 원래 이렇게 서로에게 다른 겁니다. 누구의 이익을 포기하라고 말하기는 어려운 거죠.

이어서 청년들이 제기한 또 다른 물음도 같은 맥락으로 보입니다. 그 물음은 이런 것이죠. "**만장일치가 아니면 전체주의라고 학생회를 비난할 수 있을까?**" 아마도 앞의 물음과 관련해서 단과대 학생회가 만장일치를 주장하는 모양이죠. 다수결을 주장하는 총학에 비해 단과대 학생회는 수적으로 달리니까, 아예 합의의 형식을 바꾸어서 만장일치를 들고나온 모양입니다. 민주주의에서 합의의 형식이 다수결이 아니라 3분의 2를 취할 수도 있고, 심지어 만장일치를 주장할 수도 있으니 이것 역시 어느 편이 잘못이라고 말하기는 어렵습니다.

단과대 학생회가 이렇게 만장일치를 주장하는데 총학이 다수결을 통해 이 문제를 결정지으려 하니까, 조직의 힘으로 폭력을 가한다는 비난이 나오는 모양이죠?

총학생회와 단과대 학생회 사이의 갈등은 큰 문제가 아닙니다. 여기에 철학적인 고민도 필요하지 않아요. 각자 경우에 따라서 대중이 원하는 대로 결정하면 될 것입니다. 대중을 신뢰하면 됩니다. 논쟁이 벌어진 당시의 사정을 잘 모르지만 한자 졸업 요건이 문제가 된다면, 각자가 필요한 대로 하면 되지 않을까요? 모든 단과대가 똑같이 배워야 할 이유는 없죠.

굴러먹던 자와 더불어 사는 자

청년들이 던진 물음을 내가 너무 가볍게 처리하는 것인지 모릅니다. 그렇다면 미안합니다. 청년들의 일상에서 그것이 무척 중요할 수도 있다고 생각합니다. 다만 나는 철학적인 관점에서는 큰 물음이 아니라는 것이죠. 이런 것들은 모두 '이익'에 관한 것입니다. 더 큰 이익을 위해서는 공통분모를 찾고 작은 이익을 포기하면 되는 것입니다. 이런 일을 이익의 계산이라 하는데, '이익의 계산'에 관해서는 이런 판에 '굴러먹던 자'가 더 잘 아는 법입니다.

이런 점은 이미 청년들도 잘 알고 있는 모양입니다. 그래서 청년들은 이런 물음을 던졌습니다. "기득권자는 조직으로 똘똘 뭉쳐있고 조직의 힘으로 부당한 이익을 얻는다." 그 뒤의 말은 생략된 것 같습니다. 아마 이런 물음이 아니었을까요? "왜 우리는 이처럼 조직적으로 단결을 이루지 못할까?" 청년들은 기득권자의 예로 사학조직, 전경련, 보수주의자(청년들의 표현에 따르면 국가폭력주의자) 등을 예로 들었습니다.

청년들의 한탄은 표면적으로 보면 사실처럼 보입니다. 그런 기득권자는 복잡다단하게 변화하는 세상의 흐름을 끊임없이 쫓아다니면서 어디서 어떤 이익을 자기가 취해야 하는지를 찾아내는 데 천재적입니다. 기득권자는 평생을 그런 이익을 계산하면서 살아온 사람입니다. 이런 사람을 '굴러먹던 자'라고 말하죠. 굴러먹던 자가 남들보다 뛰어난 점이 있다면 그런 이익의 계산에 관한 것입니다. 이런 능력을 좋은 말로 하면 '경영능력'이라 합니다. 기득권자는 그런 능력을 가지고 이 세상에서 투기를 하였으며 행운을 얻어 성공하였죠. 그 결과 기득권자는 지금 가진 자리를 얻었죠.

이런 이익의 계산에 관한 한 이 사회에서 '더불어 살아가고자 하는 사람'이 오히려 더 무능합니다. 이상하게도 더불어 살자는 사람이 서로 싸우고, 작은 이익 때문에 갈라서기도 하고, 심지어는 자기에게 전혀 이익이 아닌 것을 고집하기도 합니다. 더불어 살자는 사람은 평소 그만큼 이익에 관해 평소 무관심하고, 무지하기 때문입니다. 이런 이익의 계산에 관한 한 그들은 미련하기 짝이 없습니다. 순진하다고 말할 수 있습니다.

하지만 더 근본적인 차원에서 본다면 청년들의 한탄은 사실이 아닙니다. 기득권자가 단결한다든지 조직의 힘이 더 강하다든지 하는 주장은 근본적으로 허위입니다. 왜냐하면, 기득권자의 이익은 타인의 이익을 약탈하는 것에 기반을 두기 때문입니다. 그러므로 머지않아 싸움이 벌어집니다. 기득권자는 단결된 힘이 아니라 외부의 힘과 권력에 의존해서, 아니면 사기에 의존해서 자기의 이익을 관철하죠. 이런 외부의 힘과 권력이 항상 자기 뜻대로 되는 것은 아니니 기득권자는 그 힘의 향방에 따라 이리저리 쥐떼처럼 몰려다니죠.

반면 이익에 관해 미련한 자는 근본적으로 자기 이익을 쉽게 포기하고 사는 사람들입니다. 이런 사람은 처음에는 싸우는 것으로 보이더라도 곧 단결하게 됩니다. 그에게는 오직 단결된 힘 외에는 아무것도 없습니다. 그렇기 때문에 그는 더욱 강하게 단결하겠죠. 요즈음 우리 사회 진보주의자 가운데 분열이 끊이질 않아서 많은 사람이 실망하는 모양입니다만, 나는 이런 점에 관해서는 낙관적입니다. 단결 외에는 어떤 것도 진보주의를 구할 힘은 없으니까요. 머지않아 진보주의자는 단결의 방법을 찾아낼 것입니다. 그러니 청년들은 이 때문에 절망할 필요는 없습니다.

개인주의와 공동체주의

앞서 청년들이 제기하는 물음은 철학적인 범주가 아니기에 내가 다루지는 않겠습니다. 그러나 청년들이 제기한 물음을 잘 살펴보면 결국 근본적으로 공동체주의의 물음과 연결된다고 봅니다. 학생회라는 조직은 결국 학생의 공동체이니까요. 그래서 나는 이번 강의에서는 공동체주의를 다루고자 합니다. 지금까지 개인주의의 한계를 다루었으니, 그 반대로 공동체주의의 가능성도 살펴보아야 마땅하겠지요. 공동체주의는 공동체적인 삶을 우리가 추구해야 하는 최고의 가치로 삼고 있습니다.

이런 공동체와 연관하여 철학적으로 "공동체가 개인의 집합을 넘어서 고유하게 존재하는가?", 또는 더 근본적으로 "우리는 공동체의 요구를 우선적인 의무로 받아들여야 하는가?" 하는 물음이 제기됩니다. 이런 물음에 대해 공동체라는 것이 존재하고, 이 공동체의 요구를 의무로 수용해야 한다는 주장이 곧 '공동체주의'라고 말할 수 있습니다.

이런 공동체주의는 근본적으로 개인주의와 대립합니다.

여기서 우선 '개인주의'와 '공동체주의'에 관한 오해부터 제거해야 하겠습니다. 개인주의와 공동체주의가 흔히 대립한다고 하는데 이 말에는 약간 어폐가 있습니다. 개인주의란 자유경쟁이나 민주주의와 같은 사회적 관계와 무관하게 존재하는 것이 아닙니다. 이런 사회적 관계를 전제로 하면서 개인주의라는 것이 주장되는 것이죠. 아무런 사회적 관계도 없는 상태에서 개인주의를 주장한다는 것은 무의미한 것이고 역사적으로도 존재하지 않는 환상에 불과합니다.

공동체주의라는 것도 마찬가지입니다. 다양한 형태의 공동체주의가 역사적으로 또는 이상적으로 제기되었습니다. 그런 공동체주의도 실상은 그 속에 이미 어떤 형태의 개인을 전제로 하는 것이죠. 공동체가 하늘에서 뚝 떨어진 실체는 아닙니다. 공동체란 이 개인들로 이루어진 관계이죠. 다만 공동체는 원자적 개인이 아닌 다른 형태의 개인을 전제로 합니다. 나는 이것을 원자적 개인과 구분해서 '공동체 내적인 개인'이라고 말하고자 합니다.

그런 공동체 내적 개인은 각각의 공동체 형태에 따라서 달라집니다. 개인주의와 공동체주의가 상반되는 것이 아니라 원자적 개인과 공동체 내적 개인, 그리고 자본주의 사회(자유경쟁, 민주주의)와 공동체 사회가 대립하는 것이죠. 자본주의 사회에서는 원자적 개인이 강조되고, 사회보다는 개인이 우위에 있습니다. 반면 공동체주의에서는 공동체가 개인보다 우위에 있어 개인은 공동체의 요구를 수용해야 할 의무가 있습니다. 그러므로 사람들이 개인주의와 공동체주의가 대립한다고 말하는 경우는 이런 강조점, 다시 말하자면 개인과 공동체 가운데 누가 우위인지를 가지고 말할 뿐이죠.

완전한 개인주의가 없듯이 완전한 공동체주의라는 것도 없습니다. 완전한 개인주의란 로빈슨 크루소와 같이 혼자서 다 해결하는 삶인데 그것은 소설에서나 있는 환상이죠. 마찬가지로 완전한 공동체주의라면 꿀벌이나 개미의 사회일 텐데 그것 역시 자연 속에나 있습니다. 개인주의와 공동체주의는 상대적이라는 것, 강조점의 차이에 있다는 것을 다시 한번 말씀드립니다. 이점을 강조하는 것은 다양한 혼합적인 모델이 가능하기 때문입니다. 역사는 이런 다양한 혼합적 모델이 실험되어 온 장소입니다.

조합과 단체

공동체주의가 어떤 의미인지 분명하게 하기 위해서 나는 우선 간단한 구별을 하나 해보려 합니다. 사람 사회에서는 크게 보면 두 가지 조직체가 있습니다. 하나는 '조합'입니다. 그것은 구성원의 개개인의 이익의 산술적인(평균적인) 종합을 목표로 삼는 조직체입니다. 조직체라 했지만 특별한 조직기구는 존재하지 않습니다. 이런 조합의 모든 행위는 매번 개개인의 동의에 기초합니다. 원칙적으로는 한 사람이라도 동의하지 않는다면 어떤 결정도 내려질 수 없죠.

또 하나의 조직체는 '단체'입니다. 구성원 개개인의 이익을 넘어서는 공동체 전체의 이익이 존재할 때 그런 공동체적 이익을 목표로 삼는 조직체가 단체입니다. 이런 단체는 반드시 특정한 조직기구를 갖추고 있죠. 이 조직체는 결정의 권리를 조직체에 위임합니다. 그리고 이런 조직체는 대체로 다수결에 따라서 결정이 내려지지요.

조합과 단체, 이 두 종류의 조직체는 사실 추상화시켜서 말하는 것일 뿐입니다. 현실적으로는 양자 사이에 다양한 중간적인 형태가 존재합니다만 단순화를 위해 이렇게 양분하도록 하죠. 이 두 조직체를 각각 '이익사회'와 '공동사회'라고 지칭하기도 하죠.

우리나라에서 순수한 조합에 가장 가까운 예는 '투자조합'과 같은 데에서 찾을 수 있습니다. 반면 단체에 가장 가까운 것은 '사단법인'이라는 존재이죠. 대한체육회는 사단법인에 속하겠죠. 이런 조합과 단체라는 구분에 따르자면 학생회는 어디에 속할까요? 조합일까요? 아니면 단체일까요? 학생회에 관하여 법적으로 정해진 것은 없습니다. 학생회는 역사적으로 발전된 자발적인 기구입니다. 학생회는 역사적 발전 정도에 의존하여 조직이 달라집니다. 우리나라의 경우 대부분 학생회는 아주 강력한 조직기구를 갖추고 있으니 단체에 가깝겠죠. 그건 우리나라의 오래된 학생운동의 역사적 산물입니다.

또 다른 예를 들어, 노동조합이라면 어디에 속할까요? 말 그대로만 본다면 노동조합은 조합입니다. 사실 조합적인 성격이 다분합니다. 하지만 노동조합의 경우 역사적 발전에 기초해서 법적으로 강력한 지원을 받았습니다. 그런 법적인 지원은 노동조합의 역사적 투쟁의 산물이죠. 그 역사적 결과를 통해 노동조합은 조합이지만 단체의 성격이 아주 강합니다. 노동조합의 정치적 투쟁도 바로 이런 단체적 성격에서 나오는 것으로 보입니다.

조합과 단체를 구분하는 문제와 관련해서 재미난 이야기를 하나 할까 합니다. 우리나라에는 마피아라는 조직이 인정되지 않습니다. 왜냐하면, 범죄단체조직법이라는 것이 있어서 조직이 존재한다면 그 자체로서 범죄가 되니까요. 우리나라의 법률에서 본다면 미국이나 일본 같은 데서 마피아, 야쿠자가 버젓하게 조직을 이루고 있는 근거를 짐작하기 어렵습니다. 하지만 그쪽에서는 범죄는 개개인의 책임입니다. 마피아 조직이 있더라도 보스가 조직원에게 범죄를 명했다는 증거가 없다면 처벌하지 못하죠. 조직원이 보스의 명령을 감추고 자기가 책임을 뒤집어쓰고 감옥에 가는 경우가 많죠. 그러니 조직은 버젓하게 활동하는 겁니다. 이런 점에서 본다면 미국에서 마피아는 단체가 아니라 조합으로 간주되죠.

내가 언젠가 미국인을 만나서 물어보았습니다. "당신네 나라에서는 왜 범죄단체조직법 같은 것을 만들지 않느냐? 정치인들이 모두 마피아 돈을 먹은 거냐?" 그랬더니 그가 하는 말이 내가 하나는 알고 둘은 모른다고 합니다. 그의 말에 따르자면 이렇습니다. "당신네 나라는 범죄단체조직법 때문에 저항 조직도 불가능하다는 것을 모르느냐? 당신이 보기에 저항 조직은 양심단체이지만 국가가 보기에는 범죄단체라는 말이다. 미국이 마피아를 살려 놓는 것은 양심적인 저항단체를 살려 놓으려는 미국적 인권이 작용한 것이다."

정말 그럴듯했습니다. 그래도 내가 미국인에게 질 수 없어서 한마디 덧붙였습니다. "그런 인권의 나라인 미국에서 노동조합을 마피아를 동원해서 해체한 역사를 아느냐? 영화 〈호파〉를 본 적이 있느냐?" 호파는 미국 화물트럭 노동조합(팀스터 : Teamster)의 대부입니다. 영화를 보면 알겠지만 팀스터는 마피아에 의해 파괴됩니다. 여러분도 기회가 되면 이 영화를 한 번 보시기 바랍니다.

미국 화물트럭 노동조합 팀스터의 노동운동에 관한 대니 드비토 감독의 영화 〈호파〉.
주인공 호파(1913~1975)는 노동운동 지도자로서
팀스터(International Brotherhood of Teamsters) 회장(1957~1971)을 지냈다.

공동체주의 옹호한 아테네의 철학자들

이상에서 공동체주의가 어떤 의미인지 대략 밝혀졌습니다. 공동체주의는 공동체에 고유한 목적이 존재하며, 개인에게 공동체의 요구를 받아들여야 할 의무가 존재한다는 입장입니다. 두 가지는 같은 이야기이지요.

공동체주의는 이런 의무를 즐거이 받아들이는 윤리적 태도를 포함하게 됩니다. 그만큼 우리는 윤리적으로 큰 부담을 지닙니다. 그래서 이런 의문이 발생하죠. '공동체적 존재가 있다고 할 때, 이 공동체의 목적을 위해 나 자신의 이익을 포기할 의무가 왜 생겨나는 것일까?'

공동체주의를 가장 열렬하게 옹호했던 철학자를 들어보라 하면 나는 소크라테스, 플라톤, 아리스토텔레스를 들겠습니다. 이들은 그리스 고전철학의 황금기에 태어났던 철학자이죠. '철학의 올빼미는 황혼이 질 때 난다'는 헤겔의 유명한 명제를 적용한다면, 이들은 거꾸로 그리스 사회의 몰락기에 태어난 철학자입니다. 그들은 몰락해 가는 그리스 사회를 개혁하기 위해 철학을 했던 사람들이죠. 이들 철학의 핵심은 어떻게 하면 그리스 사회를 구원할 수 있는가 하는 것이었습니다.

그리스 황금기의 철학자들이 사회 개혁의 모델로 삼았던 것이 바로 아테네의 경쟁국이었던 스파르타라는 국가였습니다. 그 때문에 이런 철학자들은 반국가적이라는 비난까지 받았습니다. 요새 말로 하면 종북주의자인 셈이죠. 그러면 왜 이들이 이런 스파르타를 모델로 했을까요? 그 이유는 간단합니다. 아테네가 개인주의 사회였다면 스파르타는 전형적인 공동체 사회이기 때문입니다. 어느 사회나 그렇듯이 그리스 도시국가들도 초기에는 상당히 평등한 사회였습니다. 그리스 전체에 상업과 무역이 발달하자 점차 내부적인 불평등이 심화하기 시작하죠. 아테네가 이런 상업과 무역에 맞도록 개인주의 사회로 이행했다면 스파르타는 반대의 길을 걸어갔습니다. 사회를 공동체적으로 개혁했던 것이죠.

스파르타의 개혁을 지도한 사람은 리쿠르구스*였습니다. 그는 우선 상업의 매개가 되는 화폐를 없애 버렸습니다. 또한 불평등한 토지를 공평하게 재분배했어요. 정치적으로는 왕권을 유지했습니다만 핵심적인 권력은 귀족의 대표자들로 이루어진 원로원에 있었습니다.

재미있는 것은 법을 아주 간략하게 줄여버렸다는 겁니다. 법이 많다고 나라가 제대로 통치되는 것이 아니라 시민이 나라에 자신을 희생하는 정신이 있어야 한다고 생각했기 때문입니다. 법보다 도덕을 강조했죠. 그 외에도 그는 여러 가지 흥미로운 사회적 실험을 했습니다. 스파르타식 교육을 만든 것도 그였습니다. 남녀가 따로 생활하도록 했고, 성적으로는 상당히 개방적이었다고 해요. 심지어 여성에 대해서조차 교육을 시행했습니다. 여성의 지위는 민주사회인 아테네에서보다 훨씬 높았어요. 아테네에서 여성은 노예와 같은 처지였거든요. 무엇보다도 흥미로운 것은 왕을 비롯한 모든 시민이 공동으로 식사했다고 합니다. 그렇게 하자 사람들이 사치를 몰랐다고 합니다. 이런 리쿠르구스의 개혁에 관해서는 플루타르코스의 《영웅전》을 읽어보면 상세하게 나올 겁니다.

---

* 리쿠르구스(Lycourgus, BC 800?~730)는 스파르타의 전설적인 입법자로서 델포이의 아폴론 신탁에 따라 스파르타 사회를 군국주의로 개혁하였다.

이런 개혁 덕분에 스파르타는 강력한 공동체를 이루었고, 여러분이 영화 〈300〉에서 보는 것과 같은 영웅이 출현했습니다. 아테네와 더불어 페르시아의 침략을 막는데 결정적으로 기여했죠.

혹 아테네와 스파르타 중에 누가 오래 버티었는지 아십니까? 아테네일까요? 스파르타일까요? 아테네가 무너진 다음에도 스파르타는 2백년이나 더 오래 지속했다고 합니다. 아테네의 영광은 아주 일시적이었습니다. 그리스 역사를 전체적으로 본다면 아테네 영광 전후에는 스파르타가 더 돋보였습니다.

폴리스적 존재와 세계시민

소크라테스, 플라톤, 아리스토텔레스가 이상으로 삼았던 공동체는 스파르타 공동체였습니다. 그들은 개인주의에 기초한 민주주의 체제를 비판하고 공동체 속에 살아야 한다고 요구했습니다. 이들 그리스 고전 철학자들은 공동체 속에 살아야 할 근거에 대해 깊이 생각하지는 않았던 것으로 보입니다. 왜냐하면, 당시 그리스인은 폴리스적 지반 위에서 살았기 때문입니다. 그들은 태어나면서 폴리스에 태어났고, 죽어서도 폴리스에 묻혔습니다. 폴리스에 산다는 것은 자연적인 것이고, 아무도 그것에 관해 의문을 제기하지 않았습니다. 이렇게 폴리스를 지반으로 하여 살아가는 존재를 '폴리스적 존재'라 합니다. 아리스토텔레스가 '사람은 사회적 동물'이라 했을 때 그 의미는 이런 폴리스적 존재를 염두에 두고 있습니다. 당시는 폴리스를 떠나 살아간다는 것은 현실적으로 생각하기 어려웠고, 폴리스를 떠난다는 것은 자유가 아니라 다른 폴리스의 노예가 된다는 것을 의미했습니다. 폴리스 외에는 존재할 지반이 없었으니까요. 당시에는 모든 폴리스에서 존재가 허용되는 '세계 시민'이라는 개념도 없었습니다. 이는 로마시대에 와서야 비로소 등장하는 개념입니다. 그렇기 때문에 폴리스적 공동체에 복종한다는 것에 큰 의문을 가지지 않았던 거죠.

이것과 연관해서 한 가지 떠오르는 의문이 있습니다. 조선 시대 선비들에 관한 것입니다. 왕이 사약을 내리면 왜 도망가지 않고 사약을 받아 마셨을까요? 나 같으면 태백산맥 골짜기로 도망가든가 아니면 만주대륙으로 도망가든가 했을 텐데요. 이런 의문 때문에 가깝게 지내는 역사학자에게 물어보았습니다. 그의 대답도 분명치는 않았습니다.

그는 연좌제를 그 이유로 꼽았습니다. 대가족이 전부 도주해야 하는데, 그것은 불가능했을 것이라는 겁니다. 일리가 있는 말입니다. 그래도 어차피 연좌제 때문에 대가족 전부가 사약을 받거나 노예로 팔리거나 하는 경우도 있었으니 그때는 차라리 소수나마 도주하는 게 좋지 않았을까요?

내 생각으로는 어쩌면 그 시절에는 자기 민족을 떠나서 산다는 것 자체를 생각하지 못했기 때문이 아닐까 생각합니다. 이런 생각을 해보면 소크라테스, 플라톤, 아리스토텔레스의 철학에 한계가 있는 것으로 보입니다. 폴리스적 공동체 속에 살아갈 수밖에 없었으므로 공동체의 이해를 우선시했을 뿐입니다.

알다시피 역사가 로마 시대로 들어오면서 세계 시민, 세계 제국이라는 개념이 등장합니다. 로마는 다른 민족에게도 동일한 시민권을 부여했습니다. 물론 이런 권리가 오랜 시간이 걸려서 서서히 인정되었죠.

세계 시민이라는 개념이 확립되자 시민들은 자유로운 교환에 의존해서 살았고, 로마의 황제가 세계 시민권과 자유로운 교환을 법적으로 보장해주었습니다. 이를 통해 역사상 처음으로 개인주의 시대가 출현했습니다. 이제 혈연 공동체는 사라지고 모두가 한 개인으로서 관계하는 세계시민의 체제가 출현했습니다. 로마에서부터 발전된 개인주의는 자본주의에 들어와서 본격적으로 전개되었습니다. 개인은 자유경쟁과 민주주의라는 질서 속에서 살아가게 되었습니다. 이제는 더 이상 공동체적인 존재가 있는가도 의문입니다. 그런 공동체적 이해에 개인이 복종해야 할 의무는 이제 결코 당연하지 않게 되었습니다.

이런 개인주의 시대라면 공동체주의를 정당화하는 것은 결코 간단하지 않을 겁니다. 오늘은 강의가 이미 너무 길어져서 이렇게 의문을 던지는 것으로 끝내기로 하죠. 다음 강의에서 공동체주의의 정당화에 관한 물음을 살펴보려 합니다.

17강 마이클 샌델의 서사적 공동체

인권이라는 드림(dream)

　　　　잘 지냈나요? 오늘은 약간 비판적인 언급을 하면서 시작해야 할 것 같아요. '세계 인권의 날' 앞에서 마음이 착잡하기 때문입니다. 12월 10일은 '세계 인권의 날'이라고 합니다. 1950년 이날 유엔이 〈세계인권선언〉을 발표했다고 합니다. 당연히 전 세계가 축제를 벌여야 할 날입니다. 그런데 왜 마음이 착잡해지는 걸까요?

　그 이유는 이날이 미국을 비롯한 서구 국가들이 이슬람 국가나 사회주의 국가를 상대로 비난전을 펼치는 날이 되었기 때문입니다. 그들은 보편적 인권이라는 개념을 가지고 노골적인 내정간섭을 일삼고 있습니다. 프랑스 혁명 이래 최고의 가치였던 인권이라는 개념이 힘 있는 나라가 다른 나라를 간섭하는 통로가 되었습니다. 그러니 마음이 착잡할 수밖에 없습니다.

　부끄럽게도 어릴 때 기억이 나는군요. 나는 1970년대 초에 대학을 다녔는데, 그때는 학생들이 시위하면 세 가지 성명서를 발표했습니다. 하나는 국내용이고, 또 하나는 미국 대통령에 보내는 호소문, 나머지

하나는 유엔에 보내는 탄원서입니다. 미국과 유엔이 간섭해서 이 나라의 민주주의를 회복해 달라는 것이죠. 지금 생각하면 이처럼 창피한 일이 없습니다만 그때는 당연하게 생각했습니다. 인권과 민주주의의 이름으로 다른 나라에 개입하는 것은 당연하다고 생각했기 때문입니다.

그런 믿음은 1980년 5월 광주민중항쟁 때 미국과 UN이 침묵하는 것을 보고 깨졌습니다. 아직도 국내에는 미국과 유엔이 세계 인권을 보호할 것이라는 믿음이 지배하는 모양입니다. 그걸 믿는 사람들의 입에서 자주 나오는 말이 '보편적 인권'이라는 말이죠. 그들은 이제 미국과 UN이 우리나라가 아니라 북한에 개입하기를 바랍니다.

'인권'이라는 것이 무엇을 의미할까요? 그것은 간단합니다. 그것은 개인의 권리를 의미합니다. 개인이 정치, 경제, 문화적으로 자유롭게 선택할 권리, 결정권 그게 개인의 인권입니다. 나는 이런 인권이라는 개념을 인정하더라도 과연 그것이 전 세계에 보편적으로 적용할 수 있는가에 관해서는 의문이라고 생각합니다. 왜냐하면, 이런 개인적 인권이란 앞에서 말했듯이 자본주의 국가의 꿈이기 때문입니다. 중요한 것은 그게 꿈이라는 겁니다. 인권이 있으면 자본주의가 자유롭고 공정한 경쟁이 되고, 인권이 있으면 민주주의가 국민을 제대로 대변할 수 있다는 거죠. 마치 합리적으로 선택하는 경제인이 있으면 경제학의 이론이 제대로 작동할 수 있다고 가정하는 것과 마찬가지이죠.

앞의 강의에서 보았듯이 자본주의 국가에 실제로 그런 것은 존재하지 않습니다. 자유경쟁도 민주주의도, 그리고 인권도 존재하지 않습니다. 현실 자본주의 국가에서 이런 것은 사회를 유지하는 꿈이라고 볼 수 있죠. 자본주의 사회는 그런 자유경쟁과 민주주의와 인권에 끝없이 다가간다는 환상을 통해서만 유지될 수 있습니다. 이것은 아메리칸 드림과 마찬가지입니다. 미국에 아메리칸 드림이 실현된 적은 없습니다. 그래도 사람들은 아메리칸 드림을 꿈꿉니다. 언젠가는 그 꿈에 도달할 것이라고 믿죠. 미국을 유지하는 것이 바로 이런 아메리칸 드림이죠.

자본주의 국가에서는 인권과 자유경쟁과 민주주의라는 아메리칸 드림이 정말로 중요하다고 생각합니다. 그렇지 않으면 이 잔인한 자본의 불공정한 경쟁, 국가의 억압적 지배와 살아가기 위해 강요된 선택이라는 현실을 우리가 어떻게 견딜 수 있겠습니까? 실제로 존재하지 않지만 그것을 향해 다가간다는 환상이 없으면 우리는 지금이라도 모두 무너지고 말 것입니다.

이런 점에서 인권을 다른 나라가 아니라 자기 나라에 특히 자본주의 국가에 적용하는 것은 일리가 있습니다. 그러나 인권을 다른 나라, 자본주의와 다른 체제에 적용하려거나 요구하려면, 인권이란 꿈에 불과한 것이 아니라 실제로 실현될 수 있다는 것을 스스로 입증해야 할 것입니다. 자기 나라에는 존재하지도 않는 것을 다른 나라에는 존재해야 한다며 간섭하는 것처럼 기만적인 것이 어디 있나요? 인권이 나의 꿈이라 해서 내가 꾸는 꿈을 너도 꾸어야 한다는 것처럼 비인간적이고 폭력적인 것은 없습니다.

실제로 인권 개념이 적용되는 것을 보면 거의 대부분 실제의 인권과 무관합니다. 많은 독재국가, 인권이 탄압받고 있는 나라가 이런 비난에서 면제됩니다. 이런 나라들이 대부분 자본주의 국가이므로 오히려 더 철저하게 인권이 실현되어야 할 텐데 정작 이런 나라에서 자본주의가 존재하는 한 인권이 탄압받더라도 비난받지 않습니다.

인권의 이름으로 이슬람, 사회주의 국가 비판

인권이라는 개념으로 비난의 대상이 되는 국가는 주로 사회주의 국가이거나 이슬람 국가입니다. 그 가운데서도 특히 반미를 표명하는 나라들이죠. 이슬람 국가에서는 종교의 원리상 고유한 경제적 정치적 원리가 있습니다. 무이자, 종교적 의무로서 자카트(자선), 종교공동체가 동시에 정치공동체라는 것, 종교 공동체 내적인 민주주의, 공동체의 우위 등이 그 원리이죠. 이슬람의 사회적 원리는 내가 알기로 국제적 평화와 사회적 평등, 개인의 자주성을 강조합니다. 그래도 이슬람 국가는 독재국가라 합니다.

사회주의 국가 역시 마찬가지입니다. 사회주의는 생산이 사회화되어 버렸습니다. 내적으로 분배적 갈등이 없습니다. 물론 생산을 조정하는 일이 필요하지만 이것은 싸울 일은 아니죠. 자치에 의해, 합의에 의해 쉽게 해결되죠. 그 결과 굳이 따로 정치적 영역이 있을 필요도 없죠. 하는 일이 그것밖에 없으니까요. 이처럼 분배의 갈등이 없으면 정치가 불필요해집니다. 나는 원리적으로는 사회주의 사회가 그런 사회가 아닌가 하고 생각합니다.

이슬람 국가나 사회주의 국가는 정치라는 영역이 종속되거나 소멸 중에 있습니다. 공통으로 정치의 영역이 독립적으로 존재하지 않는 국가이죠. 이슬람 국가와 사회주의 국가는 정치적 영역이 없다는 이유로 비난을 받습니다. 그런데 왜 그게 비난거리가 되는 것일까요?

문득 생각이 났습니다. 정치라는 영역이 없다면 정치꾼이라는 독립된 직업이 없어집니다. 정치꾼이 되고 싶은 야심가는 이런 경우 굶어

죽을 형편이죠. 자유민주주의 체제 속에 기생하는 세계의 정치꾼들은 세계인권선언의 날만큼은 악착같이 정치라는 영역이 없는 나라를 비난하죠. 정치꾼이 없는 나라가 있다면 언젠가 자기의 생존도 위협받을 테니까요. 그러므로 세계인권의 날은 다시 명명되어야 합니다. 이날은 '세계 정치꾼의 날'입니다.

마이클 샌델과 존 롤스의 논쟁

이야기가 많이 옆으로 샜습니다. 하지만 인권의 개념은 우리의 주제와 무관한 것은 아니니까 시간을 그리 낭비한 것 같지는 않습니다. 하여튼 이 정도로 하고 다시 본론으로 돌아가 볼까요.

지난 강의에서 여러 사람이 약간의 혼란을 느낀다고 말했습니다. 그런 혼란은 공동체주의라는 개념을 둘러싼 물음의 두 가지 차원이 뒤섞이고 있기 때문으로 보입니다. 한 가지 차원은 개인주의에 대해 공동체주의를 구별하는 물음입니다. 개인주의 역시 사회적 관계를 맺습니다. 그런 관계는 개인들의 합의로 이루어진 조합적인 관계입니다. 반면 공동체주의 역시 개인들로 이루어집니다. 하지만 공동체주의에서는 공동체가 개인들의 합의를 넘어서서 고유한 가치를 지닌다고 봅니다. 이런 공동체가 바로 단체라고 알려진 사회관계입니다.

이 두 사회적 관계(조합과 단체)를 구분하는 물음과 공동체의 가치를 정당화하는 물음은 서로 다른 물음입니다. 공동체가 고유한 가치를 지닌다고 할 때 그 가치의 기원, 근거, 이유를 따지는 것이 두 번째 물음입니다.

철학자들은 이런 공동체가 지닌 가치의 근거를 여러 가지 방식으로 찾았습니다. 어떤 철학자들은 공동체가 가진 가치는 자연적으로 추구되는 본능적인 가치라고 봅니다. 이 경우가 자연적 공동체 또는 혈연 공동체의 개념이죠. 다른 철학자들은 이런 자연 공동체에 대립해서 합리적인 공동체를 제시하기도 합니다. 이것이 바로 공산주의의 공동체이죠. 하여튼 공동체가 지닌 가치의 근거가 무엇인가에 따라서 각각 장점과 단점이 있는데 이런 물음을 논하는 것이 두 번째 차원의 물음입니다.

이 두 차원의 물음을 구분하는 것이 미묘한 것이어서 아마 많은 사람이 혼란을 느꼈던 것으로 보입니다. 이번 강의에서는 공동체주의가 가지는 이런 두 가지 물음의 차원을 다시 한 번 설명하기 위해 여러 청년들이 잘 알고 있는 마이클 샌델의 주장을 예로 들어 보겠습니다. 마이클 샌델이 지은 《정의란 무엇인가》라는 책은 우리나라에서 공전의 히트를 쳤습니다. 내가 알기로 백만 권 이상이 팔렸으니 여러분도 마이클 샌델이란 이름은 익히 들었을 것으로 생각합니다.

그는 철학책을 쉽고 재미있게 썼다는 정도로만 알려져 있지, 그의 입장이 국내에서 정확하게 소개되지는 않았습니다. 그는 보수주의자인데 정의론에 관한 책을 썼다고 해서 많은 사람들이 그를 진보주의자로 생각합니다. 이런 오해도 바로잡을 겸 이참에 샌델에 대해 잠깐 소개하고 지나갈까 합니다.

그는 하버드 대학교 정치학과 교수입니다. 정치윤리가 그의 전공이라 하겠죠. 그가 논적으로 삼고 있는 철학자가 있습니다. 바로 《사회정의론》(1971)이라는 책을 써서 학계에서는(아마도 미국에서는 대중적으로도)

샌델보다 더 널리 알려진 철학자입니다. 합리론적인 정의론을 세우려 한 존 롤스(1921~2002)이죠.

롤스는 대학 입시에도 언급되니까 그의 주장을 어느 정도 알고는 있을 겁니다. 고등학교 시절 윤리 시간을 생각하면 기억날 것입니다. 롤스 역시 하버드 대학교 철학과 교수이죠. 하버드 대학교 철학과 교수와 정치학과 교수가 논쟁을 벌인 겁니다.

왜 논쟁을 벌였는지는 정치적이고 철학적인 측면에서 말할 수 있을 것 같아요. 롤스는 1970년대부터 미국 민주당의 중요한 이론가였습니다. 롤스의 정신적인 제자가 바로 클린턴 전 미국 대통령입니다. 반면 샌델은 미국 공화당의 주요 이론가입니다. 그런데 지난 선거에서 오바마를 지지했습니다. 오바마가 민주당원이지만 미국 공화주의의 원리를 가장 잘 이해한다고 해서 그를 지지했던 것이죠. 결국 두 사람의 논쟁은 정치적 논쟁입니다.

철학적으로 본다면 롤스는 개인주의자이고 자유주의자입니다. 사회는 어디까지나 합의에 기초해야 하고, 정의의 원리조차 이런 합의에서 나온다고 보았죠. 그래서 나온 이론이 '무지의 베일'*이라는 개념이나 '최소 수혜자의 최대 이익'**이라는 개념입니다. 유감스럽게도 시간이 없어 설명은 생략하도록 할게요.

---

* 롤스는 공정한 합의가 이루어지기 위해서는 합의 당사자가 자신의 가치관이나 사회적 처지에 대해 알지 못하게 만들어야 한다고 한다. 이를 모르게 하기 위해 롤스는 이런 데 대해 무지의 베일을 내려야 한다고 한다. 물론 이런 무지의 베일은 가상적인 베일이다.

** '최소 수혜자의 최대 이익'이란 '최대 다수의 최대 행복'이라는 공리주의 원칙과 비교되는 롤스의 정의의 원리이다. 이것은 손해 받는 사람(최소 수혜자)이 최소로 손해 받도록(최대 이익) 가치를 분배해야 한다는 원칙을 의미한다.

이런 롤스에 반대하는 샌델의 기본적 입장은 개인주의에 대하여 반대하는 공동체주의였습니다. 그는 '공동체에는 고유한 가치가 존재한다'는 주장을 내세웁니다.

합의나 계약이 불가능한 것

샌델은 개인주의를 비판하기 위해 이런 물음을 내놓았습니다. "개인의 합의를 넘어선 것이 있는가?" 다시 말해서 "합의를 통해 처리할 수 없는 것이 있는가?"라는 물음이죠. 샌델의 입장을 설명하기 위해 얼마 전 국내의 어떤 정치가가 내놓은 주장을 예로 들어 보려 합니다. 그는 "한국 국민이 합의한다면, 미국의 한 주로 편입되는 것도 가능하다"고 말했습니다.

이런 주장은 언뜻 보기에 굉장히 그럴듯한 주장입니다. 국가라는 것이 본래 개인의 계약에 의해서 성립되었다고 하죠. 이게 근대 계약론자들(홉스, 로크, 루소)의 일관된 입장입니다. 그러니 계약, 합의를 통해서 한 나라에서 독립하여 새로운 국가를 만드는 것도 가능할 것이며 이를 통해서 다른 나라에 편입되는 것도 가능하지 않을까요?

그러나 이런 주장에는 감추어진 오류가 들어있습니다. 자, 같이 생각해 봅시다. 우리가 합의해서 나라를 넘겼다고 합시다. 나중에 더 이상 이런 식으로 살 수 없다고 해서 나라를 되찾으려 한다면 당연히 돌려주어야 하겠죠. 그런 경우에 합의를 통해 나라를 넘길 때와 마찬가지로 합의를 통해 나라를 되찾을 수 있을까요?

그러나 합의해서 나라를 넘겼을 때와 달리 우리가 합의한다고 독립할 수 있는 것은 아닐 것입니다. 이제 우리의 의사와 상관없이 다른 지역 주민의 의사도 물어보아야 하지요. 다른 지역 주민이 우리의 독립을 인정해 줄까요? 더군다나 나라를 넘길 때는 자신의 결정을 스스로 실행할 수 있었으나, 나라를 되찾으려 할 때는 이미 자신의 의지를 관철시킬 힘이 사라져 버렸습니다. 군대도 없고 무기도 없죠.

이렇게 나라를 넘기는 일과 나라를 되찾는 일은 동등하지 않습니다. 만일 이 두 가지가 동등하다면 계약이나 합의에 의해 나라를 넘기는 것도 가능하다 할지 몰라요. 하지만 이렇게 이 두 가지가 서로 같지 않다면 나라를 넘기는 일은 불가능합니다. 역사적으로 보아서 또 논리적으로 생각해 보아도 어느 경우가 더 현실적이겠습니까? 후자가 아닐까요? 그러므로 나라를 넘기는 일은 합의나 계약에 의해서도 불가능한 거죠.

이같이 자기의 나라를 넘기는 것은 합의나 계약의 대상이 되지 못합니다. 이것은 우리 국민이 합의해서 국호를 바꾸거나 헌법을 바꾸는 물음과는 전혀 다르죠. 이 경우들은 모두 자기를 지킬 힘을 스스로 보존한 상태에서 내려지는 결정입니다. 반면 나라를 넘기는 합의는 자기를 지키는 힘조차 넘겨버리는 합의입니다. 자기의 주권을 넘기는 합의는 합의의 한계를 넘어선 것이죠.

그것은 노예 계약과 마찬가지입니다. 내가 노예가 되는 것은 자발적으로 가능합니다. 그러나 내가 노예에서 해방되는 것은 내 마음대로 되지 않아요. 내가 주인 앞에 가서 나는 지금부터 노예를 하지 않겠다고 하면 주인이 선선히 들어줄까요? 힘으로 제압하려 하겠죠. 노예가 되면서 그는 이미 자신의 결정을 지킬 힘을 상실했으니 해방은 불가능할 것입니다. 마찬가지로 합의를 해서 미국의 한 주가 되겠다는 것도 자기의 의지를 실행할 능력 자체를 넘기는 일이므로 일종의 노예계약입니다. 그런 계약 자체가 이론적으로 성립되지 않죠.

역사적 경험을 살펴볼까요? 일제는 한일합방이 합의에 의해 이루어졌다고 강조합니다. 대한제국의 주권은 왕과 내각에 있었어요. 왕과 내각의 합의가 있었죠. 국민적으로는 일진회가 한일합방을 청원했습니다. 뉴라이트도 이런 근거를 가지고 한일합방은 합의의 결과라고 말합니다. 결코 침략이 아니라는 거죠.

역사적으로 보면 내각의 합의나 일진회의 청원이 모두 총칼의 힘을 통한 강제였다는 것이 이미 드러났습니다. 왕인 고종은 명백히 거부 의사를 표명했죠. 한일합방은 당연히 원인무효이죠. 더구나 백보, 아니 만보를 양보해서 한일합방이 일제나 뉴라이트가 주장하는 것처럼 합의였다고 하죠. 그러면 동일한 논리에 의해서 우리 민족이 나라를 되찾고 싶어 한다면 되돌려 주었어야 하지 않나요? 3·1운동에서 보듯이 우리 민족은 그야말로 거족적으로 들고 일어나서 독립을 외쳤습니다. 나라를 독립시켜달라고 일제에게 요구했습니다. 일제는 그때 어떻게 했습니까? 총칼을 가지고 시위하는 자를 베고, 찌르고, 불태우고 하지 않았나요? 자기들이 그렇게 합의를 강조했다면 마땅히 돌려주었어야 하죠. 그런데도 돌려주지 않고 이렇게 탄압했다는 사실 자체가 이미 한일합방이 합방이 아니라 일제의 제국주의적 침략이라는 사실을 단적으로 입증합니다. 이런 일제강점기 나라를 잃은 경험을 되살려 본다면 어떤 합의에 의해서도 나라를 넘겨줄 수는 없다는 것은 분명합니다.

공동체적 가치의 근원은?

다시 한 번 정리해 볼까요. 노예계약이 계약이 아니라는 주장의 근거는 계약의 원리가 자기 결정권을 전제로 한다는 데 있습니다. 노예계약은 이런 자기 결정권 자체를 포기하는 계약입니다. 계약의 전제를 부정하는 계약은 불가능하다는 거죠. 미국의 공동체주의 철학자 샌델이 주장한 것도 이와 유사합니다.

샌델은 공동체에 고유한 가치가 있다고 합니다. 이런 공동체의 가치를 합의에 의해 부정할 수 있을까요? 샌델의 생각은 합의가 아무리 공정하고 자유롭더라도 공동체의 가치 자체를 부정할 수 없다고 합니다. 그의 논리는 이런 것입니다. '공동체라는 것은 고유한 가치 위에 성립하는 것이다. 그러므로 공동체 속에서 구성원들 사이의 합의는 공동체의 기반이 되는 가치 자체를 부정할 수는 없다.' 그의 주장은 계약의 기초인 자기 결정권을 계약을 통해 부정할 수 없다는 주장과 마찬가지입니다.

이렇게 공동체적 가치, 합의를 넘어선 가치를 전제로 한 다음 샌델은 이런 가치가 어디서 유래하는 것인가를 생각했습니다. 샌델은 공동체의 가치가 자연적으로 결정된다고 보지는 않았어요. 자연적으로 결정되는 공동체의 가치란 그리스 폴리스 공동체에서 보듯이 혈연 공동체라는 개념입니다. 누구나 자신의 가족에게는 헌신하는 마음을 본능적으로 가지고 있습니다.

이런 혈연 공동체라는 개념은 커다란 한계를 가지고 있습니다. 예를 들어, 어머니는 자신의 가족을 위해서는 모든 것을 희생합니다. 자신의 목숨조차 기꺼이 버리는 존재가 어머니입니다. 하지만 이런 어머니가 남의 가족이나 그 아이에게는 그야말로 털끝 하나라도 던져주지 않죠. 남의 가족에 대해서는 지극히 냉담하고 심지어 적대적이기도 합니다. 또 스파르타는 아름다운 부족 공동체였습니다만 노예제를 바탕으로 운영되었습니다. 스파르타인이 자기의 노예에게 얼마나 가혹했는지 모릅니다.

그러면 혈연적인 근거 외에 공동체적인 가치의 근원이 될 수 있는 게 또 있을까요? 공동체주의를 열렬하게 옹호했던 샌델로서 이 물음에 대답하지 않을 수 없었습니다. 이때 샌델이 생각했던 개념이 '서사(敍事 : 이야기, 드라마)적 가치'라는 개념입니다. 말이 좀 어렵죠?

역사적 사명과 서사적 가치

샌델은 사회에는 '역사적 사명'이라는 것이 있다고 보았습니다. 기독교적으로 본다면 쉽게 이해가 되죠. 하나님은 각 개인에게 사명을 부여했습니다. 개인의 삶이란 이런 하나님의 사명을 수행하는 것을 목적으로 하죠. 마찬가지로 하나님은 사회에도 그런 사명을 부여하지 않았을까요? 예를 들어, 이스라엘 민족은 늘 고난을 당하는 민족입니다. 왜냐하면, 그런 고난을 통해 신의 존재를 입증하는 것이 이스라엘 민족의 사명이니까요. 이 사명 때문에 이스라엘 민족은 죄를 저지르고 신으로부터 버림을 당하고 고난을 겪은 후 다시 신을 되찾는 드라마를 역사적으로 써나가고 있습니다.

이런 드라마가 바로 서사, 이야기이죠. 서사적 가치란 역사적 사명이 전개되는 과정에서 각 민족이 어느 위치에 이르렀는가에 의해 규정됩니다. 지금 이스라엘의 현재 서사적 가치는 아마 죄를 저지르는 단계에 있지 않을까요? 아랍 민족에 대한 이스라엘의 폭력적 지배는 도를 넘은 듯합니다. 머지않아 그들은 신으로부터 버림받아 포로가 되는 단계에 도달하겠죠. 이런 역사적 드라마가 이스라엘의 역사적 운명입니다. 시니컬하게 말하자면 그들은 신으로부터 처벌받기 위해 지금은 저렇게 무도하다고 말할 수 있겠죠.

이런 설명은 기독교적입니다. 기독교적으로 보지 않으면서도 이런 역사적 사명을 설명할 길도 있습니다. 각 사회는 인류 역사의 전체적인 발전을 위해서 나름대로 기여하는 것이 아닐까요? 물론 그런 기여는 각자 사회가 놓인 지정학적 위치에 따라서 다른 것이겠죠.

그러면 우리의 역사적 사명은 무엇일까요? 우리 민족은 남북으로 분단되고 자본주의와 사회주의의 대립 속에 찢겨 있으니, 이는 아마도 자본주의와 사회주의의 통일을 모색하는 사명이 우리에게 주어진 것이 아닐까요? 이런 사명 때문에 현재 단계는 고통을 체험하는 단계, 서사적으로 보면 기승전결 가운데 승의 단계에 해당하지 않을까요?

이번에는 국민교육헌장을 볼까요? 국민교육헌장이 어떻게 시작되는지 아나요? 이렇게 시작되죠. "우리는 민족중흥의 역사적 사명을 가지고 이 땅에 태어났다." 그 뒤는 생각나지 않는군요. 국민교육헌장 역시 역사적 사명과 서사적 가치라는 개념을 기초로 이루어져 있습니다.

역사적 사명이 무엇이고, 서사적 가치가 어떤 것인지에 대해서는 더 이상 깊게 논의할 수는 없을 것 같아요. 중요한 것은 한 사회에 이런 역사적 사명이 있을 거라는 생각은 역사를 보는 많은 사람이 가지고 있는 생각입니다. 대개 이런 생각은 계몽주의가 가지고 있는 '역사적 진보'라는 철학적 개념에 기초해서 만들어집니다. 샌델은 이런 역사철학적인 견해를 끌어들였죠. 그는 모든 공동체가 나름대로 가지고 있는 역사적 사명, 서사적 가치가 있는데, 이것이 공동체가 갖는 고유한 가치라고 주장했습니다.

이런 역사적 사명이나 서사적 가치라는 개념은 보수주의자가 좋아하는 개념이죠. 역사의 진보를 믿는 진보주의자도 이런 개념을 종종 끌어들입니다. 하지만 우리는 혈연적 공동체를 비판했듯이 이런 역사적 사명에 대해서도 비판하지 않을 수 없습니다. 역사적 사명과 서사적 가치라는 개념은 실제로 너무 주관적인 경우가 많으니까요? '이스라엘 민족의 사명'이나 '민족중흥의 역사적 사명'은 합리적으로는 쉽게 받아들이기 어려운 개념들입니다.

그렇다면 우리는 여전히 물음의 출발점에 머물러 있는 셈이죠. 공동체주의에서 주장하는 것처럼 공동체의 고유한 가치가 있다면 그 원천, 토대, 유래는 무엇인가? 적어도 이런 물음에 대해 샌델로부터 답을 얻은 것은 아니지만 그의 설명을 통해 공동체주의가 무엇인가는 이해할 수 있었을 겁니다.

정리를 해보죠. 공동체주의는 공동체의 가치가 합의의 대상을 넘어선다는 주장입니다. 샌델은 이런 공동체의 가치는 사회적인 합의의 대상이 되지 않는다고 합니다. 왜냐하면, 이 가치가 사회적 합의의 토대, 기초가 되니까요. 샌델은 이런 공동체의 가치를 혈연적인 데서 찾지 않았습니다. 그는 이런 가치를 설명하기 위해 역사적 사명이라는 개념, 즉 서사적 가치라는 개념을 끌어들였죠. 하지만 주관적이라는 비판을 벗어날 수 없습니다.

이제 우리는 공동체의 가치를 합리적인 이성을 통해서 찾으려 했던 합리적 공동체주의자를 살펴보겠습니다. 코뮌주의자가 가장 대표적인 합리적 공동체주의자라 하겠습니다. 이 코뮌주의 운동에 관해서는 다음 강의에서 말해야겠네요.

18강 무정부주의와 프랑켄슈타인

프랑켄슈타인과 괴물

　　오늘은 소설 《프랑켄슈타인》(1818)을 가지고 이야기를 시작해 보려 합니다. 이 소설은 그 뒤 여러 가지 버전으로 영화화되어서 많은 사람이 잘 알고 있죠. 이 소설을 쓴 사람은 영국의 소설가이자 극작가인 메리 셸리(1797~1851)입니다. 그녀는 낭만파 시인 셸리의 부인이고, 그녀의 아버지가 영국 무정부주의의 선구자라고 할 윌리엄 고드윈이었죠. 소설 《프랑켄슈타인》은 이런 사상적 배경 위에 쓰인 작품이라서 오늘 강의 주제인 무정부주의와 연관됩니다. 이 소설을 바탕으로 한 영화를 본 적이 있나요? 원작에 가장 충실한 영화는 1931년 미국 유니버설 사에서 만든 영화(감독 제임스 웨일)입니다. 낡은 흑백 영화이지만 아름다운 장면으로 널리 알려져 있습니다.

　생명을 창조하여 신의 지위에 오르겠다는 오만한 과학자, 그의 이름이 바로 프랑켄슈타인입니다. 그는 묘지에서 시체 조각을 끌어모아 마침내 인조인간을 만들어냅니다. 이 인조인간은 생명을 지녔지만 동물적 수준이고, 아직 사람의 마음 특히 사랑의 마음을 알지 못하죠. 과학자는 그에게 이름도 붙여주지 않습니다. 그저 '괴물'이죠. 과학자는 자기의 산물에 놀라서 그를 내버리고 도망칩니다. 사람들은 괴물의 추악한 모습에 놀라서 그에게 돌팔매질하고 마을에서 쫓아냅니다.

괴물은 마을 뒤 외진 산골에 있는 어느 집의 헛간에 숨어듭니다. 그는 그 집에 사는 가족을 훔쳐보면서 언어도 배우고 사람의 행동도 배우게 됩니다. 그것을 보면 이 괴물에게도 희미하나마 사람의 영혼이 잠들어 있음에 틀림없습니다. 괴물은 그 가족 중 소녀와 사귀게 됩니다. 마침내 괴물은 자신도 사람이 될 수 있다는 희망을 품게 됩니다. 그 둘 사이에 싹튼 애정이 이 영화에서 정말 아름답게 그려져 있죠. 다음 사진을 보세요. 괴물이 마을의 소녀와 같이 천진난만하게 꽃을 따서 물에 던지는 장면입니다.

슬프게도 프랑켄슈타인은 꽃을 따서 물에 버리는 아이의 장난을 따라 하다가 아이를 죽이게 됩니다. 살해 의도가 있었던 것이 아니라 그저 장난을 따라 했을 뿐인데 아이를 죽게 한 것이죠. 그 때문에 괴물은 마을 사람들에게 살해 위협을 당하게 됩니다. 괴물은 간신히 마을에서 벗어나게 되죠. 이때부터 괴물은 이유 없이 자기를 미워하는 사람을 증오하고, 자기를 창조한 프랑켄슈타인에게 복수하려 합니다.

괴물 자본주의 살려보려는 무정부주의

그 뒤의 이야기에 관해서는 여러분이 소설을 읽거나 영화를 직접 찾아보시기 바랍니다. 많은 사람이 〈프랑켄슈타인〉을 좋아하는 이유는 무엇일까요? 아마 보는 사람마다 아마 다 다르게 해석할 겁니다.

영화 〈프랑켄슈타인〉(제임스 웨일 감독, 1931)의 한 장면.
영국의 여류작가 메리 셸리가 쓴 동명의 원작(1818)을 토대로 만든 영화.

나는 사람들이 괴물에 대해 연민을 느끼기 때문이 아닐까 생각합니다. 처음에 괴물의 추악함이나 잔인함에 놀랐던 사람들도 본래 괴물의 마음속에 따뜻한 사랑을 갈구하는 심성이 있었다는 것을 알면서 오히려 과학자를 비난하기 시작합니다. 진짜 괴물은 오히려 그런 괴물을 만든 과학자가 아닐까요? 그 과학자의 이름은 바로 프랑켄슈타인입니다. 반면 괴물에게는 따뜻한 사랑의 마음이 살아 있으니 그가 오히려 진짜 사람이 아닐까요?

과학에 의해 만들어진 괴물, 사람이 되고 싶었으나 어쩔 수 없이 괴물이 된 존재, 나는 그것이 자본주의가 아닐까 생각합니다. 자본주의도 처음에는 과학의 이름으로 출발했고, 가장 아름다울 것이라 기대되었습니다. 개인의 자유와 사회의 평등이 존재하는 사회가 약속되었죠. 결과적으로 자본주의는 가장 잔혹하고, 가장 야비한 존재가 되었습니다. 문제는 자본주의는 자기가 왜 그런 괴물이 되었는지 모른다는 거죠. 자본주의는 그저 자신의 본능에 따랐을 뿐입니다.

이런 괴물이 된 자본주의는 그저 제거해야 할 대상일까요? 혁명적인 전복을 주장하는 사상가도 있습니다. 그러나 일부 사상가는 마지막으로 그 괴물에게 따뜻한 마음이 되살아나기를 기대하기도 합니다. 괴물에게 따뜻한 마음을 불어넣어서 괴물을 살려보려는 안타까운 심정, 짐작이 갑니다. 나는 무정부주의가 그런 심정을 가진 사상이라고 봅니다.

내가 아는 한 모든 무정부주의는 자본주의 내부에 머무릅니다. 근본적인 전복을 부정합니다. 그들은 괴물에게 최후의 따뜻한 마음을 기대합니다. 저자 메리 셸리는 이런 무정부주의자의 마음으로 괴물이 된 자본주의를 그려낸 것이 아닐까 합니다. 흔히 가장 반자본주의적이라고 여겨지는 무정부주의가 오히려 자본주의 태내에 머무르고 있다고 주장하니까, 정말 그런가 의심하는 청년도 있을 겁니다. 그럼 이제부터 내 얘기를 들어봐 주세요.

코뮌주의의 두 가지 흐름

지금까지 강의의 내용이 어떤 흐름을 흘러 왔는지 기억하나요? 우리는 삶에 충실할 필요가 있다고 하면서 그 삶의 목적, 가치가 무엇인가를 물었습니다. 개인적 욕망의 자유, 개인주의가 가지고 있는 한계를 짚어가다가 마침내 공동체주의에 이르렀습니다.

공동체주의를 다루면서 공동체의 고유한 가치를 정당화하는 합리적인 근거를 발견할 수 없을까 하는 의문에 사로잡혔습니다. 근대 자본주의 이후 사상가라면 누구나 끊임없이 모색했던 합리적 공동체는 자본주의 체제와 달리 인도적이며 동시에 합리적이어야 했습니다. 이런 공동체가 가능하다면 사람들은 억지로 강제하지 않아도 자발적으로 이런 공동체를 따를 것입니다. 심지어 자본가조차도 기꺼이 따르고 싶어 하는 공동체, 그런 합리적 공동체를 제시하는 노력으로부터 출발한 사상이 코뮌주의 사상입니다.

코뮌주의(communism)는 처음에는 자연발생적이고 원시적인 생각이었습니다. '코뮌commune'이란 우리말로 '마을', '고을' 정도에 해당하죠. 즉 코뮌주의란 '공동의 소유 위에서 공동으로 노동하여 공동으로 생활한다는 이념'이죠. 세계 어디서나 코뮌주의적인 사상이 전개되었죠. 동양에도 코뮌주의 사상이 풍부합니다. 노자의 《도덕경》의 세계,

'무위자연'의 세계가 그런 코뮌주의의 표현이라고 말합니다. 서양사상에도 오래전부터 코뮌주의가 있었습니다. 기독교 원시공동체가 대표적인 것이죠. 그러나 코뮌주의가 본격적으로 발전하게 된 것은 아무래도 근대사회 이후입니다. 근대사회 이후 잔인하고 야비한 자본주의에 반발하면서 코뮌주의 사상과 운동이 전개되었다고 볼 수 있습니다.

앞서 언급한 적이 있지만 이런 코뮌주의 운동은 나중에 두 가지로 분화됩니다. 하나가 무정부주의적 코뮌주의 사상이고, 다른 하나가 마르크스적인 공산주의입니다. 무정부주의적인 코뮌주의가 무엇인가 알아보죠. 역사적으로 본다면 코뮌주의는 자본주의 체제에 대한 반발로 등장했죠. 이런 반발은 다양한 측면에서 일어났습니다. 그런 반발은 내부적으로 서로 모순되기도 합니다. 자본주의에 대한 이런 비판에 이론적인 근거를 부여했던 사람, 따라서 무정부주의 운동에서 결정적인 출발점이 되었던 사람을 들라고 한다면 나는 주저 없이 프랑스의 사상가 프루동*을 들겠습니다. 프루동은 19세기 초반에 활동했던 혁명가입니다. 그는 가난한 인쇄공 출신입니다. 인쇄하면서 자기가 식자한 책을 읽어서 지식을 습득했죠. 그는 1840년 유명한 저서 《소유란 무엇인가》

---

* 피에르 요셉 프루동(Pierre-Joseph Proudhon, 1809~1865) : 프랑스 바탕에서 통 제조공의 아들로 태어났으며 9세 때 쥐라 산맥에서 목동이 되었다. 그는 인쇄소에서 기술을 배우면서 다양한 독서를 했고, 라틴어, 그리스어, 히브리어를 독학하였다. 1838년 장학금을 받고 대학교에 입학하였다. 그는 《소유란 무엇인가》(1840)에서 소유를 도둑질이라고 규정하였다. 프루동이 1842년 쓴 《경제적 모순의 체계, 혹은 빈곤의 철학》에 대해, 카를 마르크스가 《철학의 빈곤》(1846)으로 비판하면서 두 사람의 사이는 매우 나빠졌다. 프루동은 1848년 혁명이 일어난 후 국회의원으로 선출되었으나 나폴레옹 3세와 교회를 비판하는 글을 발표하여 해외 도피와 감옥행을 되풀이 했다. 1858년 브뤼셀로 피신 중에 톨스토이를 만나기도 했다. 1862년 파리로 돌아와서 《소유의 이론》을 썼다. 1865년 1월 병으로 사망했다.

라는 책으로 단숨에 유명해졌습니다. 그의 문체는 간결한 경구로 이루어져 많은 사람을 사로잡았습니다. 그가 제시한 '소유는 도둑질이다'라는 주장은 당시 모순과 혼란 속에 처해 있던 코뮌주의 운동에 대해 명확한 이론적 기초를 부여했습니다. 그의 이론으로부터 탄생한 것이 바로 무정부주의이죠. 그는 오늘날에도 여전히 많은 사람들이 마르크스만큼이나 연구하는 사회주의 이론가입니다.

생협운동과 소유 개념

이제 프루동이 제시한 무정부주의를 간략하게 소개하고자 합니다만 아무래도 쉬운 얘기는 아닙니다. 그래서 먼저 하나의 예를 통해 설명하려 합니다. 그 예는 우리나라에서 1980년대부터 활발하게 발전하고 있는 생활협동조합 운동입니다. 요즈음은 '사회적 협동조합'이라고 해서 약간 더 발전된 형태가 논의된다고 합니다.

협동조합 운동에 대해서는 많은 사람이 잘 알고 있으니까 굳이 장황하게 설명하지는 않으려 합니다. 다만 가장 핵심적인 생각만 짚어보죠. 그 생각은 아주 간단합니다. 여러 사람이 모여서 각자 자기가 가진 것을 내놓습니다. 지분이 각각 다릅니다. 그것을 공동으로 운영하죠. 여기서 핵심은 누가 돈을 얼마나 많이 내든 간에 상관없이 모두에게 공평한 한 표가 돌아간다는 것입니다. 자본주의 주식회사와 비교해 본다면 그 차이가 이해됩니다. 주식회사에서도 사람들이 각자 자본을 내놓습니다. 여기서는 각자의 자본의 크기에 비례해서 의사결정권을 갖게 되죠. 자본을 가장 많이 내놓은 사람이 운영자가 되어 그의 뜻대로 회사를 지배합니다.

이렇게 비교를 해보면 무언가 이상하지 않나요? 돈을 많이 낸 사람이 더 많은 의사결정권을 갖는 게 당연하지 않을까요? 그게 아니라 오히려 누구나 동일한 한 표를 갖는 게 당연한가요? 어느 게 맞을 것 같아요? 생각해 보면 결코 쉬운 일은 아니죠.

이런 물음이 근대 자본주의에 반발하면서 공동체 운동이 등장했을 때 당연히 발생하게 된 물음입니다. 이런 물음을 해결하기 위해서는 '소유'라는 개념에 대해 철학적인 연구가 필요합니다. 이런 물음을 나름대로 이론적으로 해결한 사람이 프루동입니다.

프루동, 소유는 도둑질이다

프루동은 소유는 노동의 산물이라고 생각했습니다. 자기가 노동하여 산출한 것만이 그의 것이라는 주장이죠. 이것을 우리는 '노동가치설'이라 합니다. 이 노동가치설은 부르주아 경제학자 애덤 스미스*가 이미 《국부론》에서 제시했던 이론입니다. 여러분도 이 주장은 익히 들었고, 또 그저 상식으로도 이런 주장이 너무나도 당연하다 생각할 것입니다. 하지만 애덤 스미스는 노동자의 노동과 기계의 노동을 구분하지 못했습니다. 노동자와 기계가 똑같이 노동한다고 보았습니다. 그 결과 자본(기계, 토지 등)의 몫으로서 이자와 이윤, 지대가 정당화되었죠. 이윤,

---

＊ 애덤 스미스(Adam Smith, 1723~1790) : 후대의 여러 분야에 큰 영향을 미친 《국부론》(An Inquiry into the Nature and Causes of the Wealth of Nations) (1776)의 저자이다. 그는 원래 윤리학자였다는 것만은 기억해 둘 필요가 있다.

지대, 이자는 그런 자본이 노동하여 얻은 결과라 간주되었습니다.

프루동은 자본, 다시 말해 기계나 토지 또는 작업장 등(소위 생산수단)은 노동을 하지 않는다고 보았습니다. 물론 그것은 노동에 의해 만들어진 것이죠. 하지만 스스로 새로운 가치를 생산하는 노동을 하지는 않습니다. 그저 생산하는 가운데 소모된 만큼 자기의 가치를 생산물의 생산비용 속에 이전시킬 뿐입니다. 자본은 일종의 죽은 노동, 물질화된 노동, 더 이상 가치를 생산하지 않는 노동에 지나지 않는다는 거죠. 이게 그의 획기적인 주장이죠. 마르크스도 이 점은 인정했습니다. 사실 프루동의 이론이 없었다면 마르크스의 더욱 발전된 소유권 이론도 나오기 힘들었을 겁니다.

오직 노동자의 노동만이 가치를 생산한다고 보는 프루동의 이론에 따르면 자본의 몫은 없는 셈이죠. 자본으로부터 나오는 이윤, 토지로부터 나오는 지대, 빌린 돈으로부터 나오는 이자 등은 모두 착취가 됩니다. 이윤이나 지대, 이자는 모두 '도둑질'이라는 것입니다. 그래서 "소유는 도둑질"이라는 말이 나왔죠. 생산수단을 소유하는 자가 이자나 지대, 이윤을 가지고 간다면, 그건 모두 노동자가 생산한 가치를 훔친 것이라는 주장입니다.

프루동에게 소유는 두 가지입니다. 하나는 자기의 노동에서 나오는 소유이고, 다른 하나는 죽은 물질에서 나오는 소유입니다. 프루동은 모든 소유를 비난하지 않았습니다. 다만 타인의 노동을 착취하는 소유, 즉 이자, 이윤, 지대를 비난한 것이죠. 그는 죽은 노동인 자본에서 나오는 소유만 비판했습니다. 반면 그는 노동에 의해 산출되는 소유, 자기 생산물을 자기가 즐기는 것은 개인의 권리라고 보았습니다. 그는 분배가 철저하게 이런 살아있는 노동이 기여한 것에 따라서 이루어져야 한다고 보았습니다.

노동만이 소유의 원천이라는 간단한 주장에서 프루동의 모든 사회사상이 전개됩니다. 그는 소규모 생산수단을 소유하고 자기 노동에 기초하여 생산하는 소소유자를 인정합니다. 농민이 이런 소소유자이죠. 그는 자본주의가 발전하면서 등장한 대규모 공장이나 집단 농장의 경우 이것은 공동으로 노동하는 노동자들이 공동으로 소유하는 것이라 보았습니다. 노동하는 자에게만 소유권이 속합니다. 여기서 공동 소유라는 개념이 나옵니다.

프루동의 소유권 이론의 핵심은 생산수단과 자본을 이용하여 노동하는 자, 사용자가 바로 소유권자라는 주장입니다. 오직 노동하는 자, 사용하는 자만이 소유한다는 주장은 독일의 대 문호 괴테도 주장한 바가 있습니다. 아름다운 자연과 아름다운 예술품은 그것을 즐길 줄 아는 사람만이 소유하는 것이라고 그는 말했습니다. 우리나라의 어떤 예술품 수집가처럼 아름다운 예술품을 창고에 쌓아놓고 보지도 않는다면 그런 사람이 예술품을 소유한들 무슨 소용이 있겠습니까? 또 프루동의 소유 개념은 아시아 사회에서 경자유전(耕者有田 : 밭을 가는 사람이 밭을 소유한다는 뜻) 원칙과도 일맥상통합니다. 경자유전의 원칙도 경자, 즉 밭을 가는 사용자가 소유한다는 원칙이죠.

협업과 자치의 원리

프루동은 사용자가 소유한다는 원칙 아래 이자와 지대와 이윤은 모두 착취라 보았습니다. 그러므로 자본가와 노동자 사이의 교환관계, 즉 임금과 노동의 교환관계는 착취가 일어나는 불평등한 관계로 보았습니다. 자본가가 노동자에게 돌려주어야 할 것 가운데 이자와 지대, 이윤을 떼놓고 주는 것이니까요. 그는 여기서 한 걸음 더 나아가 모든 상업적 교환도 자본가와 노동자 사이의 교환관계와 마찬가지로 약탈과 기만에 속하는 것으로 보았습니다. 시장을 매개로 한 이런 교환에는 공정한 경쟁, 등가교환이 일어나지 않습니다. 항상 일방이 자기의 지배적인 지위를 이용해서 불공정한 경쟁과 부등가 교환을 강요하죠. 그 결과 상인은 상업적 이윤을 얻죠. 결국 이런 이윤도 착취라고 봅니다. 그러므로 그는 임금노동뿐만 아니라 상업적인 교환까지도 배제하려고 했습니다. 새로운 사회는 어떤 종류든 시장을 통한 교환이 존재해서는 안 됩니다.

그는 또한 국가도 부정하죠. 그는 국가란 폭력적인 지배의 장치라고 보았습니다. 이런 폭력 국가가 하는 역할이 무엇이겠습니까? 소유를 지켜주는 것이죠. 그 결과 이윤과 지대, 이자의 착취가 가능해집니다. 또한 상업적인 불공정 경쟁과 부등가 교환에 누가 저항이라도 하려고 한다면 이를 진압하는 것이 국가죠.

그러므로 프루동은 무정부주의를 주장하게 되었습니다. 그의 주장은 세 가지입니다. '사용자가 소유한다. 시장 교환을 폐지하자. 그리고 국가를 폐지하자.' 그러면 새로운 공동체의 운영은 어떻게 될까요? 이것도 분명하죠. 공동체는 공동의 소유이니 공동의 합의에 의존합니다. 그런데 프루동은 단순히 합의만을 요구하는 것이 아니라 그것을 넘어서 자치까지 요구합니다. 이런 운영의 측면에서도 우리나라 생협과 프루동의 공동체는 구분됩니다. 우리나라 생협은 합의에 의존하지만 그 실행을 위해 전문적인 관료(고용인)를 둘 수가 있습니다. 그에게 운영을 위임하죠. 하지만 프루동은 그런 관료에게 위임하는 것을 전적으로 반대했습니다. 그것은 결국 타인의 노동을 착취하는 것이 되니까요. 따라서 공동체의 운영은 전적으로 합의에 의존하면서 그 실행 역시 공동체 구성원이 스스로 담당해야 합니다. 바로 이것을 자치의 원리라 하죠.

자치의 원리에 더하여 프루동은 공동체의 노동방식은 분업이 아니라 협업이 되어야 한다고 보았습니다. 분업이냐, 협업이냐? 잘 구분되지 않나요? 분업이나 협업은 모두 일을 나누어서 한다는 점에서는 동일합니다. 혼자서 다 하는 체제는 아니죠. 차이가 있다면 전문화에 있습니다. 분업은 각 개인을 특정한 분야에 전문화시킵니다. 반면 협업은 이런 전문화를 피하죠. 경우에 따라서 다르게 일을 나누게 됩니다. 동일한 일을 때로는 이 사람이 하고, 때로는 다른 사람이 하는 겁니다.

그러면 왜 분업이 아니고 협업이어야 하겠습니까? 프루동은 분업은 사람을 전문화함으로써 사람을 소외시킨다고 봅니다. 사람은 누구나 다양한 노동을 배워서 전체적인 인격을 완성해야 한다고 보죠. 특히 육체적 노동과 지적인 노동을 함께 발전시켜야 한다고 보았습니다. 프루동 자신은 인쇄공이었지만 지적인 이론가였습니다. 다시 말해 공동체의 구성원이 돌아가면서 이 일도 해보고 저 일도 해보고(협업), 생산도 해보고 관리도 해보아야 한다(자치)는 거죠.

이런 협업과 자치의 원리는 공동체 내부에서뿐만 아니라 사회 전체에도 그대로 적용됩니다. 사회 전체는 코뮌의 연합체(federation)입니다. 코뮌 사이에는 교환이 가능합니다. 그러나 이런 교환은 자본주의적 상품 생산이 아닙니다. 그저 필요한 것을 교환하는 체제, 물물교환이나 주문생산체제 정도가 되겠죠.

이런 코뮌의 연합체에서 각각의 코뮌이 공동으로 추구할 일이 있으면 상호 합의를 통해서 결정하죠. 이런 합의가 필요하다고 해서, 이를 위해 중심적인 기구를 설립한다든지 그것을 운영하는 전문적인 관료를 인정하지 않습니다. 이렇게 되면 다시 국가가 되돌아오는 것이지요. 이 합의를 실행하는 것도 자치의 원리에 따르고 있죠. 그러므로 사회 전체적으로도 각 코뮌 사이에서 협업의 방식으로 일을 나누고, 자치라는 방식으로 실행합니다. 협업과 자치는 하나의 코뮌 내부뿐만 아니라 사회 전체의 기본적인 구성 원칙이 됩니다.

영화 〈랜드 앤드 프리덤〉

좀 더 세부적으로 설명하고 싶지만 너무 길게 나갈 수 없어서 이 정도로 무정부주의에 대한 소개를 마치도록 하죠. 무정부주의의 역사는 정말 광범위합니다. 그만큼 많은 사람들을 매혹시켰다는 것이겠죠. 무정부주의가 그렇게 매혹적인 이유는 어디 있을까요? 역시 합리적이기 때문으로 보입니다.

무정부주의의 문제점은 말로 설명하는 것보다 이를 잘 표현해 준 한 편의 영화를 소개하려 합니다. 그 영화는 바로 유명한 영국의 감독 켄 로치*의 영화입니다. 이름은 〈랜드 앤드 프리덤(Land and Freedom)〉,

---

* 켄 로치(Ken Loach, 1936년 생) : 영국의 감독이며 주로 다큐 시네마를 제작했다. 사회주의 신념에 따라 〈레이닝 스톤〉, 〈빵과 장미〉 등 노동 계급, 빈민, 노숙자

제목 자체가 러시아 무정부주의자들의 조직인 토지와 자유 당을 연상시키죠.

이 영화는 스페인 내전에 참가했던 영국 공산당원의 체험을 바탕으로 합니다. 그는 스페인 남부 지역에 도착해서 무정부주의자의 게릴라 조직에 참여하게 됩니다. 그런 가운데 그는 무정부주의자의 아름다움을 깨닫게 되죠. 그는 무정부주의자 여성 전사인 비앙카를 사랑하게 됩니다.

그녀의 모습은 정말 눈부십니다. 나 역시 이 영화를 보면서 비앙카의 내적인 아름다움에 도취되었습니다. 한마디로 말해서 생명이 내부에서 솟구치는 생동적인 모습을 가지고 있죠. 스페인 내전 중에 무정부주의자와 공산주의자 사이에 대립이 벌어지고 심지어 전투까지 벌어집니다.

원래 영국 공산당원이었던 주인공은 공산당을 떠나 무정부주의에 가담하죠. 영화의 마지막에 비앙카는 무정부주의자 게릴라 조직과 공산당 조직 사이의 갈등 가운데 희생되고 맙니다.

이 영화는 68세대인 영국의 켄 로치 감독의 입장을 대변합니다. 그는 스탈린주의적인 공산당을 거부하고, 다시 부활한 무정부주의에 경도되었던 감독입니다. 하지만 그는 솔직합니다. 이 영화를 보면 무정부주의의 장점과 단점이 선명하게 대립되어 나타납니다.

등의 주제를 사실적으로 그린 사회적 사실주의 영화를 많이 제작했다. 2006년 제 59회 칸 영화제에서 〈보리밭을 흔드는 바람〉으로 황금종려상을 받아 우리나라에서도 널리 알려졌다.

영화 〈랜드 앤드 프리덤〉의 한 장면, 관 앞에 선 여성이 주인공 비앙카이다.
게릴라 전사들이 마을을 해방하는 중에 비앙카의 남편이 죽는다.
그녀는 남편의 죽음 앞에서도 쓰러지지 않고 투쟁을 결의한다.
관을 메고 나가는 모습 속에서 그녀의 투쟁 의지를 엿볼 수 있다.

이 영화에서 양자의 대립 가운데 가장 결정적인 것은 게릴라전의 양상이었습니다. 소규모 게릴라부대가 고립 분산적으로 쿠데타군에 대항했습니다. 사기는 높아도 정규군으로 이루어진 쿠데타군에게 각개 격파당하고 말았습니다. 공산당이 게릴라부대를 통합하여 정규군을 창설하려 하자 무정부주의자는 게릴라 조직의 자율성을 해친다며 반대했습니다. 고립 분산적인 게릴라전의 단계를 넘어서야 했던 시점이었는데 무정부주의자들은 이를 이해하지 못했던 거죠.

무정부주의의 한계, 분열과 정체

켄 로치의 영화를 보면 무정부주의의 한계가 아주 잘 드러납니다. 그 한계는 영화에서 보듯이 분열입니다. 이런 분열은 공동 소유의 원리 속에 이미 내재합니다. 공동 소유란 사용자가 어떤 코뮌을 공동으로 소유하는 체제이죠. 코뮌 자체는 공동체이지만 각 코뮌은 공동체에 의해 사적으로 소유되고 있는 것이 공동 소유라는 원리입니다. 여기서 여전히 소유가 남아 있다는 것에 주목하기 바랍니다. 여기에 남아 있는 사적 소유의 원리가 무정부주의의 고질병인 분열의 원천입니다. 각각의 코뮌에 대해서 외부의 누구도 간섭할 수 없습니다. 각자 독립적으로 움직이게 되니 분열은 필연이죠. 이렇게 소유가 여전히 남아 있다는 의미에서 무정부주의는 자본주의적 소유를 근본적으로 넘어선 것은 아니죠. 여전히 자본주의적 소유의 태내에 머무르고 있다고 볼 수 있습니다.

이로부터 어떤 결과가 나올까요? 사회가 정체됩니다. 왜냐고요? 생산은 끝없이 발전합니다. 기술이 점차 높아가니까요. 자본주의 사회는 사적 소유로 분열되어 있지만 시장교환이라는 것을 통해 사회 전체를 자동적으로 조절합니다. 어떤 자본은 확장되고 어떤 자본은 몰락하면서 전체적으로는 생산력의 발전에 사회 전체가 발을 맞추어 나가게 되죠. 그러나 무정부주의 사회에서 새로운 발전에 맞추어 코뮌을 조절할 수 있는 장치가 없어요. 코뮌 구성원이 자발적으로 자기 코뮌을 재구성해야 합니다. 하지만 구성원 자신은 미래의 불확실한 것보다는 현재에 이루어놓은 성과에 안주하려 합니다. 더구나 코뮌의 재구성은 다른 코뮌과 복잡한 상호 협력이 있어야 하는데 그런 협력을 기대하기도 어렵습니다. 서로 독립적으로 소유되는 코뮌 사이에서 합의에는 한계가 있으니까요.

그 결과 어떻게 될까요? 사회적으로 제거되어야 하는 낙후된 코뮌이 그대로 남아 있게 되죠. 결국 퇴락한 코뮌이 사회 전체의 발전을 가로막는 장애가 되지만 누구도 그런 장애를 제거할 수 없죠. 결과적으로 보면 무정부주의 사회는 코뮌이 각자 웅거하면서 자기의 성채를 지킵니다. 무정부주의를 따르면 사회 전체가 마치 중세처럼 또는 고인 물처럼 고요한 가운데 썩어가게 되죠. 다윈이 진화론을 연구하는 배경이 되었다는 갈라파고스 섬을 아시죠? 그 섬은 세계와 단절되어 있어서 진화의 전 단계를 보존하고 있었습니다. 갈라파고스 섬은 역설적으로 진화론이 이론적으로 발전하게 되는 배경이 되었지만, 무정부주의의 코뮌의 경우에는 그저 퇴락한 구시대 생산력이 아직도 남아 있는 섬일 뿐입니다.

지금까지는 코뮌 사이에 나타나는 분열과 정체를 설명했습니다만 공

동 소유 내부에서도 유사한 혼란, 분열이 생겨납니다. 공동 소유 내부
는 협업과 자치의 원리에 의해 지배됩니다. 협업이나 자치는 잘된다면
누구나 자기 공동체의 일에 대해 환하게 알고, 자기 역할이 무엇인지
아니까 정말 잘 돌아갈 때도 있습니다. 그런데 무언가 안 들어맞기 시
작하면 모든 분야가 서투른 비전문가에 의해 지배되니 엉망진창이 될
때도 있습니다. 청년들이 꾸리는 학생회가 대체로 이런 협업이나 자치
를 원리로 합니다. 잘 될 때는 정말 잘 돌아가죠. 하지만 안 되기 시
작하면 정말 눈뜨고 보기 힘들 정도입니다. 자기가 잘 알지 못하는 분
야에서 일하다 보니 저마다 실수를 저지르는 거죠. 전체가 실수의 환
상적인 오케스트라를 이룹니다. 아마 여러분 가운데서도 그런 경험을
겪은 적이 있었을 겁니다.

이런 무정부주의를 구원하려는 시도가 없었던 것이 아닙니다. 무정
부주의의 문제는 전체적인 조절을 어떻게 할지가 핵심 문제입니다. 이
를 위해서 개인의 자유를 인정하면서 동시에 공동체에 대하여 헌신하
는 윤리적 태도를 강조합니다.

코뮌주의의 선구자 중의 한 명인 크로포트킨*이 이런 문제점을 깨닫
고 대안을 제시하려 했습니다. 크로포트킨에 따르면 사람에게는 서로
협력하는 유전적 본성이 존재한다고 봅니다. 왜 이게 유전적이냐, 그
이유는 간단합니다. 상호 협력하는 동물이 서로 경쟁하는 동물에 비해
생존경쟁에서 승리할 가능성이 크기 때문입니다. 그 결과 상호 협력하

---

* 피터 크로포트킨(Peter Kropotkin, 1842~1921) : 러시아 귀족 출신이면서 무정부주
  의 이론을 확립하는 데 기여했다. 그는 생물진화가 경쟁이 아니라 협력에 의해 일
  어날 수 있음을 과학적으로 입증하려 했다. 그런 생물진화론에 기초하여 무정부주
  의 사회를 구성하려 했다.

는 동물만이 살아남아서 그런 동물의 유전자만이 계승되었고, 그런 발전 속에 사람이 나왔다는 거죠. 따라서 사람은 상호 협력하는 유전자를 가지고 본능적으로 협력한다고 합니다.

그러나 이런 논리가 과학적으로 타당한가는 의심스럽습니다. 협력하는 유전자가 정말 존재하는 것일까요? 그게 사실이라면 이제 거꾸로 나치 유전자도 발견될 수 있겠죠. 나아가서 이런 유전자를 이용하는 논리는 사람이 자연적으로 결정되어 있다고 주장하는 것이니, 무정부주의의 합리적 원리를 혈연적인 공동체의 수준, 자연적 공동체의 수준으로 다시 격하하는 것이죠. 그런 점에서 이런 이론은 공동체주의를 한 걸음 앞으로 전진시켰다고 보기 어렵습니다.

오늘은 무정부주의를 주로 설명했습니다. 무정부주의는 아름다운 합리적 공동체 이론입니다만 정체와 분열을 극복하지 못합니다.

19강 마르크스의 사회주의 청사진

역사의 희비극

　　최근 우리 현실에서 전개되는 역사의 반동을 보는 마음이 한정 없이 무겁습니다. 이 무거움은 1980년 봄 광주민중항쟁이 피의 숙청으로 끝났을 때의 마음과 같습니다. 1987년 민주화 이후 겨우 30년도 못되어서 독재 체제 속으로 되돌아갔습니다.

　이런 역사적 반동에 부딪힐 때면 항상 마르크스가 한 말이 생각납니다. 마르크스는 역사에는 반복이 있다고 했습니다. 역사에서 반복된 사건은 처음에는 비극이었지만 나중에는 희극이 된다고 말했어요. 사람들은 이 말을 역사의 반복에 강조점을 두는 것으로 이해합니다. 나는 오히려 이 말은 역사의 전진에 강조점이 있는 것으로 이해합니다.

　마르크스가 들었던 예는 바로 나폴레옹과 나폴레옹 3세입니다. 프랑스 혁명 이후 나폴레옹은 비록 황제가 되기는 했지만 그에게는 농촌의 토지를 재분배했던 공이 있습니다. 나폴레옹 황제의 권력은 귀족 지주 세력을 제압하기 위한 부르주아 농민의 독재라는 의미가 있었습니다. 그러기에 프랑스 농민들은 나폴레옹의 패배와 죽음에 대해 연민을 지녔습니다.

나폴레옹 사후 프랑스는 다시 봉건 체제로 돌아갔습니다. 봉건 체제에 시달리던 프랑스 민중이 1848년 2월 혁명을 일으켰죠. 나폴레옹의 꿈을 기억하는 프랑스 민중은 나폴레옹의 조카인 나폴레옹 3세를 대통령으로 추대했습니다. 나폴레옹 3세는 상층 부르주아인 금융자본과 유착하였고, 그 때문에 민중에게 불신을 받았습니다. 그는 재선이 불가능하다는 것을 알고 쿠데타를 일으켜 황제가 되었죠. 나폴레옹을 본받은 쿠데타입니다.

마르크스는 나폴레옹의 황제 등극과 나폴레옹 3세의 쿠데타는 서로 의미가 다르다는 것을 알았습니다. 나폴레옹의 권력이 농민을 위한 독재였다고 한다면, 나폴레옹 3세의 권력은 금융자본을 위한 독재였던 것이었죠. 나폴레옹을 지지한 초기 부르주아(농민)가 민중과 협력하여 귀족 지주에게 대항하였다면, 나폴레옹 3세를 지지하는 금융 부르주아는 귀족을 대신하여 민중을 탄압하는 권력이 되었습니다.

이런 역사적 사실을 보면 역사가 비록 반복되는 것 같지만 사회적 토대는 끊임없이 변화하고 있다는 것을 알 수 있습니다. 동일한 황제 등극도 역사적으로 다른 의미를 지니게 된 것이죠. 나폴레옹의 경우는 민중의 힘이 부족해서 나폴레옹이 대신했지요. 그러나 나폴레옹은 힘이 부족해 쓰러졌으니 나폴레옹의 쿠데타는 역사의 비극이었다는 겁니다. 여기에는 안타까운 마음이 들어 있습니다. 반면 나폴레옹 3세 시기에는 이미 민중의 힘이 발전했습니다. 그런 민중의 힘에 놀라서 부르주아지가 민중의 힘을 억압하려 했습니다. 그것을 위해 나폴레옹 3세가 쿠데타를 일으킨 거죠. 이 쿠데타는 성공했지만 약 20년 뒤 보불

전쟁(1870) 때문에 실패로 돌아갔습니다. 왜냐하면, 이미 민중의 힘이 그만큼 성장했으니까요. 그래서 마르크스는 민중의 힘을 알지 못한 채 역사를 반복한 나폴레옹 3세에게 조소를 퍼부었고, 두 번째 쿠데타는 무의미한 희극으로 끝날 것이라고 말했던 겁니다. 역사를 조금이라도 전진시키는 역사적 행위는 비록 실패하더라도 의미가 있습니다. 역사를 후퇴시키는 행위는 성공하더라도 무의미한 행위이며 조소를 받을 뿐입니다. 역사의 전진을 바라보는 마르크스의 혜안이 이 말에 깔려 있습니다.

역사의 종말

우리의 경우도 마찬가지입니다. 우리 사회에서 사회적 토대는 이미 변화했습니다. 우리에게 독재가 다시 돌아오더라도 그 의미는 다를 게 틀림없습니다. 비교해 보면 이런 반복은 나폴레옹 3세의 반복된 쿠데타와도 차이가 있다고 봅니다. 그래서 나는 박정희의 유신체제와 우리 시대의 독재체제를 비교하면서 첫 번째는 공포극이고, 두 번째는 희극이라고 말하고 싶습니다.

비극이 주인공에 대한 연민과 공감을 야기하는 것이라 한다면, 공포극은 주인공에 대해 오직 혐오와 증오를 야기하죠. 박정희 시절 민중의 힘이 결핍되었습니다. 그의 독재를 어떤 힘으로도 막을 수 없었죠. 그것은 민중에게 공포였습니다. 나폴레옹에 대해서는 연민을 지니더라도 박정희에게는 그저 공포만이 존재합니다. 그래서 비극이 아니고 공포극이라고 하는 겁니다. 그러나 이제 민중의 힘이 결코 무시할 수 없

을 정도로 강합니다. 이 시대 새로운 독재는 나폴레옹 3세의 쿠데타와
마찬가지로 조롱의 대상이 되는 희극이 될 것임이 틀림없습니다.

마르크스의 역사철학의 관점에서 본다면 청년들이 나에게 던진 일곱
번째 주제에 대해서도 어느 정도 대답할 수 있지 않을까 합니다. 청년
들이 나에게 던진 주제는 "역사가 자본주의적인 종착점에 도착했나?"
하는 주제입니다.

1990년대 많은 지식인을 사로잡았던 물음이 그런 것이었습니다.
1990년대를 거치면서 소련을 비롯한 사회주의 진영이 붕괴했습니다.
많은 우여곡절 끝에 사회주의 국가는 소수의 예외를 남겨놓고 거의 대
부분 자본주의 진영 속으로 투항하고 말았습니다. 그때부터 역사의 종
말이라는 주장이 제기되었습니다. 대표적으로 사회주의 진영 붕괴를
전후하여 미국의 프랜시스 후쿠야마가 《역사의 종언》(1989)에서 그런
주장을 전개했었죠.

사실 이런 역사의 종말이라는 주장은 우리나라뿐만 아니라 서구에서
도 많은 사상가, 지식인, 교수가 암암리에 동조하고 있는 것으로 보입
니다. 그런 점은 이미 청년들도 알고 있는 것 같아요. 그래서 이 주제
와 연관된 청년들의 물음을 보면 이런 말이 언급되고 있습니다.

"모든 시사 토론의 깔때기 결론은 현실은 변하지 않는다는 것이다."
"자본주의 비판도 사람의 얼굴을 한 자본주의에서 끝나는 것이 아니냐?"
"역사는 변화를 위한 실천이 말짱 도루묵이라고 가르치고 있지 않나?"

솔직히 '역사의 종말'이라는 주제는 너무나도 거창한 주제라서 쉽게

답하기 어렵습니다. 그런 세계사적인 문제에 대해 결론을 내리기에는 나의 공부가 아직 부족하죠. 그래서 나는 이렇게 생각해 보았습니다. 나의 생각을 요약하자면 이렇습니다. '자본주의에 관한 대안이 있는가를 먼저 생각해 보자. 지금까지 학자들이 여러 대안을 제시했지만 사회주의를 제외하고는 대안이라 할 것은 없지 않은가? 최근의 많은 지식인이 대안으로 제시하는 무정부주의가 초기 자본주의 또는 사람의 얼굴을 한 자본주의로 되돌아가는 것이라면, 그것은 자본주의의 대안이 아니라 개선에 불과할 것이다. 결국 사회주의가 문제이다.'

그래서 나는 이런 방식으로 청년들에게 답해 보려 합니다. 현재 유일한 대안으로 제시되었던 사회주의가 아직도 가능성을 가진다면, 역사는 그 가능성을 찾아 언젠가는 앞으로 나가지 않을까요? 그러나 사회주의에 더 이상 가능성이 없다면 청년들이 물었던 것처럼 역사는 정말로 자본주의에서 종착에 이른 것이라고 보아도 과언은 아닐 것입니다. 그래서 이번 강의(19강)에서는 사회주의 사회의 기본 원리인 마르크스의 사회주의 이론에 관해 설명하고, 다음 강의(20강)에서는 사회주의 사회의 문제점에 관해서 살펴보고, 이어지는 강의(21강)에서는 사회주의의 가능성에 대해 평가해 보고자 합니다. 이야기의 호흡이 좀 길어지기 때문에 여유를 가지고 들어주기 바랍니다.

마르크스의 프루동 소유론 비판

생각해 보면 사회주의는 인류에게 커다란 희망을 주었던 공동체 운동이었습니다. 사회주의는 자본주의에 대한 다양한 대안 가운데 가장 장점이 많았고 실현 가능성이 높았던 체제였죠. 사회주의는 실제로 거의 백 년 동안 실현되었고, 아직도 몇몇 나라가 사회주의 이상을 위해 분투하고 있습니다. 그럼에도 불구하고 대다수 사회주의 국가는 1990년대 몰락기에 마치 사상누각처럼 허물어지고 말았습니다. 아무도 애도를 위한 만가조차 불러주지 않았습니다. 한때 사회주의에 관심을 가졌던 많은 지식인조차 사회주의 진영의 몰락 이후 냉담해졌습니다. 이렇게 엄청난 희망과 지독한 절망이 교차했던 사회주의, 대체 무엇이 문제였을까요?

사회주의 운동은 거의 백 년에 걸친 운동이었고, 그 가운데 수많은 작은 흐름이 합류하고 있었습니다. 마르크스가 스스로 제시한 사회민주주의에 이어서 레닌의 혁명적 공산주의 운동이 출현했죠. 20세기 후반에 이르면 서구에서 수정된 마르크스주의(루카치, 그람시, 마르쿠제 등)가 등장합니다. 서양에서의 마르크스주의의 흐름을 이어받으면서도 민족주의를 강조하는 아시아 마르크스주의(마오주의, 김일성주의), 그리고 라틴 아메리카에서 전개된 사회주의 혁명 운동도 있죠. 이 많은 흐름을 이번 강의에서 다 언급한다는 것은 불가능할 것입니다. 오늘 강의에서는 핵심적인 것만 짚어나가도록 하고, 더욱 상세한 것은 여러분이 스스로 공부할 수밖에 없을 겁니다.

마르크스주의의 출발점은 앞에서 언급한 무정부주의에 대한 비판에 있었습니다. 무정부주의는 기본적으로 사회를 '사용자의 소유'라는 원칙에 따라 개조하려 했습니다. 무정부주의가 강조한 개념을 여기서 다시 상기해 보죠. '공동 소유', '협업', '자치', '코뮌연합' 등의 개념이었습니다. 어떻게 보면 무척이나 아름다운 무정부주의의 공동체가 또한 문제점을 가지고 있다고 했습니다. 그 문제점이란 바로 분열과 정체였습니다. 조용하게 썩어가는 고인 물과 같다는 비유도 기억날 겁니다. 바로 이런 문제점 때문에 마르크스주의가 출현합니다. 마르크스는 무정부주의의 선구적 이론가 프루동에 대한 비판으로부터 자신의 이론적 체계를 세웠습니다.

이쯤해서 무정부주의에 관해 마르크스가 제시한 비판을 소개할 필요가 있을 것으로 보입니다. 프루동의 책 가운데 《빈곤의 철학》(1846)이라는 저서가 있는데, 마르크스는 이것을 비판하면서 《철학의 빈곤》(1847)이라는 책을 쓰죠. 이런 비판은 '소유권 이론'에 대한 마르크스와 프루동의 이론적 차이 때문에 생겨납니다.

마르크스의 비판은 여러 가지 문제에 걸쳐 있지만 결정적인 것은 소유의 문제와 연관됩니다. 프루동의 무정부주의는 사용자의 소유권을 인정하므로 개인이나 공동체의 소유를 바탕으로 합니다. 그러나 마르크스의 주장은 소유의 근본적인 폐지이고, 어떤 소유도 인정하지 않아요. 소유의 완전한 폐지란 아무도 소유하지 않는다는 뜻이 아닙니다. 소유의 폐지란 어떤 개인이나 어떤 집단, 어떤 공동체에게도 소유를 인정하지 않는다는 뜻입니다. 소유의 폐지란 곧 사회 전체가 소유한다는 것이죠. 사회 전체를 대변하는 인민의 일반의지가 국가라면 사회적 소유란 곧 국가적인 소유가 됩니다. 물론 이런 국가적 소유는 전 세계적으로 소유가 폐지되는 단계에 도달하기 전 중간적인 단계에 나타나는 소유입니다. 마르크스는 국가적 소유를 '소유의 최후 형태', '더 이상 의미가 없어진 소유', '소유로서 자기를 폐지하는 소유'라고 합니다. 이 점이 공동체의 공동 소유를 인정하는 프루동의 무정부주의의 원리와 결정적인 차이점입니다.

마르크스가 프루동의 공동 소유를 비판하고 국가적 소유를 주장한 이유가 무엇일까요? 이 강의에서는 경제학적으로 복잡한 이론적인 문제(예를 들어 잉여가치 이론)를 파고들기보다는 마르크스가 프루동을 비판하는 실질적이고 실천적인 이유에 주목하는 것이 좋겠습니다. 이론적인 차이는 여러분들이 경제학 강의를 통해서 직접 알아보기를 기대합니다.

앞에서도 말했지만 공동 소유의 경우 소유권이 코뮌의 공동 구성원에 속하므로 코뮌 사이의 분열을 조절할 길이 없습니다. 사회의 생산력이 발전하더라도 코뮌은 위험한 미래보다는 안전한 과거를 택함으로써 정체하게 되죠. 사회적 생산 전체는 고정되고 심지어는 화석화되고 맙니다.

공동 소유는 갈라파고스 섬처럼 정체에 이르게 됩니다. 이를 피하려면 서로 간의 경쟁이 다시 등장하지 않을 수 없습니다. 그렇게 된다면 어떤 결과가 될까요? 역사적으로 보면 개별 소유자가 평등하게 소유하고 있던 초기 자본주의는 내적인 분화를 거쳐서 소유가 집중된 독점적인 자본주의로 발전했습니다. 마르크스는 이와 마찬가지로 프루동이 주장하는 무정부주의의 사회도 다시 이런 분화를 겪게 될 것이라 보았습니다. 공동 소유는 이런 경쟁을 통해 더 큰 대단위 공동체 소유로, 독점적 공동체의 소유로 바뀌게 되죠. 마르크스는 프루동의 무정부주의는 가만히 놓아두면 저절로 자본주의가 가는 길을 따라가게 된다고 했습니다.

바로 이런 점에서 프루동은 자본주의 태내에 머무르면서 자본주의를 인간화하려 했다고 비판됩니다. 앞 장에서 무정부주의를 프랑켄슈타인에 나오는 슬픈 괴물에 비유했던 것이 이런 이유 때문이었습니다. 마르크스는 프루동의 소유 이론이 당도하는 미래를 꿰뚫고 있었습니다.

마르크스는 공동 소유가 처한 이런 운명을 피하기 위해서 소유권의 폐지를 주장합니다. 소유는 사회 전체의 소유이며, 이 소유에 대한 지배의 권리는 전체 인민에게 속하는 것이죠. 그렇게 된다면 전체 인민이 합의를 통해 코뮌을 형성하거나 소멸시키며 발전시키거나 축소할 수 있을 겁니다. 마르크스는 이런 사회 전체의 소유를 통해서 생산의 끊임없는 발전을 따라가려 했던 것으로 보입니다.

민주를 넘어 자치로

사실 마르크스의 경우 미래에 도래할 사회주의 사회에 대하여 명확한 청사진이 있었던 것은 아닙니다. 그는 소유의 폐지, 국가적 소유라는 기본적 입장만 지녔다고 해도 과언이 아닙니다.

그는 상업과 교환에 대해 적대적이지 않았습니다. 상업과 교환이 착취의 원인은 아니기 때문입니다. 그러나 그는 미래 사회주의 사회에서 상업과 교환이 폐지되기를 기대했습니다. 그것은 상업과 교환이 비록 착취는 아니지만 생산 자체의 무계획성, 무정부성을 증가시켜서 수요와 공급의 항상적인 불일치, 공황을 야기하기 때문입니다.

마르크스가 대안으로 제시했던 체제가 전 사회가 수요와 공급을 계획적으로 관리하는 계획경제였죠. 그는 이런 계획경제가 반드시 사회주의적 요소라고 보지 않았습니다. 이미 자본주의가 독점 단계에 이르게 되면 수요와 공급이 자본의 집합(트러스트, 콘체른, 재벌 등)에 의해 조절될 수 있을 것으로 보았습니다. 이런 트러스트에 의한 조절이 전면화되어 사회적 생산 전체를 관할하게 된다면 그것이 바로 국가적 계획경제라고 보았죠. 이 경우는 자본주의적 소유가 남아 있으니 자본주의적 계획경제가 되겠죠. 여기서 소유가 폐지되면 바로 사회주의 계획경제가 됩니다.

그는 이런 계획경제의 가능성을 매우 높이 평가했습니다. 계획경제는 생산의 무정부성을 제거할 뿐만 아니라 생산을 환경의 변화에 기민하게 대응하게 하여 생산을 급속도로 발전시킬 수 있다고 믿었습니다. 이런 계획경제가 가능하려면 소유가 분산된 자본주의나 무정부주의가 아니라, 국가적 소유가 전제로 되어야 한다고 보았던 것이죠.

실제로 사회주의 국가 초기에는 국가적 계획경제에 의해 사회적 생산의 다이내믹한 발전이 일어났습니다. 사회주의 혁명 초기에 소련이나 중국의 발전을 보면 정말 괄목한 것이었습니다. 그 속도, 그 풍성함에 대해서는 사회주의 사회를 비판하는 사람도 충분히 인정합니다. 우리가 오늘날 낙후되었다고 비난하는 북한조차도 적어도 1970년대 초반까지는 우리보다 발전 속도가 더 월등했다고 말할 정도이니까요.

소유의 모든 권리가 국가로 이전하게 되자 이제 국가가 아주 엄청난 힘을 가지게 되었습니다. 사회적 생산의 총체가 국가의 수중에 있는 것이니까요. 따라서 사회주의에서 이런 국가를 어떻게 구성하는가는 정말 중요한 물음이 아닐 수 없습니다.

마르크스 자신은 이런 사회주의 국가가 어떻게 구성될지 충분하게 파악하지 못했습니다. 그의 국가론은 단상이나 스케치 정도에 머물렀습니다. 마르크스는 1870년 일어난 '파리코뮌'*의 역사에서 사회주의 국가에 대한 어느 정도의 힌트를 얻었으나 그 이상으로 발전시킬 수는 없었습니다. 역사적 경험이 없어서 그의 상상력도 제한되었던 거죠.

사회주의 국가에 관해 뚜렷한 청사진을 세웠던 사상가가 바로 레닌입니다. 레닌은 1905년 1차 러시아 혁명으로부터 얻은 역사적 경험을 마르크스의 파리코뮌에 대한 언급과 비교하면서 사회주의 국가에 관한 이론을 세웠습니다. 그는 1917년 러시아 혁명이 일어나기 직전에 겨우 자신의 이론을 완성할 수 있었죠. 그래서 발간한 책이 《국가와 혁명》(1917)입니다.

레닌은 자본주의 국가나 사회주의 국가나 민주주의에 기초한다는 데에서는 동일하다고 보았지만 자본주의 국가는 민주국가라도 진정한 민주국가는 아니라고 보았습니다. 왜냐하면, 우선 민중에게는 대표권이 없기 때문입니다. 왜 이렇게 되었을까? 그 이유가 중요하죠. 자유민주주의는 지역을 대표하기 때문이라고 합니다. 지역이란 원래 소비의 중심지이고, 명망가가 떠도는 지역이니 여기서는 아무리 선거를 해도 민중의 대표가 승리하기 어렵다고 보았던 거죠.

그래서 그는 사회주의적 민주주의는 지역이 아니라 생산의 단위인

---

* 1870년 9월 보불전쟁에서 황제 나폴레옹 3세가 프러시아 군에 항복하자 파리 시민은 제국을 무너뜨리고 공화국을 선포하고 파리를 포위한 프러시아에 대해 항전을 계속했다. 그러나 고립무원인 상태에서 공화국의 보수파는 1871년 3월 프러시아 군에 항복을 한다. 공화국의 민중파는 혁명적 부르주아지와 더불어 프러시아에 항전을 계속하겠다고 선언한 뒤 파리시를 장악하고 파리코뮌을 선언한다. 하지만 프러시아군의 지원을 받는 보수파 정부가 1871년 5월 말 총공세를 펴면서 파리는 함락하고 파리코뮌은 역사 속에 사라진다. 파리코뮌은 역사상 최초의 사회주의 정부로 알려진다.

공장이나 농장을 기초로 해야 한다고 보았습니다. 여기에서는 생산자가 다수를 차지하고 있고, 따라서 생산자가 자신의 대표를 보낼 수 있다고 보았던 겁니다. 예를 들어, 한국에서 20만 명 정도의 선거권자가 있으면 국회의원을 내보낼 수 있다고 해요. 대학생 수가 약 2백만 명이니 10명의 대학생 대표가 국회의원이 될 수 있잖아요. 자본주의에서는 지역으로 청년들을 흩어버리니 청년 대표는 꿈꿀 수 없는 거죠.

또한 그는 자유민주주의는 실제 실행은 관료들이 담당하면서 관료가 국민주권을 껍데기로 만든다고 합니다. 그는 사회주의 국가는 민주를 넘어서 자치가 기본이 되어야 한다고 보았습니다. 그래서 법이나 목표를 세우는 것이 아니라 그것을 실행하고 정책을 결정하는 것조차 민중이 직접 담당해야 한다고 보았죠.

생산단위를 토대로 하는 민주주의나 민중의 직접적 자치라는 개념은 레닌이 무정부주의에서 받아들인 것입니다. 무정부주의는 레닌 이전에 러시아에서 강력한 영향을 미쳤고, 레닌 역시 그런 역사적 전통 위에서 마르크스주의를 받아들였기에 그의 사유에는 무정부주의의 흔적이 다분합니다. 레닌은 러시아 혁명 가운데서 전국 소비에트가 세워지자 이것이 국가의 맹아적 형태라는 것을 간파했습니다. 왜냐하면, 소비에트는 생산단위를 중심으로 조직되었고, 또 자치적인 조직이었기 때문입니다. 소비에트는 그의 사회주의 국가 개념에 딱 들어맞았습니다.

무정부주의와 마르크스주의의 결합

레닌의 사회주의 국가 원리는 두 가지 전통에서 흘러나옵니다. 사회주의 국가는 한편으로 소비에트 자치라는 개념과 다른 한편으로 국가에 의한 계획적 생산이라는 개념으로 이루어집니다. 계획적 생산, 국가적 소유는 마르크스적인 것입니다. 반면 소비에트 자치란 무정부주의적인 것이죠. 결과적으로 무정부주의와 마르크스주의의 상당히 기묘한 연합전선이 형성되었습니다.

사회주의 국가는 이렇게 무정부주의의 요소와 마르크스주의적 요소가 결합함으로써 개인과 공동체의 균형을 찾으려 했습니다. 전자는 개인의 자율성을 강조합니다. 후자는 사회 전체로서 국가의 고유한 가치를 강조하죠. 이런 균형만 본다면 사회주의 국가는 매우 아름답게 보입니다. 그러나 개념적으로 보면 그렇다는 말입니다. 현실 사회주의는 이런 개념대로 이루어지지 않았습니다. 이런 현실 사회주의의 모습에 관해서는 다음 강의에서 다루기로 하죠.

20강 사회주의, 왜 무너졌을까?

폭력의 무기력

오늘부터 새해가 시작되는군요. 새해 인사로 좋은 말이 없을까 생각했는데, 문득 교황의 말씀이 떠올랐습니다. "두려워하지 말라!"

20세기 초 나라를 잃고, 해방 이후에는 전쟁을 겪고, 그 후 계속된 독재의 유린 속에 살아왔기에 우리나라 사람들은 특히 두려움이 많은 것 같습니다. 이런 두려움 때문에 사람들은 안전한 방파제를 마련하기 위해 안절부절못하고 있죠. 우리나라 사람들이 개인적 생존을 절대화하고, 모든 것을 그 수단으로 삼으며, 기회주의적으로 살아온 까닭은 슬프게도 이런 두려움 때문이 아닐까 합니다. 이웃과 사회를 돌아보고, 미래를 향해 열린 생각을 하지 못하는 까닭도 이런 두려움 때문이 아닐까요?

우리나라에서 간첩 사건이 자주 조작되는 이유를 아나요? 그런 조작이 너무나 어설퍼서 법정에 가면 거의 탄로되고 맙니다. 그래도 국가와 국정원이 조작을 멈추지 않는 이유가 무얼까요? 사람들이 가진 이런 두려움을 자극하려는 것 때문이 아닐까요? 나중에 조작이 드러나더라도 그런 조작은 이미 사람들의 두려움을 자극하는 효과를 발휘했기에 목적을 달성한 거죠. 그러기에 어설픈 조작이라도 서슴지 않지요. 사람들은 자신이 혹 간첩으로 몰리지 않을까 조심하면서 스스로를 검열하게 되죠. 그는 차라리 다른 사람을 친북이니 종북이니 비난하면서 자기에게 덮어씌울지 모를 혐의를 미리부터 피하려 합니다.

어떻게 하면 이런 두려움에서 벗어날 수 있을까요? 정면으로 마주보지 않고 마음속으로 상상하기 때문에 두려운 것이 아닐까요? 두려움을 정면으로 바라보고, 이에 맞서는 순간 두려움의 대상이 사실은 보잘것없는 존재라는 점이 폭로되지 않을까요? 우리가 두려워하지 않는다는 것을 알면 지금껏 우리를 두렵게 했던 자가 오히려 우리를 두려워하지 않을까요? 마치 일제강점기 무지렁이 조선인이 3·1운동을 통해 맨손으로 일어나자 일본인이 조선인을 두려워했던 것처럼 말입니다.

폭력을 휘두르는 독재정부가 끝내 무너지고 마는 가장 큰 이유가 여기에 있습니다. 폭력은 한번 얻어맞으면 그다음부터는 더 이상 효력이 없다고 합니다. 폭력의 효력을 강제하기 위해서는 더 큰 폭력이 필요하겠죠. 하지만 물리적 폭력에는 한정이 있습니다. 언젠가 더 이상의 폭력은 가능하지 않다는 것이 폭로될 때 독재정부는 무너지고 말죠. 유신체제와 군부독재자가 동원했던 그 수많은 긴급조치, 무자비한 폭력에도 불구하고 독재정부는 무너지고 말았습니다. 나는 1987년 6월 항쟁에서 경찰이 시민들에게 포위되어 무장해제당하는 것을 두 눈으로 보았습니다. 폭력의 무기력을 직접 확인한 거죠.

사회주의의 경제적 문제점

그럼, 본론으로 돌아가죠. 나는 인류가 생각해낸 공동체 가운데 사회주의처럼 아름다운 공동체는 없다고 생각합니다. 적어도 개념적으로는 그렇다는 것이죠. 하지만 이 세상에 완전한 것은 없습니다. 오직 신의 세계에서만 완전한 것이 있을지 모르죠. 이 세속적인 세계에 있는 아름다운 것 속에는 이미 내부에 구멍이 들어 있습니다. 아름다운 사회주의 사회의 구멍은 어디에 있을까요?

일단 경제적 문제점부터 살펴보기로 하죠. 지금까지 내가 살펴본 사회주의 비판론은 경제적인 측면에서 한정해 볼 때 다섯 가지로 정리해 볼 수 있습니다. ① 생산성 하락 ② 지나친 군수산업 ③ 생산의 무정부성 ④ 생산력이 일국적 차원에 머무르는 한계 ⑤ 과학기술에서 창의성 부족 문제라 합니다.

①에 관해서는 흔히 "사회주의 공장에 견학을 갔더니, 우리나라 공장에서 열 명이 하는 일을 백 명이 모여서 하더라!"는 속설이 단적인 예가 됩니다. 나는 이런 속설이 일리가 있다고 생각합니다. 노동자에 대한 강제가 불가능하고, 오직 자발성에 의존해야 하니 그만큼 노동 강도가 떨어지는 경우가 많을 것은 틀림없습니다.

②에 관해서 내가 직접 친구에게서 들은 말입니다만, 고르바초프 개혁 시대(1990년대 초 사회주의 몰락 직전) 소련에 갔더니 호텔의 비누가 정말 조악해서 차마 사용하지 못했다고 합니다. 그런 나라가 어떻게 인공위성을 쏘는지 자기는 이해하지 못하겠다고 했어요. 이 말도 사실이라 생각합니다. 내가 우연히 어느 논문에서 중국에서 대약진 운동

시절의 경제계획을 보았습니다. 그때 총생산의 95퍼센트가 중공업 및 군수산업에 투자되었더군요. 경공업, 생필품 공업에 겨우 5퍼센트가 투자되었다 합니다. 과학기술이란 투자를 얼마나 하는가에 의해 좌우됩니다. 그러니 인공위성을 쏘더라도 비누가 조악할 수 있는 것이겠죠.

소비적 생산의 열악함과 관련하여 사회주의적 생산이 소비자의 감수성과 문화를 고려하지 않는다는 것도 주목할 만합니다. 투박하지만 실용적인 것이 사회주의적 물품의 특징입니다. 나는 사회주의 사회에서 지식인 기술자들의 욕구를 충족하는 상품, 문화적 상품의 생산이 절대적으로 뒤졌다는 느낌을 받습니다.

③에 관해서도 일화가 많아요. 사회주의 시절 소련에 각 주마다 제철공장이 있는데, 제철공장마다 수요가 부족해서 생산품을 야적장에 쌓아놓았다고 합니다. 이것도 내가 재벌 상사에 다니는 친구에게서 직접 들은 이야기입니다. 처음 어떤 주에서 제철공장을 만들 때는 전국적인 수요를 책임지도록 크게 만들었는데, 다른 주에서도 똑같은 크기의 제철공장을 만들었다는 거죠. 사회주의의 원리상 지역적 차등을 없애려 노력하는 가운데 그런 결과가 나온 것으로 짐작됩니다.

④도 역시 일리가 있습니다. 지금 자본의 생산력은 세계 시장을 토대로 전개되고 있습니다. 사회주의 국가는 여전히 국내적 생산을 기본으로 합니다. 제국주의적인 약탈을 거부하니까요. 그러니 생산력이 그만큼 떨어질 것도 분명합니다. 소련과 동독은 사회주의 국가들 가운데 최고의 생산력을 가진 나라였으나 개방 이후 거의 모든 기업이 서방의 기업과 경쟁 끝에 몰락했다고 합니다. 그만큼 생산력이 떨어졌다는 것이겠죠.

마지막으로 ⑤도 쉽게 이해됩니다. 20세기 후반에 들어 서구 자본주의는 가전, 자동차, 컴퓨터, 가상기술, 통신기술, 의학기술 등에서 수많은 창의적인 제품들을 생산했습니다. 거기에 반해 사회주의 국가에서 출현한 기술적 혁신제품은 아무리 손으로 꼽아 보려 해도 찾을 수 없습니다. 내가 잘 모르는 군사적 분야를 제외한다면 정말 그렇습니다.

이상 여러 가지 비판을 나열해 보았습니다. 내가 경제학 전공이 아니라 이런 비판이 어느 정도까지 사실인지는 정확하게 알지는 못합니다. 그럼에도 불구하고 사회주의의 원리상 현실이 그럴 것으로 짐작됩니다. 나는 그런 점에서 사회주의 경제 비판이 사실일 것이라고 짐작합니다.

사회주의적 생산의 새로운 가능성

이 가운데 나는 ①노동자의 생산성이 떨어지고, ④세계적 생산력의 수준을 따라가지 못한다든지 하는 문제점들은 사회주의 사회의 장점 때문에 발생한 것이라고 생각합니다. 노동이 자발성에 의존하고, 제국주의적 약탈을 거부한다는 것은 올바른 삶의 태도입니다. 그 결과 만일 경쟁력이 떨어졌다면 그것은 감내할 수밖에 없는 일입니다.

내가 풍요하게 살고 싶어도 남의 것을 빼앗아 가면서 살아갈 수는 없지 않을까요? 만일 자본주의도 그 원리대로 공정한 교환과 자유로운 경쟁에 의존한다면 실제 발전의 속도는 지금보다 뒤떨어질 것입니다. 아마 사회주의보다 더 못하지 않을까요? 현실의 자본주의 사회처럼 약탈과 기만과 착취에 의거해서 고도의 발전을 이룬들 그것은 소수의 이익에 불과하고 전체의 이익은 되지 않을 겁니다. 과연 이런 약탈로 이룬 발전이 일반 민중에게 무슨 의미가 있을까요?

그러나 위의 단점들 가운데 나머지 두 가지 ②, ③, ⑤의 측면은 사회주의의 제도적 측면과 관련된다는 측면에서 매우 치명적입니다. 자본주의의 고유한 특징이 생산과 소비의 무정부성이고, 그 결과가 끝없는 공황, 만성적인 실업이라 합니다. 사회주의적 계획생산의 최고의 장점은 이런 생산과 소비의 무정부성을 제거하여 이런 공황과 실업을 절대적으로 제거할 수 있다는 데 있다고 주장해 왔습니다. 결과적으로 보면 그 반대 현상이 일어났습니다. 코뮌 간의 생산을 조절하지 못해 과잉 생산이 일어났습니다. 생산의 무정부성이 재생된 거죠. 인위적인 계획에 의해 국가는 대부분의 생산을 중공업과 군수산업에 집중했습니다. 그 결과 소비적 생산은 극도로 위축되었죠. 그러니 과학기술에서 중공업과 군수산업이 발전했다고 하더라도 소비적 생산 부문에서 과학기술은 발전하지 않고, 창의적인 제품도 결여되었습니다.

사회주의는 생산을 계획한다는 명목으로 수요공급의 모순을 강화했습니다. 자본주의라면 이런 모순이 이미 공황으로 발전해서 단기간의 극심한 고통 끝에 다시 조절되었을 것입니다. 사회주의이기에 이런 모순은 수십 년간 지속되었다가 최종적으로 폭발한 것이죠.

이런 결과 때문에 사회주의적 경제 자체가 근본적으로 성공할 수 없다고 단정하기에는 이르다고 봅니다. 사회주의의 경우에도 합리적인 생산계획이 가능할 것으로 보이기 때문입니다. 나는 사회주의 국가가 소비적 생산을 강화한다면, 적어도 생산부문과 소비부문의 합리적 비율을 고려하여 계획한다면 사회주의의 경우에서 소비적 생산은 과거

사회주의 초기에 못지않게 비약적으로 발전할 것으로 생각합니다.

만일 계획적인 생산을 통해 이런 비율을 합리적으로 조절하기 힘들 경우라면 사회주의적 상품생산을 고려해 볼 수 있다고 생각합니다. 앞에서 말했듯이 무정부주의와 달리 사회주의는 상품관계를 착취라고 보지 않습니다. 그러므로 사회주의는 합리적인 상품관계를 도입할 수도 있을 겁니다. 역사적으로도 이미 레닌이 내전 이후 신경제정책을 통해 상품 관계를 도입하려 했습니다. 중국은 개혁 개방 이후 대대적으로 이런 상품 경제를 도입했고요. 현재 세계 사회주의 국가 대부분은 상품교환 체제의 도입을 통해 생산의 불균형을 해결하려는 것으로 보입니다.

개혁 개방보다 더 급한 것

그러면 왜 사회주의는 생산과 소비의 조절에 실패했나요? 생산과 소비, 생산재와 소비재, 국가부문과 사적 부문 사이의 균형적 발전에 관해 그토록 강조했던 것이 마르크스 《자본론》의 기본정신이 아니었던가요?

자본주의의 결정적 파멸을 마르크스가 예고했을 때 그가 제시했던 근본적인 이유는 결코 사회적 불평등이 아니었습니다. 마르크스가 자본주의의 결정적인 폐해로 본 것은 생산의 무정부성이며, 그 결과 나타나는 공황입니다. 이런 공황이 발전하게 되면 생산 자체가 마비된다고 합니다. 그러면 지진과 같은 대재앙이 발생한다는 거죠. 물론 지진이 나도 살아난 사람은 새로운 지형에 적응해 살아가듯이 자본주의도 마찬가지입니다. 새롭게 다시 생산이 시작되고, 이번에는 더 큰 규모로 생산이 발전하면서 더 큰 공황을 예비한다고 합니다.

이런 자본주의의 모순을 해결하기 위해 제시한 것이 소유의 폐지이고, 이는 다시 말하자면 국가적 소유입니다. 그런 사회주의가 생산을 조절하지 못했다면 치명적인 문제라고 봅니다. 사회주의적 소유가 자신을 유지하기 위해서는 이렇게 생산 자체를 조절하지 못한 원인 자체를 찾아야 합니다. 개혁 개방보다 이게 더 급한 것이 아닐까 생각합니다. 그러면 그 원인은 무엇일까요? 나는 경제보다는 오히려 정치적인 제도에 원인이 있다고 봅니다. 이런 정치 제도적인 문제점은 다음 시간에 이야기하도록 하죠.

21강 사회주의에 희망이 있는가?

독일 예나, 도심 한가운데 있는 공장 굴뚝

오늘은 독일 예나 이야기로부터 시작해 보려고 합니다. 나는 독일이 통일된 이후, 1998년 독일에서 안식년을 보냈습니다. 그때 나는 독일 중부에 있는 예나라는 도시에 가보고 싶었습니다. 이 도시는 독일 낭만주의의 고향입니다. 잘레 강변에 위치한 예나는 예로부터 무척이나 아름다운 도시로 칭송을 받았어요. 나는 차를 몰고 구동독의 만신창이가 된 도로를 툴툴거리며 가로질러서 예나에 도착했습니다.

도시의 광장에 도착하자 맨 처음 내 눈에 뜨인 것은 백화점도, 쇼핑센터도, 음식점도, 관청가도 아니었습니다. 놀랍게도 도심의 한가운데 높다란 굴뚝과 공장이 있었습니다. 통독 이후 새로 생긴 조그마한 가게들이 굴뚝과 공장을 주변으로 옹기종기 모여 있어서 그 부조화의 분위기에 경악했습니다. '사회주의는 왜 도심 한가운데 굴뚝과 공장을 세웠을까?' 나는 생각에 잠기는 가운데 깨달았습니다. '사회주의 사회에서 도심에 있어야 할 것이 무엇이겠는가? 아마도 노동자들이 다니기 가장 편한 곳이 도심이었을 테니 거기 공장이 있는 것은 당연할 것이다.' 그

리고 나는 생각했습니다. '저게 사회주의다!'

이번에는 자본주의의 도시를 한번 보세요. 우리는 금방 그 차이를 알 수 있습니다. 커다란 백화점, 쇼핑센터가 도심의 한가운데를 차지하고 있죠. 일과가 끝난 사람들은 심지어 육체노동자조차 하나의 소비자가 되어 도심을 어슬렁거리는 것이 자본주의의 풍경입니다.

이런 차이는 낮과 밤의 차이이기도 하지 않을까요? 자본주의 사회에서 도시는 항상 밤에 빛납니다. '불야성(不夜城)'이라 하죠. 반면 사회주의 사회에서 도심은 낮의 일터입니다. 밤이 되면 도심은 텅 비어버릴 것이 틀림없어요. 사회주의 사회에서 도심에 불빛이 없다는 것은 그 사회의 원리상 당연하다 하겠습니다.

'도심 한가운데 있는 굴뚝', 그것은 사회주의가 노동자, 그리고 생산을 중심으로 전개되었다는 의미가 아닐까요? 좀 더 정확하게 말하자면 노동자 중에서도 공장 육체노동자이며, 생산 중에서도 중공업과 군수산업이 중심이라는 말이 아닐까요? 이것은 거꾸로 전문기술 노동자(서비스업 노동자, 지식인 노동자, 문화예술 노동자 등)와 소비(소비적 생산, 문화적 상품생산)는 사회주의에서 배제되었다는 것을 의미한다고 봅니다.

〈프라하의 봄〉과 자유주의적 지식인

우리는 이런 물음을 다른 관점에서도 바라볼 수 있습니다. 소위 '사회주의의 독재'라는 관점에서 이 물음을 바라보면 어떨까요? 사회주의의 독재를 비판하는 영화 가운데 내가 가장 흥미롭게 본 영화는 〈프라하의 봄〉입니다.

영화 〈프라하의 봄〉의 한 장면. 남자 주인공 의사와 여자 주인공 사진가는
반소 봉기에 참가하여 역사적 기록을 남기기 위해 사진 찍는다.
그런데 봉기가 실패로 돌아간 후 이 사진이 증거가 되어서 다수의 봉기 지식인들이
감옥에 갇히는 역사의 아이러니를 보여준다.

이 영화는 체코의 반체제 작가 밀란 쿤데라*의 소설을 영화로 만든 것이죠. 원래 소설 제목은 《참을 수 없는 존재의 가벼움》이에요. 이 영화는 1968년 프라하에서 일어난 반소 봉기를 배경으로 합니다. 당시 체코의 공산당은 양분되었죠. 친소파와 민족파입니다. 친소파는 급진적인 집단화를 서둘렀던 세력이고, 반대로 민족파는 급진적 집단화를 반대하는 편이었습니다. 시민봉기를 통해 민족파는 일시적으로 승리하지만 결국 소련의 무력 개입으로 친소파가 승리하게 됩니다.

이 영화에 등장하는 인물들은 지식인입니다. 그들은 록 음악을 즐기고 개인주의적 자유를 갈구합니다. 직업이 의사인 남자 주인공은 성적 쾌락에 탐닉하면서도 반체제적인 지식인입니다. 그는 두 여자 사이에서 부유합니다. 한 여자는 화가입니다. 그녀는 성적 쾌락과 가벼운 삶을 즐기고, 무거운 현실에서 도피하려는 사람입니다. 반면 시골 출신의 점원이었던 또 한 여자는 나중에 사진가가 되죠. 그녀는 사랑에 의미를 두고, 삶의 무거운 의미를 추구하려 하고, 현실에 저항하려고 시도합니다. 그녀는 톨스토이의 《안나 카레리나》와 같은 소설을 즐겨 읽죠.

주인공들은 모두 프라하 시민봉기에 참가하고, 봉기가 실패한 이후 국가의 탄압을 받습니다. 주인공들은 처음 이웃 나라로 망명했으나 망명의 삶이 공허하다는 것을 깨닫고, 남자 주인공과 사진가 여자는 다시 돌아오죠. 반면 화가인 여자 주인공은 미국으로 건너가 버립니다.

---

* 밀란 쿤데라(Milan Kundera, 1929년 생)는 체코 소설가이다. 체코가 소련군에 점령당한 후 시민권을 박탈당해 프랑스로 망명하였다. 1989년 체코 민주화 이후 본국으로 임시 귀국하였다. 그는 자기의 경험을 바탕으로 1984년 《참을 수 없는 존재의 가벼움》이라는 소설을 썼다. 1988년 영화감독 필립 카우프만이 이 소설을 영화로 만들었다.

돌아온 두 주인공은 당국의 탄압 때문에 어려움을 겪다가 농촌으로 도피해 버리기도 합니다. 농촌의 자연적인 삶 속에서 그들은 일시적으로 행복을 느끼지만 교통사고로 죽어버리죠.

내가 이 영화에 관심을 가졌던 것은 지식인이 탄압받는 이유가 자본주의 현실에서 지식인이 탄압받는 이유와 대조되기 때문입니다. 여기 자본주의에서 지식인은 주로 가난하고 억압받는 민중을 정치적으로 대변하는 가운데 탄압을 받습니다. 그들은 말하자면 자신의 삶을 민중에게 바치려는 '인텔리겐치아'이죠. 개인이 아니라 사회를 위하여 살아가려고 결심한 지식인이라 할 수 있는 인텔리겐치아는 억압적인 국가에 대해 저항합니다.

반면 사회주의에서 탄압받는 지식인은 주로 자기 자신의 자유주의적인 삶 때문에 탄압받습니다. 그들은 말하자면 전문기술 노동자로서 자신의 실존적 삶을 충족하지 못하기 때문에 저항하죠. 남을 대신해서가 아니라 그 스스로가 억압받는 자인 셈입니다. 이때 그는 자본주의 사회의 민중처럼 빵이 부족해서 저항하는 것이 아닙니다. 그는 사회주의 사회에서 자신의 실존적 삶, 개성과 생명, 욕망과 자유 등을 실현하지 못하기 때문에 저항합니다.

그러므로 독재도 의미가 달라진다는 거죠. 당은 지식인을 억압하지만 억압은 도덕적인 차원에서 이루어집니다. 감시나 감옥 등의 수단이 사용되지 않았다는 이야기가 아닙니다. 말로 설득하든 폭력을 쓰든 당은 지식인의 사상, 문화적 태도를 바꾸려고 억압했다는 거죠. 그런 억압은 지식인의 개인적 자유주의적 태도에 대한 억압입니다. 이것은 착취와는 무관한 억압이고, 마치 학교에서 훈육을 위해 시행하던 억압과 같은 것입니다. 그게 사회주의의 독재라는 것입니다.

　사회주의가 붕괴할 때 가장 앞장섰던 사람들이 바로 이런 전문기술 노동자 계층의 지식인입니다. 나는 동독이 무너지는 1990년 초 반체제 시위를 주도했던 한 여성의 인터뷰를 들은 적이 있습니다. 그녀의 아버지는 폴란드 공산당의 핵심 간부였다고 합니다. 그녀는 대학 시절 동독으로 유학 가서 거기서 반체제 지식인을 사랑하게 되었어요. 그녀의 아버지가 이를 알고 강제로 헤어지게 했습니다. 그녀는 그 후 폴란드를 떠나 동독에서 살았습니다. 그녀는 사랑을 잃은 한을 무려 20년간 품고 있었습니다. 동독에 반체제 시위가 벌어지자 반체제 시위대를 이끄는 지도자가 되었답니다. 그녀의 인터뷰는 잃어버린 사랑에 대한 회한으로 가득 차 있었습니다.

　나는 그때 인터뷰를 보면서 속으로 생각했습니다. '당은 왜 이런 자유주의적인 지식인을 도덕적으로 억압한 것일까?' 사람들은 당과 국가는 개인적으로 권력을 유지하기 위해 지식인을 억압했다고 합니다. 사상 문화적 자유주의를 내버려 둔다면 자유주의의 정치적 바람이 불게 될 테니 그게 위협적이었다는 겁니다. 독재와 자유라는 대립 구도입니다. 그게 서구 지식인 및 언론이 사회주의 독재론을 주장할 때의 핵심적인 의미이죠.

　그러나 나는 이런 '독재 대 자유'라는 구도, 다시 말해 자의적인 권력과 자유주의적 개인의 대결이란 구도에 문제가 있다고 봅니다. 그런 구도는 사회주의 정당과 국가는 비민주적이라는 것을 전제로 합니다. 사회주의적 민주주의는 정말 독재적이었을까요? 만일 그렇게 본다면 사회주의가 민주화된다면 문제가 사라진다는 이야기가 되지 않나요?

더구나 자유주의 지식인의 도덕적 태도가 당과 국가에 그렇게 위협적이었을까요?

정치판이 필요 없는 사회주의 국가

이제 사회주의의 정치 체제를 구조적인 차원에서 살펴보도록 하죠. 사회주의에도 민주주의 국가가 있었습니다. 그게 바로 코뮌 연합체로서의 국가이죠. 이 국가는 자본주의의 국가와 많이 달라서 사람들은 사회주의에는 국가가 없고 그저 당만이 존재하는 것처럼 생각합니다. 마치 이슬람 사회에서 종교가 절대적이어서 거기에는 아무런 정치적 원리나 국가라는 것이 없다고 생각하는 것과 유사합니다. 설혹 국가가 있다고 생각하더라도 그 국가를 자본주의 국가를 통해 유추해서 보기 때문에 제대로 이해하지 못합니다. 이 유추는 좀 이상합니다. 사회주의 국가의 독재를 자본주의 국가의 독재와 동일한 의미로 보는 유추이죠.

자본주의 사회에서 일반적으로 국가는 사회성원들 사이의 이해를 조정하는 것으로 간주합니다. 마르크스주의는 이런 이해를 계급적 이해로 파악하고, 자유주의는 계층별 이해로 분석합니다. 그렇지만 국가가 이런 이해의 갈등을 조정하는 장치라는 점에서는 서로 견해가 합치합니다.* 언론을 통해서 중계되는 자본주의 사회의 정치판을 보면 시끄럽기 짝이 없습니다. 왜냐하면, 생활의 주요 부분이 정치에 의해 좌우되

---

* 계급이란 자본가, 노동자 등 생산관계와 연관되는 구분이죠. 반면 계층이란 직업이나 기능과 연관된 구분입니다. 노동자, 농민, 학생, 기술자 등이 사회적 계층입니다.

기 때문입니다. 당장 자기 목줄이 걸린 분야에 돈이 얼마나 돌지가 정치나 국가의 재정지원으로 결정되니까요.

이렇게 국가가 이해를 조정하는 기능을 지니므로 정치라는 영역은 경제에 대해 자율적인 영역으로 독립합니다. 오늘날 자유민주주의 아래서 사람들은 민주적으로 통제되는 국가가 나서서 사회적인 불평등을 조정해 주기를 기대합니다. 정치가 경제의 보완적인 역할을 해 주기를 기대하는 거죠. 이런 보완적인 역할을 위해서는 정치가 자율적이어야 합니다. 이렇게 자율적이므로 정치는 고유한 독자적인 영역을 가지고 있습니다. 고유한 규칙이 있고, 여기에 참가하는 직업적 정치인이 있습니다. 정치 영역을 둘러싸고 언론과 정당, 각종 사회단체와 압력단체가 각축하는 거대한 정치판이란 게 형성되죠.

그래서 언뜻 보면 자본주의 사회에서 생산은 거의 눈에 안 뜨이고, 마치 비밀스럽게 이루어지는 것 같아요. 정치만이 눈에 확실하게 보이고, 치고받고 난리굿을 하는 것처럼 보입니다. 사람들은 온종일 정치판 돌아가는 것만 쳐다보고 있는 것 같습니다. 이런 정치판을 바라보는 게 사람들의 취미이고 낙이고 즐거움입니다.

사회주의 사회에도 마찬가지일까요? 사회주의에서 사회적 소유는 국가가 관리하죠. 국가란 코뮌의 연합체에 불과합니다. 이 코뮌은 생산의 기본 단위이며, 코뮌의 연합체는 동시에 생산의 체계입니다. 여기서 경제적 영역과 정치적 영역이 따로 분리되지 않습니다. 생산과 분배가 하나의 코뮌 속에 통합되어 있으니 경제적 기능이 곧 정치적 기능인 셈이죠.

소유가 국가적인 소유이니만큼 생산과 분배에서 구성원 사이의 이해 대립이 상당히 약화됩니다. 그저 얼마쯤 더 일하고 얼마쯤 더 분배받는 문제이니까요. 평등성이나 비례성의 원리가 정해져 있어서 대부분 각자 자기 몫이 분명해지니 싸울 필요가 없을 것입니다.

그나마 존재하는 구성원 사이의 대립은 생산의 영역 자체 내에서 조정됩니다. 경제적 영역 밖에서 이해를 조정하는 정치적 영역이 따로 존재하는 것은 아닙니다. 그러므로 이 사회에서는 정치라는 것이 있는지 없는지 알 수가 없습니다. 정치판이란 게 없으니 전문적 정치인도 없고 그것을 둘러싼 언론과 정당도 없습니다. 무엇보다도 정치적인 시끄러움도 없습니다. 노자가 '무위자연(無爲自然)'이라고 한 세계가 아마도 이런 세계가 아닐까요? 노자는 임금이 있으나 백성은 그런 임금이 있는지 모른다고 했는데, 사회주의 사회가 원칙적으로 보면 바로 그런 사회라고 생각됩니다.

경제와 정치가 혼연일치를 이루고 있다는 점에서 본다면 사회주의 국가는 신정국가와 유사하게 보입니다. 사회주의 국가에서 인민대표자회의가 있습니다. 그러나 이 회의는 자본주의 국회처럼 이해를 조정하는 회의처럼 보이지 않습니다. 이 회의는 거의 신에게 드리는 의례처럼 보입니다. 전체적으로 엄숙하고 신성한 분위기가 흐릅니다. 보고는 박수로 인정됩니다. 그래서 마치 "우리의 성과를 신에게 바친다"라고 말하는 것 같습니다. 그 맨 앞에 보고를 드리는 지도자는 마치 제사의 우두머리, 제사장과 같다는 느낌이 듭니다.

국가는 경제적 생산과 분배는 코뮌의 자치에 맡겨두었습니다. 그래도 사회주의 국가만의 고유한 영역이 있습니다. 그것은 바로 사회주의에 대한 내외의 저항을 분쇄하고, 사회주의 혁명을 방어해야 할 기능이죠. 그것은 폭력적 행위입니다. 우리와 같은 외부 관찰자의 눈에는 사회주의 국가의 폭력적 행위의 측면만 나타납니다.

이런 폭력적 방어의 행위는 자본주의 국가라고 해서 예외는 아닙니다. 대외적인 전쟁은 예외적인 상황이니 제쳐놓죠. 대내적인 전쟁은 어떻습니까? 감옥에는 도둑과 강도가 차고 넘칩니다. 이들은 자본주의 소유 질서를 근본적으로 파괴하려는 자들이죠. 말하자면 반혁명 분자입니다. 자본주의 국가에서 이런 방어의 측면은 정치판의 시끌벅적한 논란에 가려져서 보이지 않습니다. 그러나 사회주의 국가에서는 정치판이 없으니까 오히려 이런 측면이 눈에 보이는 것이죠. 사회주의 국가는 매일매일 내외적으로 폭력만 행사하는 것처럼 보입니다.

지식인과 전문기술 노동자의 소외

이 세상에서 모든 사물은 자신의 장점 때문에 멸망합니다. 과도한 발전은 오히려 환경의 변화에 대응하지 못하게 하죠. 공룡이 멸종한 것도 공룡이 가장 적응을 잘했기 때문입니다. 박정희 시대 고도 발전에 사로잡힌 사람들은 아직도 그런 고도성장 모델만이 유일한 길이라 생각합니다. 그런 고집이 IMF 사태를 일으킨 것 아닐까요? 사회주의 국가도 마찬가지 이유로 무너졌다고 나는 생각합니다.

초창기 사회주의 국가는 위대한 승리를 이루었습니다. 정말 이것은 내가 아이러니로서 말하는 것이 아니라 진심으로 말하는 것입니다. 정말 그 승리는 위대했습니다. 이런 승리를 통해서 육체노동자가 주도하는 중공업과 군수산업 중심의 코뮌화된 사회주의가 형성되었죠. 그것

을 제도적으로 뒷받침한 것이 바로 생산과 노동자를 중심으로 하는 소
비에트 민주주의였습니다. 하지만 이 위대한 승리가 바로 위대한 몰락
의 시작이었습니다.

거듭 말합니다만 생산과 소비, 노동자와 지식인, 육체노동자와 전문
기술 노동자는 적절한 균형을 이루어야만 삶과 사회가 유지됩니다. 그
것은 자본주의고 사회주의고 간에 차이가 없습니다. 이런 원리에도 불
구하고 과도하게 중공업, 군수산업 중심의 발전 체제를 계속했습니다.
생산과 노동자, 그리고 육체노동자의 요구만이 우선적으로 관철되었죠.

더구나 생산력의 발전에 따라서 1960년대 서구사회에서는 새로운
변화가 일어났습니다. 육체노동자의 수가 줄어들고 지식인, 전문기술
노동자의 수가 대대적으로 증가했습니다. 이들 전문기술 노동자는 새
로운 감수성, 새로운 문화, 새로운 윤리적 태도를 가지고 있었습니다.
그 결과 새로운 소비혁명이 일어나게 되었죠. 소위 문화상품이 등장한
다고 합니다. 이런 변화를 두고 사회학자들은 자본주의의 새로운 시대,
포스트모던 시대가 열렸다고 말합니다.

사회주의도 마찬가지 아닐까요? 거기도 1960년대 이후에는 새로운
변화가 일어났습니다. 거기서도 지식인과 전문기술 노동자의 수가 증
가했습니다. 더구나 인민 전체의 소비 욕구도 더욱 증가하고, 질적 수
준도 높아졌습니다. 문화적 소비가 증대하게 되죠. 사회주의에서 이런
변화가 일어났음에도 불구하고 사회주의는 지식인과 전문기술 노동자
와 소비의 목소리를 배제해 버렸습니다. 아니 코뮌 연합이라는 사회주
의적인 민주주의 방식 때문에(생산의 단위로서 코뮌이 중심이 되므로) 그런
목소리를 반영할 수가 없었던 거죠.

이렇게 되자 지식인과 전문기술 노동자의 불만이 고조되고, 이런 불만을 표현할 제도적인 장치를 찾을 수 없었습니다. 사회주의적인 민주주의 제도하에서 그 목소리는 원천적으로 차단되고 있으니까요. 이 차단된 목소리는 억압된 무의식적 힘으로 작용합니다. 그 힘은 고요하지만 음산하게 일렁이는 바다처럼 사람들의 마음속에서 일렁거렸을 겁니다.

국가나 당의 관료로 본다면 이 억압된 무시무시한 힘을 막연하게 느끼기는 하지만 그것이 무언지는 알 수 없었습니다. 그것은 무의식적 힘이니까요. 그 때문에 사회주의 관료들은 과도한 불안, 신경증적인 불안에 시달린 것이 아닌가 생각합니다. 이런 불안이 지식인과 전문기술 노동자의 자유주의적인 문화, 사상에 대한 강력한 억압으로 표현되었던 것이 아닐까요? 당과 국가의 과도한 억압은 사실 이런 무의식적 힘 앞에 느낀 불안 때문이니, 그런 무의식적 불안이 사라지지 않는 한 억압 자체는 무의미합니다. 억압은 더욱 강한 억압을 불러일으키죠.

당의 관료화

이야기가 이쯤 되면 당장 여러분 가운데 이렇게 항의할 사람도 있을 겁니다. "무슨 소리냐? 당신은 지금 소비에트 사회주의 개념을 다루는 것이지 아시아 사회주의는 무시하는 것 아니냐?"

사실 그렇습니다. 내가 이야기를 단순화하는 가운데 그런 오해가 빚어졌습니다. 현실 사회주의에는 과도기가 있었습니다. 이 과도기는 소규모 소유자가 존재했던 시기이죠. 농촌의 자영농이라든가, 도시의 자영업자입니다. 소비에트 민주주의는 이들을 배려하지 않았습니다. 그러기에 혁명 이후 집단화를 통해 이들은 곧바로 소멸하였습니다. 사회적으로 공산주의 사회, 코뮌 연합에 진입한 셈이죠.

반면 아시아 사회주의의 경우 민족운동과 사회주의가 결합하는 가운데 이런 소규모 소유자들에 대한 배려가 많았습니다. 그래서 나온 것이 인민민주주의라는 것이었지요. 인민민주주의는 사실 서구적 민주주의(일반민주주의)와 같은 형식입니다. 코뮌이 아니라 지역을 단위로 선거가 이루어지죠. 이렇게 서구 민주주의를 수용하면서 민족자본가, 양심적 지주를 배려했던 거죠.

그러나 인민민주주의라는 형식도 사회주의가 발전하자 집단화(코뮌화)를 거쳐 공산주의 사회로 진입하면서 그 의미를 상실했습니다. 그 실질적인 내용은 코뮌연합이라는 개념으로 소비에트 민주주의로 되돌아가 버립니다. 하지만 이런 인민민주주의가 형식적으로나마 남아 있습니다. 특히 '통일전선'이나 '정치협상'이라는 형태로 남아 있습니다. 이런 인민민주주의의 잔재가 남아 있었기에 그래도 배제된 전문기술 노동자와 소비자의 관심을 어느 정도 반영할 수 있었습니다. 이게 아시아 사회주의의 힘입니다. 그 결과 서구 사회주의 진영의 붕괴에도 불구하고 아시아 사회주의는 여전히 살아남은 것으로 보입니다.

나는 사회주의의 발전을 그려내는 것이 아니라 사회주의의 한계를 비판하려는 입장이기 때문에 단순화를 위해 이런 과도기적 단계나 아시아적 사회주의를 논의에서 생략했습니다. 이점을 양해해 주면서 들어주기 바랍니다.

앞에서 이야기했던 대로 사회주의는 코뮌 연합이기에 생산이 중심이고 공장 육체노동자가 중심이었습니다. 그 결과 소비와 지식인, 전문기술 노동자의 요구는 제도적으로 배제되었습니다. 그런 마당에 설상가상으로 당이 관료화되기 시작했죠. 혁명 초기에 노동자의 집단적 열정이 폭발했습니다. 이 열정은 어떤 강제가 아니라 노동자의 자발성에서 나온 것입니다. 그 결과 사회주의 사회에서는 그 어떤 사회에서보다더 급속도로 사회적 생산이 발전했습니다. 그러나 생산의 체제가 일단형성되자, 생산은 정체되기 시작합니다.

그 논리를 간단히 살펴보죠. 면으로 의복을 만드는 공장을 예로 들어 보겠습니다. 이제 기능이 면보다 우수하고 가격이 싼 새로운 천이나왔습니다. 자본주의라면 이익을 위해서 새로운 천으로 의복을 만들겠죠. 그 과정 중에 면으로 의복을 만드는 공장은 무너지고 맙니다. 이렇게 폭력적으로 생산이 발전하죠.

그러나 사회주의라면 어떨까요? 새로운 천으로 의복을 만들려면 수많은 조정이 이루어져야 할 것인데, 이를 위해서는 원자재와 기계를공급하고 수요를 맡아주는 다른 코뮌들과 협력해야 합니다. 과연 이런협력이 잘 될까요? 모두 바꾸어야 하는데! 심지어 어떤 공장은 문을닫아야 하는데! 사람들은 기왕에 있는 것이 큰 문제도 없는데 굳이 바꾸려 하는 모험을 하지 않을 겁니다. 협력하는 여러 코뮌 가운데 하나만 거부해도 결국은 전체가 정체되고 말 것입니다. 그래서 과거처럼면으로 의복을 계속 생산할 겁니다. 바로 이런 예를 통해서 사회주의생산의 정체를 이해할 수 있습니다.

이런 경우 외적인 충격이 필요합니다. 바로 이런 외적인 충격의 역할을 담당한 것이 공산당이라는 조직이죠. 관련된 코뮌을 서로 협력시켜서 새로운 생산이 일어나게 하려면 당의 선도적인 역할이 필요하죠. 당은 코뮌의 외부에 존재하면서 코뮌 전체를 통일적으로 조절해야 합니다.

레닌이 사회주의 국가를 코뮌연합의 개념에서 도출하면서도 당의 역할과 코뮌연합으로서 국가를 결합했던 이유도 여기에 있습니다. 레닌에게서 당은 바로 전위의 정당입니다. 비록 혁명 이후 대중화되었다고 하더라도 당은 중앙 집중적으로 움직이는 선도적 집단이죠. 레닌은 코뮌 연합이 무정부주의의 원리이므로 이것에 대항하는 중앙 집중적 원리를 지닌 당의 역할을 강조했습니다. 레닌은 국가와 당이 균형적으로 작용하면서 사회주의 사회를 이끌어나가기를 기대했었죠. 국가가 나무줄기라면 당은 그 줄기를 타고 올라가는 덩굴식물이라 할까요? 덩굴은 나무줄기를 맴돌면서 때로 떨어지기도 하고, 때로 달라붙기도 하고, 때로 앞서기도 하고, 때로 뒤서기도 하면서 어울립니다. 레닌은 당과 국가가 그런 모습이기를 원하지 않았을까요?

혁명 초기에 당은 선도적인 역할을 수행했습니다. 그때는 대중의 혁명적 열기가 높았기 때문에 굳이 강제가 필요 없었습니다. 그러나 일정하게 생산이 발전한 이후 대중의 혁명적 열기가 사라지면, 당은 강제적으로 생산을 선도하려 하겠죠. 이런 강제는 오래가지 못합니다. 더구나 사회주의 사회에서는 자치라는 원리가 제도화되어 있으므로 당의 강제는 곧 대중의 무언의 저항에 부딪히게 됩니다. 결국 이런 무언의 저항 앞에서 당은 굴복하고 마침내 대중이 원하는 대로 따라가게 됩니다. 이게 소위 당의 관료주의입니다.

두 가지 관료주의

관료주의에도 두 가지 관료주의가 있습니다. 우리가 아는 관료주의는 관료가 자기의 힘을 이용하여 이익을 챙기거나 자기의 출세를 위해 불합리한 일을 벌이는 경우입니다. 이런 관료주의는 자본주의 국가의 관료에게서 흔하게 나타나는 관료주의입니다.

그러나 또 하나의 관료주의가 있습니다. 나는 이런 관료주의를 "좋은 게 좋다"는 관료주의라고 봅니다. 실제로 상당수 관료는 나태해지는 경향이 있습니다. 왜냐하면, 일을 벌여 혹이나 위험한 결과가 나타나지 않을까 경계하거나 그 때문에 피해를 보는 사람들의 항의가 두렵기 때문입니다. 그저 "좋은 게 좋다"는 식으로 의자를 깔고 앉아 뭉개고 있는 관료를 보면 울화통이 터지지요. 나는 사회주의적 관료의 모습은 이 후자에 가깝다고 봅니다.

소련의 경우 스탈린 시대 당은 선도적이었습니다. 때로 이를 위해 강제력을 사용하기도 했죠. 이때 강제력을 사용했지만 소련을 발전시켰습니다. 1960~1970년대, 브레즈네프* 시기 소련의 사회적 생산은 정체하기 시작했습니다. 스탈린 말기에 건설된 생산 체제가 그대로 1980년대 말 고르바초프가 등장하기까지 유지되었던 거죠. 그때 소련의 공산당이 관료화되었다고 말합니다. 공산당은 그저 "좋은 게 좋다"는 식으로 일하는 관료들로 이루어졌던 거죠.

사실 초기 사회주의가 육체적 노동자와 생산을 중심으로 하는 것은

---

* 브레즈네프는 1970년대 당이 관료화 되던 시기의 서기장이었고, 고르바초프는 소련을 개혁하려 했던 최후의 당 서기장이었다.

당연했습니다. 그러나 이런 발전 이후 1960년대 이르면 사회주의도 소비적 생산과 비육체적 노동자에 대해 배려했어야 합니다. 이때 공산당은 다시 한번 새로운 모험을 해야 합니다. 그래서 심지어 강제적으로라도 생산을 개혁하고, 소비의 혁명을 이루고, 지식인 노동자의 이해를 배려했어야 했죠. 하지만 이 순간 소련 공산당은 관료화되어 버렸습니다. 도무지 새로운 혁명의지를 갖추지 않았던 거죠. 이미 해온 방식으로 잘살아가고 있는데 무엇 때문에 또 한 번의 혁명을 위하여 모험을 하겠어요? 어쩌면 그들도 지쳐버렸을 것입니다.

결론적으로 사회주의는 결정적으로 전환해야 할 지점에서 멈추어버렸습니다. 우선은 코뮌연합이라는 민주제가 새로운 목소리를 민주적으로 반영하지 못했습니다. 당이라도 나서서 선도적으로 개혁을 했어야 합니다. 당은 관료화되었죠.

사회주의가 독재와 폭력 때문에 붕괴했다는 것은 영화나 소설이 만든 이미지라고 봅니다. 나는 오히려 제도적으로 지식인 기술노동자의 요구를 무시하고, 당의 대중영합과 무기력 때문에 붕괴하였다고 봅니다. 한마디로 사회주의 사회는 권태로운 사회였던 셈이죠. 권태는 서서히 사회주의 국가의 온몸을 파고들어 갔습니다. 이렇게 무려 30년이 지난 다음 1990년대 이르러 마침내 허물어진 것이죠.

귄터 아이히(1907~1972)라는 독일 극작가의 《흰개미》라는 소설이 있습니다. 세상의 모든 것을 이미 흰개미가 파먹었다는 거죠. 사람들조차 이미 온몸을 흰개미가 파먹었습니다. 다만 겉모습만 남아 잇죠. 사람들은 이제 서로 껴안아도 안 됩니다. 그러면 겉모습이 무너지고 흰개미가 와르르 쏟아집니다. 이 소설에서 사랑하는 두 사람은 마지막으로 서로를 껴안고, 흰개미를 쏟아내면서 죽어갑니다. 마찬가지로 사회주의도 이렇게 붕괴되었다고 나는 믿습니다.

영구혁명

사회주의에 희망이 있는가? 사회주의는 착취가 없는 평등한 사회입니다. 나는 그걸 아름답다고 생각합니다. 그러나 생산의 정체 때문에 결국 무너지게 되었습니다. 그러면 사회주의에는 희망이 없는 걸까요? 나는 물론 사회주의에 희망이 있다고 봅니다. 원인을 안다면 그것을 해결하는 것은 어렵지 않기 때문입니다. 사회주의 국가에서 생산의 대대적인 개혁이 필요합니다. 이를 위해 중국은 개혁 개방이라는 방식을 택했습니다. 나는 그것도 좋은 방안이라고 생각합니다.

그러나 다른 한 가지를 생각해 볼 수도 있겠습니다. 나는 그것을 영구혁명이라는 개념으로 생각합니다. 영구혁명이란 대상을 변혁하는 것이 아니라 자기를 변혁한다는 개념입니다. 이 영구 혁명은 끊임없는 자기 혁명의 노력입니다. 이런 영구혁명의 개념은 쿠바의 혁명가 체 게바라*가 널리 알렸던 개념입니다. 이런 영구혁명을 통해 사회주의 국가의 전위인 당 자체가 자기 혁신을 할 필요가 있습니다. "좋은 게 좋다"는 관료주의를 퇴치하고, 생산을 새롭게 조직해야 하겠죠.

더 근본적으로는 사회주의 국가를 통해서 다양한 노동자의 이해를

＊ 체 게바라(Ernesto "Che" Guevara, 1928~1967) : 쿠바 혁명을 성공시킨 지휘관 중한 명이며, 쿠바 혁명 성공 뒤 세계 혁명을 위해 나섰다. 그는 영구 혁명이라는 개념을 제시한 것으로 유명하고, 남미 볼리비아에서 게릴라 전투 중 사망했다.

균형적으로 반영하는 장치를 만들어내야 할 것입니다. 마치 민주주의에서 지역 선거의 결과 생산의 목소리가 반영되지 않으니 이를 비례대표로 보완하듯이 사회주의에서도 보완이 필요하다고 봅니다. 코뮌 중심을 넘어서서 보완할 필요가 있다는 거죠. 인민민주주의라는 형식을 활용한다면 나는 그런 가능성이 충분히 있다고 생각합니다.

홍대 클럽문화와 쾌락의 자유

이제 강의에서 마지막 주제에 이르렀군요. 이번에 다루는 주제는 '쾌락의 자유'에 관한 문제 제기입니다. 청년들은 더 상세하게 이렇게 표현했습니다. "정치적 자유에는 무관심, '쾌락의 자유'는 무한대, 병든 자유론." 여기서 쾌락의 자유는 병들었다고 비판하면서 필요한 것은 '정치적 자유'라고 합니다. 왜냐하면, 이 정치적 자유는 '자유를 보장하는 자유'이니까요. 이렇게 청년들은 '쾌락의 자유'와 '정치적 자유'를 대조시켰는데 음미해볼수록 재미있는 대조입니다.

이번 강의에서는 우선 '쾌락의 자유'에 대해서부터 살펴보기로 하죠. 청년들은 이런 쾌락의 자유의 구체적인 예로서 '홍대 클럽문화'를 들고 있습니다. 이런 홍대 클럽문화가 '남녀 간의 추잡한 치정사건들'로 가득하다 하는군요.

치정이란 '어리석고 미친 듯한 애정'이라는 뜻이죠. 치정이란 단순한 육체적, 일회적 섹스 정도에 그치지 않습니다. 이런 관계는 쿨하고 가볍고, 그야말로 육체적인 것이죠. 치정이란 그 이상의 것입니다. 흔히 치정이라 하면 불륜과 무도한 사랑, 치명적인 파멸을 동반한 사랑, 의심과 질투와 집착으로 가득한 사랑, 죽음 고통을 동반한 사랑 등을 의미하죠. 여기에는 심리적 요소가 상당히 깊게 개입합니다.

솔직히 고백하자면 나는 홍대 클럽문화를 모릅니다. 1990년대 말쯤 홍대 클럽문화가 싹틀 시기에 지방에 있었습니다. 솔직히 그런 데서 젊은이들이 어떻게 노는 지 잘 모릅니다. 하지만 청년들 표현대로 그런 추잡한 곳인지는 좀 의문입니다.

하긴 어른들이 가는 곳도 있지요. 그런 데는 좀 심해요. 감각을 자극하는 선정적 쇼가 펼쳐지기도 하고, 소위 부킹이란 것이 이루어지는 느끼한 분위기가 지배하죠. 전반적으로 혼탁하고 마치 숙취 속에 있는 것 같죠. 어항 속의 붕어가 흐느적거리는 듯한 분위기랄까, 이런 걸 '권태'라고 하나요? 모두 피로하고 지친 듯한 모습이죠.

사유의 열린 틀

이야기하는 김에 한 가지만 더 하고 가도록 하겠습니다. 독일에 겨우 1년 갔다 와서 강의 때마다 써먹는다는 비난을 할지도 모르겠지만 이 이야기는 꼭 해야겠군요. 내가 클럽에서 감동한 적이 있다는 이야기입니다. 독일에 있을 때 내게 독일어를 가르쳐준 강사와 독일어를 배운 청년들과 함께 클럽에 딱 한 번 간 적이 있습니다. 거기에 온 사람은 대부분 젊은이였습니다. 동행한 청년들은 터키인, 이탈리아인 등 남녀 국제군단이었는데 대개 대학원생 나이였죠. 물론 나는 바 한쪽 벽에 기대어 선 채 술을 홀짝이면서 그저 구경하기만 했지요.

클럽에서 흘러나오는 음악의 박자가 무척 빨랐을 뿐만 아니라 거기에 맞추어 춤을 추는 청년들의 춤이 얼마나 열정적이었는지 큰 감동을 받았습니다. 리듬에 따라서 그들의 온몸이 자유롭게 약동하는 생명력으로 가득한 것 같았습니다. 그런 리듬은 가만히 서 있는 나한테도 저절로 전해졌습니다. 온몸에 그야말로 짜릿한 쾌감이 흘렀습니다. 이게 바로 자유가 아닐까 하고 나는 생각했습니다.

나는 홍대 클럽문화를 잘 모르지만 그곳에도 내가 독일에서 보았던 그런 자유로운 생명, 약동하는 리듬이 흐르고 있다고 믿고 싶습니다. 아닌가요? 그러면 어떤 분위기인가요? 어떻게 보면 가볍고 쿨하고, 어떻게 보면 선정적이고, 어떻게 보면 치정적이고, 어떻게 보면 난장판 분위기 같고, 어떻게 보면 자유로운 약동인 것 같기도 하고, 어쩌면 이 모든 분위기가 뒤섞인 게 아닐까요?

그러나 중요한 것은 과거의 엄격한 도덕적인 잣대를 가지고 이 분위기를 재단할 수는 없을 것 같아요. 표면적으로 우리를 당혹하게 하지만 그래도 그런 분위기 속에 무언가 새로운 것이 있어 보입니다. 비록 그 자체로서는 고통스럽지만 그것을 매개로 새로운 것이 탄생하기도 합니다. 혼탁한 물속에서 연꽃이 핀다는 말도 있죠. 말하자면 일종의 매개가 되는 것인데, 홍대 클럽 분위기도 같은 것이 아닐까요?

예를 들어 치정적인 사랑을 보죠. 많은 소설과 영화에서 치정적인 사랑을 그리고 있습니다. 대개 제목은 '무슨 무슨 정사'이죠. 가장 대표적인 것이 오페라로 유명한 〈카르멘〉이죠. 그런 소설이나 영화를 보면 주인공은 치정적인 사랑으로 고통과 파멸에 부딪히지만 이런 고통과 파멸을 통해 무언가를 깨닫고 새롭게 탄생하게 되죠. 이런 점에서 치정적인 사랑은 새로운 것을 위한 변증법적 매개가 되는 사랑입니다. 그런 사랑이 없다면 사람은 새로운 깨달음 없이 그저 주어진 한계 내에 머무르게 되겠죠.

바로 이런 점에서 우리는 왜 이런 홍대 클럽의 분위기가 출현하며, 그 속에 어떤 새로운 것을 기대할 수 있는가 고민해 보아야 할 것 같습니다. 간단히 말해서 우리는 '홍대 클럽문화'에 대해 생각을 열어야 한다는 것이죠. 사유의 '열린 틀'이 필요하다는 겁니다. 마음을 여는 것보다 먼저 사유를 열어야 해요.

전문기술 노동자의 출현

혼돈 속에 있는 홍대 클럽문화에 대해 생각을 하다 보면 우리는 1960년대 말 서구에 등장했던 히피 문화를 떠올리게 됩니다. 양자가 여러 가지 면에서 서로 유사해 보이기 때문입니다. 무엇보다도 음악과 춤, 성적 개방, 해방구라는 점에서 공통적인 것 같아요. 68세대의 혁명은 실패로 돌아갔지만 이런 히피 문화는 살아남아 서구문화를 변화시켰고, 오늘날 세계를 휩쓸고 있습니다. 홍대 클럽문화도 어쩌면 이런 히피 문화의 한국적 버전이 아닐까 해요.

지난 강의에서도 1960년대 말에 이르러 서구의 자본주의 사회와 사회주의 사회를 가리지 않고 큰 변화가 일어났다고 말했습니다. 이러한 변화로부터 68혁명이 일어났고, 히피 문화가 세계를 휩쓸었죠. 이제 이 히피 문화를 중심으로 그 전반적 과정에 대해 살펴보도록 하죠.

무엇보다도 새로운 과학기술혁명이 발생했다는 것부터 생각해보아야 하겠습니다. 1980년대 정보통신에 기초한 기술 혁명이 일어났습니다. 이에 따라 산업이 변화하면서 생산적 서비스업과 문화상품이 발달하고, 상품생산도 소품종 대량생산에서 다품종 소량생산으로 변했습니다. 노동과정도 유연해지면서 노동자 계층이 이질적으로 분화하기 시작했죠.

이런 경제적 영역에서의 변화에 따라 새로운 노동자 세대가 등장했죠. 우리는 그들을 '전문기술 노동자 세대'라고 합니다. 그들은 주로 서비스 노동이나 지식노동, 감정노동(간호, 판매, 가사 등)에 종사하는 노동자 세대라고 하죠. 1960년대 말부터 1970년대 초에 이르면 서구 노동자 계층의 50퍼센트 이상이 이들로 이루어지게 됩니다.

전문기술 노동자는 그 이전 세대와 자라난 환경도 달랐습니다. 전문기술 노동자의 부모는 가난과 전쟁에 대한 체험 속에서 자기를 억압하는 태도를 배웠고, 전쟁이 끝나자 이런 자기 억압적 태도를 기초로 근면 성실하게 일했으며, 이를 통해 안정된 가정을 이룩했죠. 그러나 이런 부모 덕분에 풍요로운 삶을 살았고, 대학의 확산을 통해 배출된 전문기술 노동자는 더 이상 자기 억압적인 태도를 견딜 수 없었습니다. 전문기술 노동자는 욕망의 흐름에 몸을 맡기기 시작했죠. 전문기술 노동자 세대는 부모의 지기 억압적 태도에서 오히려 위선을 느끼게 되었습니다.

더구나 전문기술 노동자가 하는 노동의 과정도 달라졌습니다. 전문기술 노동자의 노동은 과거처럼 단순 반복적인 노동이 아닙니다. 단순 반복적 노동이라면 컨베이어 벨트 시스템이 대표적이죠. 새로운 노동자의 노동은 이런 시스템을 벗어나 있습니다. 그런 노동은 자유로운 창의가 필요한 노동이죠. 대개는 독립적 공간에서 자율적으로 하는 노동입니다. 서로의 협력도 필요하지만 그런 협력은 강제가 아니라 자발성에 의해서 이루어집니다. 바로 이런 노동의 속성은 정신에도 영향을 주지 않을 수 없었죠.

비트와 히피 문화

변화된 환경과 노동과정 속에서 전문기술 노동자는 새로운 정신을 체득했습니다. 전문기술 노동자는 새로운 감수성, 새로운 모럴, 새로운 문화를 획득했죠. 이런 새로운 정신을 잘 보여주는 것이 비트의 문화와 히피의 문화입니다. 비트라면 1960년대 중반에 출현한 미국 동부의 통기타 세대를 말합니다. 비트는 주로 미국 동부지역의 엘리트 출신이었고, 2차 세계대전으로 미국에 망명했던 망명 지식인과 예술가에게서 유럽의 급진적 사상을 습득하였습니다. 비트는 1960년대 초 케네디의 민주화 운동에 동참했고, 대학의 개혁 운동에 참가했죠. 케네디가 암살당하고 미국이 베트남전에 빠져들자 비트는 반전운동을 시작했습니다. 비트를 대변하는 것이 통기타 노래였죠. 우리식으로 말하자면 80년대 운동권 세대이죠.

반면 1960년대 후반에는 미국 로스앤젤레스를 중심으로 소위 히피가 출현했습니다. 히피는 전후 미국 로스앤젤레스 근처의 군수산업에서 일했던 노동자 계층의 아이들이었습니다. 풍요한 환경에서 자라난 히피는 가정과 학교의 억압을 견디지 못했죠. 대학이 팽창함에 따라 히피도 대학에 들어갔습니다. 하지만 당시 대학은 대학 팽창에 따라 급조된 콘크리트 덩어리였습니다. 더구나 히피는 자본주의적인 소외된 삶 속에서 무언가를 기대할 수도 없었습니다. 절망한 히피는 자기만의 해방구를 만들었죠. 히피는 미 서부에서 발전한 록 음악에 빠져들었고, 인도의 명상과 대마초, 그리고 자유로운 성적 개방이라는 독특한 히피 문화로 발전했지요. 히피는 정치적 혁명보다는 문화적 혁명을 지향했습니다. 우리 식으로 말하자면 히피는 서태지의 음악에 열광했던 1990년대 신세대와 닮았죠.

대학생이 베트남전에 징집되기 시작하자 히피도 더 이상 해방구에 도피하고 있을 수만은 없었습니다. 히피는 비트의 선도에 따라서 반전 운동에 뛰어들었죠. 히피는 꽃을 들고 시위했고 '필요한 것은 오직 사랑뿐'이라는 구호를 외쳤습니다. 경찰의 총에 꽃을 꽂아주는 히피의 모습은 여러분도 익히 알고 있을 겁니다. 이런 히피는 초기 반전 운동을 이끌어갔던 비트를 대체하여 운동의 주도권을 장악했습니다.

히피는 베트남전 반대 운동을 통해서 정치적으로 급진화하기 시작했지만 베트남전에서 미군이 철수하자 저항의 동력을 상실했죠. 소수 급진주의자의 테러 활동이 남기는 했지만 정치적 의미는 없었습니다. 히피가 마지막으로 빠져들었던 것이 록 페스티벌이었습니다. 록 페스티벌은 음악과 사랑의 축제였으며, 동시에 거대한 정치적 축제였습니다. 하지만 이런 록 페스티벌조차 상업적 문화의 지배 아래 종속하게 되자 결국 히피는 소멸하고 말았죠. 〈이것이 끝〉이라는 노래를 불렀던 도어즈 그룹의 짐 모리슨이 1971년 7월 3일, 파리에서 마약 과다복용으로 인한 심장마비로 죽었는데 이는 히피의 종말을 알리는 상징적 사건이었죠.

2010년 폴란드에서 열린 우드스톡 기념 록 페스티벌에 모여든 청년들.
벌거벗고 하나가 되는 모습 속에 그들의 꿈이 느껴진다.

관료적 억압과 성적 자유

히피의 혁명은 실패로 돌아갔습니다. 미국은 다시 독점자본과 군산복합체*의 손으로 되돌아갔고, 남은 것은 히피의 문화혁명이었죠.

히피가 남긴 문화 속에 무언가 새로운 정신적 변화가 있었습니다. 새로운 감수성, 새로운 모럴, 새로운 문화가 출현했습니다. 그러나 이런 정신적 변화는 기존의 문화 속에서 굴절되고 왜곡되어서 나타났습니다. 그런 새로움과 왜곡 사이에서 히피 문화는 방황했던 거죠.

예를 들어, 히피 문화의 특징인 '성 개방'을 보도록 하죠. 성 개방은 그 시대 성적 억압을 고려해서 보아야 합니다. 1950년대 젊은이의 우상 제임스 딘이 나오는 유명한 영화 〈이유 없는 반항〉을 보면 당시 분위기를 알 수 있습니다. 1950년대 미국에서는 여학생이 남학생과 혼전 섹스를 했다는 이유로 퇴학당했습니다. 이런 성적 억압은 여성을 배제하는 정치적 사회적 억압의 장치로 사용되었습니다. 여성의 보호, 성적 순결성이라는 이름으로 여성을 사회에서 배제하고 가정에 구속하였던 거죠.

성적 억압은 사회의 억압적 구조를 잘 보여줍니다. 전후 서구 사회는 일반민주주의가 시행되고 있었습니다. 그리고 공산당조차 합법화된 자유로운 사회였죠. 그러나 사람들은 자유를 느끼지 못했습니다. 왜냐하면, 관료적인 억압이 있었기 때문입니다. 관료는 민주주의를 껍데기

---

* 군산복합체란 사회학자 밀스(C. W. Mills)가 제시한 개념으로 군수산업체와 국방부의 관료가 협잡을 통해서 군수산업을 위해 정부 재정을 빼돌리는 일을 했다는 것을 시사한다. 이런 군산복합체는 전후 미국이 베트전에 개입하는데 큰 역할을 했다.

로 만들면서 독점자본을 위해 봉사했지요. 전후 국가가 대대적으로 팽창함에 따라 관료의 수도 증가했고, 기업이나 공공기관조차 이런 관료에 의해 지배되었습니다. 관료는 합리적 과학의 이름으로, 그리고 보편적 복지, 요람에서 무덤까지라는 구호를 내세우며 민중을 지배했습니다. 관료적 지배에서는 표면적으로 어떤 억압도 보이지 않았고, 아무도 자신이 억압되고 있는지를 알지 못했죠. 민중이 느끼는 억압은 거의 무의식적인 것이었습니다. 이런 억압의 장치 가운데 중요한 것이 바로 성적 억압입니다.

그러므로 히피가 '성적 자유'라고 말했을 때 그것은 사실 사회적인 억압, 특히 관료적 억압에 대한 저항이라는 의미를 지니고 있었습니다. 성적인 욕망의 해방에 히피가 그토록 집착한 이유는 사회 전반에 걸친 억압적 힘을 무의식적으로 느끼고 있었기 때문이 아닐까 해요. 그럼에도 불구하고 히피는 의식적으로는 이런 억압을 자각하지 못했습니다. 그들은 관료적인 억압 장치를 이해하지 못했기 때문입니다. 히피에게선 관료적 억압에 저항하는 힘이 단지 성적인 욕망을 통해 표출되었을 뿐이었죠.

대마초와 명상을 통한 도피

이런 측면은 대마초 문화도 마찬가지입니다. 히피 하면 가장 먼저 떠오르는 게 대마초이죠. 히피가 대마초를 즐긴 이유는 무엇이었을까요? 히피가 남긴 기록을 보면 그들은 대마초의 경험을 통해서 자연과 자신이 하나가 되는 경험을 한다고 합니다. 이처럼 자연과 하나가 되는 경험은 명상을 통해서도 얻을 수 있습니다. 히피가 대마초를 즐긴 것과 명상을 좋아한 것은 동일한 맥락에 있습니다.

히피가 자연과 하나이기를 바라는 것은 거꾸로 현실적 삶 속에서 스스로 소외되고 고립되어 있기 때문입니다. 전후 서구 자본주의는 점차 독점화했습니다. 자유 경쟁적 소규모 자본주의 체제는 거의 완벽하게 사라졌고, 대규모 독점자본이 시장을 과점적으로 지배하는 체제가 형성되었습니다. 이런 독점 자본은 소위 포드-테일러 시스템*이라는 노동방식을 채택했습니다. 이 시스템은 공장에 국한되지 않고 사회 전반에 확산되었죠. 이제 학교도 병원도 국가도 이런 포드-테일러 시스템을 적용했습니다. 사회 전체가 하나의 거대한 포드-테일러 시스템이 되었습니다.

이런 포드-테일러 시스템 속에서 노동의 소외가 극심해졌죠. 과거 소외는 자본가의 인격적 지배에 의한 소외였습니다. 노동자의 노동은 인격적 지시나 명령 아래 일어났죠. 노동자는 자신을 실현하지 못한 채 자본가의 명령을 실현하니 그는 노동을 통해 소외되었다고 하겠습니다. 그래도 인격적으로 지배하는 경우에는 숨을 쉴 여지가 있었습니다. 인격석 지배는 통제에 한계가 있으니까요. 그러나 포드-테일러 시스템에 의한 노동과정은 기계적으로, 그리고 합리적으로 조절되었습니다. 이런 기계적 합리적 지배 앞에서 노동자는 숨을 쉴 수 없었습니다. 노동의 소외가 그만큼 가혹했다는 거죠. 심지어는 이런 지배는 과학의

---

* 포드 시스템이란 미국의 포드 자동차 회사에서 적용되었던 컨베이어 벨트 시스템의 일종이다. 테일러 시스템이란 사회학자 테일러가 구상한 엄격한 위계조직에 의해 구성된 분업체제를 말한다. 이 두 가지가 1960년대 이후 서구 대규모 기업, 국가, 병원, 학교 등의 조직으로 확산되어서 가혹한 노동착취의 대명사가 되었다.

이름으로 행하여졌기 때문에 억압이라 인식되지도 않았고, 저항의 시도조차 불가능했습니다.

이런 소외에 의해 노동자는 고립감을 느꼈으며, 노동 과정 자체에서 즐거움을 얻지 못했죠. 감수성은 둔중해졌으며, 신체는 점차 마비되어 갔습니다. 이런 소외는 거꾸로 나와 타인의 합일, 자연과 인간의 합일, 감수성과 신체 감각의 회복, 노동의 즐거움 회복 등의 요구를 일으켰죠. 이런 요구를 실현할 방법으로 채택된 것이 바로 대마초와 명상이었습니다.

그러나 대마초나 명상이 일시적으로 고립감을 잊게 하고, 신체의 감각을 회복시켜주었다 하더라도 근본적으로 이를 회복시켜 줄 수는 없었습니다. 그것은 자본주의적 소외가 계속되는 한 극복이라기보다는 오히려 도피에 해당하는 것이었죠. 하지만 히피는 근본적인 극복보다는 대마초와 명상을 통해 소외로부터 도피하고 말았습니다.

이런 도피는 히피가 만든 해방구에서도 마찬가지로 나타납니다. 히피는 도시 주변에 자기만의 해방구를 만들었습니다. 거대한 록 페스티벌 역시 그들이 만든 해방구 중의 하나였습니다. 히피는 그 외에도 자기만의 공동체를 만들었고, 이런 공동체 가운데 몇 개는 거의 1980년대 말까지 유지되었습니다.

이렇게 해방구를 만든 이유는 무엇일까요? 히피는 국가나 가정의 억압을 혐오했습니다. 히피는 철저한 개인주의자였습니다. 히피는 단체적 질서나 집단적인 공동노동 같은 것을 혐오했습니다. 그렇다고 히피가 로빈슨 크루소처럼 또는 은둔자처럼 혼자 살지는 않았습니다. 히피처럼 타인의 사랑과 공동체의 분위기를 좋아했던 사람은 없었습니다. 히피는 마음에 맞는 소수의 사람들과 공동체를 만들었죠. 거기에는 어떤 소유도 없었습니다. 누구나 자기가 원하는 대로 사용할 수 있었죠. 어떤 사랑의 제약도 없었습니다. 마음에 맞으면 누구와도 하룻밤을 같이 지냈죠. 히피의 해방구는 철저한 개인주의와 철저한 공동체주의의 기묘한 결합체였어요.

그러나 이런 해방구는 현실 속에 유지되기 힘들었습니다. 그것은 마치 자본주의라는 바다에 뜬 조각배와 같은 것이었지요. 자본주의의 힘은 곧 히피를 찢어놓았고, 히피는 그 앞에 무기력하게 굴복하고 말았습니다. 이런 한계 앞에서 절망한 히피는 현실적인 해방을 꿈꿀 수 없었죠. 그 결과 대마초를 통해서 환각 속에서 자신의 해방구를 찾았으리라 짐작됩니다.

정리해 보면 히피의 성적 자유나 대마초는 겉으로 보기에 비현실적인 것처럼 보이지만, 사실 이는 히피가 내면적으로 느꼈던 억압, 소외를 극복하기 위한 수단으로 나온 것입니다. 히피는 억압과 소외를 낳은 근본적인 원인을 제거하려 하기보다는 차라리 도피를 택하였죠. 그 결과가 성적 자유이고 대마초입니다. 우리는 히피의 성적 자유와 대마초를 통해 히피가 느꼈고 갈망했던 자유와 탈 소외를 포착해야 하겠습니다.

마르쿠제의 철학과 성 에너지

히피의 철학이 있다면 그것은 바로 마르쿠제의 철학입니다. 그는 독일의 프랑크푸르트 연구소에서 활동했던 비판적 좌파철학자이죠. 나치의 탄압을 받아 미국으로 망명한 마르쿠제는 뉴욕에 거주하면서 비트의 형성에 깊은 영향을 미쳤죠. 그의 철학은 비트의 정신뿐만 아니라 히피의 정신에까지 영향을 미쳤습니다.

마르쿠제 철학의 핵심은 소외를 극복하는 것이었습니다. 그는 사람의 온몸에는 성적 에너지가 흐르고 있다고 보았습니다. 자본주의 사회는 이 성적 에너지를 성기를 통한 성욕에 국한시켰고, 온몸에 흐르는 나머지 성적 에너지를 박탈했다고 합니다. 원래 온몸이 성감대였지만 이제는 성감대가 성기에 국한되고, 나머지 신체는 성감대로서 능력이 제거됐다는 말입니다. 이제 온몸은 성적으로 마비되어서 마치 아무 감각이 없는 고깃덩어리가 되어 버렸다고 합니다. 이렇게 온몸에서 빼앗은 성적 에너지를 자본가는 노동 에너지로 전환시킨다는 것이죠. 그 결과 노동은 고통스러운 것이 되었죠. 그게 바로 소외라고 말합니다.

온몸에 성적 에너지가 흐른다는 생각은 그리 어렵지 않게 이해됩니다. 우리는 곧잘 발가락, 코 등의 신체 부위가 성감대가 되는 경우를 발견하니까요. 프로이트는 이런 현상을 신경증이라고 해서 비정상적 상태로 보았으나 마르쿠제는 거꾸로 생각했습니다. 그게 오히려 본래의 상태라는 거죠. 아이들의 몸을 쓰다듬어주면 아이들은 마치 성적으로 자극된 듯 까르륵거리는데, 그것을 보면 원래 우리의 온몸에 성적 에너지가 흐른다는 겁니다. 마르쿠제가 말한 온몸에 흐르는 성적 에너지가 우리가 성관계를 맺을 경우 느끼는 성적 에너지와 같은 것이 아님은 틀림없습니다. 그가 말한 것은 인간에 내재하는 어떤 근본적인 활력, 에너지를 의미합니다. 우리가 운동할 때 느끼는 활력적인 느낌, 그게 마르쿠제가 생각하는 본래의 성적 에너지가 아닐까 해요.

마르쿠제는 소외의 극복을 위해서 다시 본래의 성 에너지를 되찾아야 한다고 말합니다. 그만큼 노동의 생산성은 떨어지겠지만 이제 기계가 그것을 대신하므로 굳이 성적 에너지를 억압하여 노동 생산성을 고양할 필요는 없다는 겁니다. 그렇게 온몸에 다시 성적 에너지가 흐르게 된다면 우리의 삶 자체가 성적인 쾌감을 줄 것이며, 결국 노동과 유희가 일치하는 경지에 이를 것이라 합니다. 그게 소외가 극복된 모습입니다.

마르쿠제는 이런 성적 에너지는 우리가 서로 하나가 되는 에너지라고 합니다. 마르쿠제는 섹스조차 근본적으로 단순한 성적 욕구의 충족을 목표로 하는 것이 아니라 봅니다. 그것은 나와 너의 합일이며, 육체적인 것과 정신적인 것의 합일을 목표로 하는 것이라 합니다. 이런 합일을 향한 힘을 그는 사랑의 힘으로 불렀습니다. 온몸에 흐르는 성적 에너지는 이런 사랑의 힘이라고 합니다. 그러므로 마르쿠제는 노동과 유희, 그리고 사랑이 하나로 합일되는 세계를 꿈꾸었습니다.

마르쿠제의 이런 생각은 히피들이 성적 자유를 추구하고, 히피들의 공동체를 추구할 때 비록 히피 자신은 분명하게 자각하지 못했다 하더라도 그 밑바닥에 흘렀습니다. 마르쿠제의 이론이 옳든 그르든 간에 그는 히피 문화의 밑바닥에 있는 어떤 것을 건드린 것은 틀림없습니다. 그것은 사람에게 자기 보존에 필요한 생물학적 욕망 이상의 어떤 힘이 있다는 겁니다. 이 힘은 자유와 쾌감을 동반하는 힘이죠. 타인과 합일을 욕망하는 힘입니다. 일단 마르쿠제와 히피는 이를 성적인 에너지라 생각했습니다.

결론적으로 말해서 히피 문화를 통해 진정으로 노동과 유희, 사랑의 합일이 실현되었던가는 의문이지만 그들이 그런 꿈을 가지고 있었다는 것만은 기억해야 하겠습니다. 어쩌면 홍대 클럽문화 속에도 노동과 유희, 사랑이 하나가 되는 사회에 대한 꿈이 있는지 모르겠습니다. 비록 그것이 지금은 선정적이고, 치정적인 것으로 표현되더라도 언젠가는 새로운 사회를 위한 동력으로 발전하리라고 나는 생각합니다.

23강 포스트모던 자유주의의 실상과 한계

쾌락의 자유

        지난 강의에서 히피 문화에 관해 언급하면서 그들의 문화 가운데 무언가 새로운 것이 출현했다고 말했습니다. 이 새로운 것은 혼돈 속에 들어 있었습니다. 68혁명 속에서 히피는 무언가를 향하여 비상했으나 결국 다시 주저앉고 말았습니다. 1970년대 들어 68혁명에 참가했던 세대는 자기의 경험을 되돌아보면서 자기 속에 출현했던 그 새로운 것이 무엇인지, 그가 어디를 향해 날아오르려 했는지를 분석하려 했습니다.

  히피 문화 속의 정신을 이해하려는 최초의 시도는 이를 자유주의로 이해하려는 것이었습니다. 히피 정신을 통해 자유주의가 부활했다고 생각했죠. 소위 욕망의 자유라는 거죠. 나는 이런 주장을 '포스트모던 자유주의'로 규정합니다. 이를 '근대적 자유주의'와 구별하기 위해서 그런 이름을 붙여 보았습니다. 여기에 속하는 대표적인 철학자를 들어보라 하면 나는 주저 없이 독일의 하버마스*와 미국의 존 롤스를 들려고 합니다. 그 외에도 여러 사상가가 있습니다. 프랑스의 푸코나 데리다*

*도 이런 포스트모던 자유주의자였습니다.

근대적 자유주의와 포스트모던 자유주의

포스트모던 자유주의는 근대적 자유주의와 어떤 차이가 있을까요? 근대적 자유주의도 욕망의 해방을 주장했죠. 근대적 자유주의는 중세 기독교가 욕망을 죄악시했던 것을 비판했습니다. 중세 기독교에서는 욕망이 사탄의 유혹 때문에 발생하는 것이라 보았습니다. 그러니 그것은 억압되어야 하죠. 반면 근대적 자유주의는 욕망이란 자연적인 것이라 보았습니다. 욕망이 자연적인 것인 한 억압될 수 없다는 겁니다. 만일 억압된다면 사람의 생존 자체가 위협받게 될 것입니다.

욕망이 자연적이라면 거꾸로 자연적인 한계가 존재한다는 말이 되겠지요? 근대적 자유주의자는 그런 자연적 한계를 믿었습니다. 그 단적인 예가 성적인 욕망을 결혼관계와 종의 재생산에 한정한 것이지요. 성적 욕망은 종을 재생산하려는 자연적 질서를 따르는 것이라 생각했습니다. 근대적 자유주의자는 욕망에 관해서 '외적 강제'는 철폐했지만 '내적으로는 이를 억압한다'는 원칙을 지녔습니다. 근대적 자유주의는 이를 자연에 대한 순종이라 생각했죠.

---

* 위르겐 하버마스(Jürgen Habermas, 1929년 생)는 독일의 철학자이자 사회학자, 심리학자이며 언론인이다. 그는 의사소통 이론을 연구하여 공공영역에서의 합의가 공정할 수 있는 조건을 발전시키려 했다.

** 자크 데리다(Jacques Derrida, 1930~2004)는 알제리 태생의 프랑스 철학자이다. 그는 현대철학에 해체 개념을 도입한 것으로 유명하다.

반면 포스트모던 자유주의에 이르게 되면 욕망에 존재한다고 가정된 자연적 한계가 부정됩니다. 그 한계는 어디까지나 사회적이고 역사적 한계에 불과했다는 거죠. 예를 들어, 성적 욕망을 제한하는 결혼이란 것은 자연적 질서가 아니라 부르주아의 사회질서에 불과할 뿐이라 보았죠. 그 결과 모든 욕망의 전적인 해방이라는 주장이 나오게 된 겁니다. 욕망의 해방을 상징하는 단적인 예가 곧 성적 욕망의 자유였죠. 이제 성적 욕망은 결혼 관계의 틀을 벗어났습니다. 성적 욕망은 종의 재생산과 무관하게 쾌락 자체를 위해 추구되었습니다.

근대적 자유주의에서 욕망의 충족이란 생물학적인 기능을 충족하는 것이었습니다. 쾌락이 목적이 아니었어요. 쾌락은 그 결과 부수적으로 얻어지는 것에 불과했고, 오히려 이런 쾌락 때문에 그들은 부담스러워했습니다. 그 결과 섹스를 하면서도 가능한 한 엄숙하게, 가능하면 기계적으로(쾌락을 느끼지 못하는 것처럼) 처리하곤 했어요. 근대적 자유주의는 혹시 자신이 쾌락에 사로잡힐까 두려움에 떨었죠.

그러나 포스트모던 자유주의에 이르게 되면 욕망의 목적은 그런 생물학적 기능과는 무관하게 되었습니다. 이제 쾌락이 단적인 목적이 되었습니다. 생물학적 기능과 무관하게 심지어 생물학적 기능을 침해하더라도 쾌락이 자유롭게 추구되었죠. 이로부터 다양한 쾌락의 기술이 개발되었습니다. 식욕을 채우는 식도락 등 이루 다 말할 수 없는 쾌락의 기술이 발전했습니다.

지금 포스트모던 시대 우리 주변을 돌아보면 순간순간 새로운 쾌락의 기술이 개발됩니다. 이와 연관하여 한 가지 재미있는 일화를 얘기하겠습니다. 내 절친 중에 한 사람이 천만 원대 오디오를 장만한 후

떨리는 목소리로 나에게 전화해서 그 소리를 들어보라는 겁니다. 하도 궁금해서 가보았습니다. 나는 내가 가진 30만 원대 오디오와 무슨 차이가 있는지 알 수 없었어요. 그래서 잘 모르겠다고 하니 그 사람은 애처롭다는 듯이 나를 바라보았습니다. 그 표정은 이런 거예요. '이런 감각도 느끼지 못하는 벌레 같은 목숨을 부지하며 살아야 할까?' 내가 속으로 생각했죠. 이렇게요. '나도 다음에 전화하겠다. 철학책을 읽다가 크게 감동했을 때! 네가 그 감동을 이해하는지 두고 보자.'

포스트모던 합의주의

이들 포스트모던 자유주의는 철저한 자유를 기본으로 합니다. 사람을 제약하는 어떤 진리도, 어떤 규범도 인정하지 않아요. 진리, 규범이란 각 개인 밖에서 주어지는 것이니(사회적이든 종교적이든 아니면 형이상학적이든) 그걸 인정하는 것은 자유를 침해하는 것이기 때문입니다.

그러면 사람은 어떻게 살아야 할까요? 남아 있는 유일한 길은 서로 간의 합의밖에 없습니다. 그 결과 포스트모던 자유주의는 철저한 합의론자로 변신합니다. 심지어는 진리도 도덕도 합의에 의존한다고 봅니다. 그래서 합의 진리론도 나오고, 합의 가치론도 나옵니다. 진리나 가치가 객관적으로 존재하므로 합의한다는 뜻이 아닙니다. 오히려 합의하게 되면 비로소 어떤 것이 진리나 가치가 된다는 뜻이지요. 합의 절대주의라고 하겠습니다. 단 합의에는 조건이 있습니다. 포스트모던 자유주의는 이런 합의를 위해서는 그 절차나 과정이 자유롭고 공정해야한다고 봅니다. 외적이거나 내적인 어떤 강제도 없어야 하죠. 그리고 누구에게나 동등한 기회가 보장되어야 한다는 뜻입니다. 그런 합의만이 합의라는 이름을 가질 수 있다는 거죠.

그래서 합의주의는 이제 절차주의로 전개됩니다. 일단 자유롭고 공정한 절차를 거친 것이라면 그 결과 아무리 큰 차이가 생긴다 해도 받아들여야 한다는 거죠. 절차에 동의해 놓고 결과적으로는 생겨난 차이를 보고 징징거리면 유아적인 태도로 간주했습니다. 적어도 성인이라면 자신이 선택한 결과를 책임져야 한다는 게 절차주의의 원리입니다.

이런 합의주의는 법을 통한 투쟁을 중요하게 생각합니다. 거리에서의 투쟁이란 낡은 게 되죠. 언론의 스포트라이트를 받으며 상자에 고소장을 들고 우아하게 걸어가는 게 새로운 투쟁의 모습이죠.

자유롭고 공정한 합의라는 개념으로부터 여러 가지 함축된 의미가 도출되었습니다. 이제 민족과 계급이라는 개념은 후퇴했습니다. 민족이나 계급을 논하는 자는 '구식'이거나 '화석'이 됩니다. 그 대신 등장한 것이 합의의 주체로서, 권리의 담지자로서 시민입니다. 이 시민으로 이루어진 사회가 국가입니다. 시민주의와 국가주의는 일치하게 됩니다. 시민은 철저하게 평등합니다. 물론 이 평등은 권리의 주체로서의 기회의 평등입니다. 실제석인 내용의 차이, 부의 차이나 생활상의 차이는 개인의 능력의 탓으로 돌려지죠.

이제 국가 간의 차별도 인정될 수 없습니다. 모든 국가의 시민은 모두 동일하니 '세계 시민'이라는 말이 나타났습니다. 식민지 국가, 제국주의 국가, 이런 구별도 무의미하게 되었습니다. 모두가 법적으로는 동일한 권리를 가진 시민이니까요. 그 결과 '나의 나라는 식민지로 전락했어도 나는 권리의 주체로서 시민이다'라는 기묘한 슬로건이 나오기도 합니다. 그걸 나는 '어륀지(orange) 시민'이라 규정하고 싶습니다. 이 말은 영어 'Orange'의 발음이 흔히 하듯이 '오렌지'가 아니고 '어륀지'라면서 국민의 무식함을 한탄한 어떤 대학 총장의 말에서 유래했습니다. 식민지 백성이면서도 자신을 제국주의 본국의 시민과 동등한 시민이라 여기고, 본국 시민보다 더 본국적으로 살아가려는 백성을 나는 '어륀지 시민'이라 봅니다.

문화적 다양성과 상대주의가 인정됩니다. 세계의 문화는 동일한 가치를 지녔다는 거죠. 그러나 이 동등성은 다만 형식적인 측면에 한정됩니다. 내용상으로 서구 문화는 보편적 인권의 가치를 확립하였지만 비서구 문화는 아직 그런 보편적 인권의 개념에 도달하지 못했다고 보죠. 그래서 내용상으로 비서구 문화는 경멸과 무시의 대상이 됩니다. 그래도 형식적으로는 모두 동등한 문화라고 하니 "동등하지만 차이가 있다"라는 게 문화적 상대주의의 주장입니다.

포스트모던 자유주의는 광범위한 의미를 지닙니다. 포스트모던 자유주의는 개인주의고 합의론자이고, 절차주의이고 민주주의자이고, 세계 시민이고 문화적 상대주의자입니다. 그 외에도 여러 특징이 있지만 너무 장황하니까 생략하도록 하죠.*

포스트모던 자유주의의 실상

현실의 자본주의 사회에서는 합의가 도처에서 일어나고 있습니다.

---

* 포스트모던 자유주의자의 특징에 관해서 필자는 《아메리카노 자유주의》(2014, 말)라는 책에서 상세히 밝혔다.

합의는 경제적으로는 계약관계이고, 정치적으로는 민주적 선거이죠. 포스트모던 자유주의는 현실적인 합의의 과정이 불공정하고 부자유하다는 것을 발견했죠. 포스트모던 자유주의는 이것을 공정하고 자유로운 합의가 되도록 개혁하려고 했습니다. 포스트모던 자유주의는 자본주의 사회의 경제 정치 영역에서 민주주의가 강화되어야 한다고 합니다. 포스트모던 자유주의는 특히 직접민주주의의 요소를 끌어들여 민주성을 강화하려 했기에 참여민주주의라고 불리기도 합니다. 그 구체적인 방법으로서 인터넷을 이용해서 온라인 민주주의를 활성화하기도 하죠.

실제로 68혁명 이후에 많은 포스트모던 자유주의자가 현실정치에 뛰어들었습니다. 그들은 자본주의의 혁명보다는 자본주의의 개혁을 택했죠. 그들은 전후 유럽과 미국을 지배했던 보수주의자, 기독교주의자와 대립하고 있는 사회민주당이나 민주당을 지지하기 시작했습니다. 이들의 노력은 성과가 있었습니다. 68혁명 뒤에 독일, 프랑스에서는 전후 처음으로 사회민주당이 집권하고, 영국에서는 노동당이 집권하였습니다. 미국에서는 케네디 정권 이후 다시 민주당이 정권을 되찾아 왔죠. 그가 바로 지미 카터 대통령입니다.

'쾌락의 자유', '세계 시민', '참여민주주의'라는 포스트모던 자유주의의 주요 개념은 청년들이 매우 좋아하는 개념입니다. 하지만 그 실상을 보면 아주 씁쓸한 느낌을 지워버릴 수 없습니다. 역사적 사실로서 두 가지 사실이 지적되어야 마땅하다고 봅니다.

우선 포스트모던 자유주의의 전성기는 미국에서 클린턴 시대였습니다. 클린턴 대통령 자신이 이런 자유주의의 화신이었죠. 클린턴 시대 포스트모던 자유주의에 대한 반발로 종교적 도덕적 원리주의가 출현했습니다. 미국에서 부시의 당선에 결정적으로 공헌한 것이 이런 종교적 도덕적 원리주의입니다. 원리주의는 미국적 가치, 청교도적 가치를 옹호했습니다. 부시는 9·11 테러를 계기로 이라크를 침략했습니다. 세계 지식인들은 하나같이 그 목적이 테러 제거와는 상관없으며, 이라크에 있는 석유자원을 약탈하기 위한 것이라 보았습니다. 이때 클린턴 시대를 장악했던 미국의 포스트모던 자유주의자는 침묵했고, 심지어 이라크 침략을 적극 지지하기조차 했습니다. 자유주의자의 논리는 간단했어요. 이라크의 지배자 후세인은 독재자이니 세계 시민이 개입해서 제거하는 것은 마땅한 일이라는 겁니다. 이런 변명을 들으면 눈 가리고 아웅 한다는 생각을 하지 않을 수 없어요. 포스트모던 자유주의는 자기가 필요로 하는 석유자원을 위해서는 기꺼이 제국주의적 침략도 받아들였던 겁니다. 포스트모던 자유주의가 말한 자유의 이면에는 자기 자신의 욕망이 감추어져 있었던 거죠.

또 다른 씁쓸한 역사적 사실을 거론하지 않을 수 없습니다. 한때 우리나라에서 참여민주주의가 동경의 대상이 되면서 인터넷을 통한 참여 또는 직접 민주주의에 대한 논의가 활발하게 일어났습니다. 심지어 인터넷 정당, 인터넷 국회 등의 가능성이 모색되기도 했습니다.

그러나 오늘날 실상을 보면 대부분의 시도는 실패하고 말았습니다. 인터넷 민주주의가 과연 민주주의를 활성화하는 것인지에 관해서 의심이 등장했기 때문입니다. 어째서 시민이라면 누구나 참여해서 자유롭게 토론할 수 있는 인터넷 민주주의가 의심의 대상이 되어 버린 것일까요?

그 이유는 간단합니다. 참여민주주의자가 희망을 품고 기대고 있는 도구, 즉 인터넷 민주주의가 왜곡될 가능성이 크기 때문입니다. 예를 들어, 인터넷 게시판을 조금만 들여다보면 쉽게 알 수 있습니다. 소수의 사람이 강력하게 뭉쳐서 하나의 목소리를 낸다면 다수라도 그 목소리를 당할 수 없다는 겁니다. 소수의 뭉친 목소리가 마치 다수가 되고, 흩어진 다수는 오히려 소수처럼 보입니다. 그 결과 어느 인터넷 게시판에서나 그 게시판을 지배하는 소수의 세력이 존재합니다.

더구나 인터넷상의 정보들은 왜곡이 심합니다. 공적 언론의 경우 정보를 검증하는 절차가 있습니다. 그리고 자신의 정보에 대해 책임을 질 수밖에 없는 객관적 담지체가 존재하기에 함부로 거짓된 정보를 흘릴 수 없습니다. 하지만 인터넷상의 정보에는 그런 책임을 부담할 담지체가 없어요. 그는 이름도 모르고, 얼굴도 모릅니다. 그 결과 거짓된 정보가 무차별하게 돌아다니면서 판단을 왜곡하죠. 특히 인터넷의 속성상 선동적인 정보가 여과 없이 전달되므로 엄청난 선동적 효과를 불러일으킵니다. 게다가 최근 우리나라에서 밝혀진 것처럼 권력자가 은밀하게 인터넷 여론을 조작하려고 시도했습니다.

실제로 이런 인터넷 민주주의를 통해 많은 여론의 조작이 일어났습니다. 가장 대표적인 것이 인터넷상의 여론을 통해 전개된 종북몰이였습니다. 이 종북몰이는 특히 사람의 두려움을 자극하는 것이었죠. 그것은 나치 선전상 괴벨스가 말했던 증오를 자극하는 선동술이었습니다.

아테네에서 직접 민주주의가 실행되었을 때 민주주의가 선동에 약하다는 사실이 드러났습니다. 그 때문에 소크라테스, 플라톤이 민주주의에 관해 비판했었지요. 근대에 들어와서 대의 민주주의 정치를 실행했던 것도 직접 민주주의가 가진 이런 취약점 때문이었습니다. 인터넷 민주주의를 통해 참여가 활성화되자 이 역시 이런 선동정치의 틀을 벗어나지 못했습니다.

부시의 이라크 침공, 한국사회의 종북몰이는 포스트모던 자유주의의 근본적인 한계를 다시 깨닫게 해준 사건입니다.

포스트모던 자유주의자를 지배한 욕망과 두려움

포스트모던 자유주의의 근본적인 한계는 그 기본 개념인 쾌락의 자유라는 개념 속에 있습니다. 자유는 어떤 제한도 없다는 것이 포스트모던 자유주의의 근본 개념이죠. 이런 입장에서 포스트모던 자유주의는 자유를 제한할 객관적인 진리나 사회적인 가치를 인정하지 않습니다. 그 결과 포스트모던 자유주의는 진정한 자유에 도달했나요? 그렇지 않습니다. 사실 그들이 도달한 것은 공허한 자유였죠. 그 자유는 형식적인 자유에 불과했습니다. 실질적으로 이 자유를 지배한 것은 무엇일까요? 그건 욕망과 두려움이었습니다. 그게 부시의 이라크 침공과 한국에서의 종북몰이의 실상이었습니다.

'쾌락의 자유'의 감추어진 모습은 이미 많은 철학자에 의해 비판적으로 검토했습니다. 보드리야르는 쾌락의 자유가 사실은 자본이 상품을 판매하는 이미지 광고 기법과 연관되어 있다고 말했지요. 그는 대량생산된 상품을 판매하기 위해 쾌락을 선전하는 이미지 광고가 발전했다고 합니다. 또한 푸코에 따르면 오늘날 국가가 쾌락을 허용하는 것은 쾌락이 권력의 중요한 장치이기 때문이라 해요. 국가는 국민에게 쾌락을 만들어줌으로써 지배한다는 거죠. 이런 쾌락과 자본, 쾌락과 국가의 관련성에 대해서는 '5강 위로에서 마음 치유로'를 다루면서 언급했습니다. 기호적 소비, 국가의 개방화 자유화 같은 문제를 다룰 때 거론하였으니 그곳을 참조하기 바랍니다. 이런 주장을 보면 쾌락의 자유가 "독재(또는 자본)를 미화하는 것"이라는 청년들의 주장이 옳은 것으로 보입니다.

24강 들뢰즈, 생명력에 권력을

종말적 인간과 쥐구멍 속에서의 자유

　　　　　지난주에는 포스트모던 자유주의에 관하여 언급했습니다. 포스트모던 자유주의는 서구에서 1970~1980년대에 등장했죠. 포스트모던 자유주의가 최대로 확산된 것은 미국의 클린턴 시대였을 거예요. 우리나라에서는 1990년대 후반부터 포스트모던 자유주의가 커다란 영향을 주었습니다.

　앞의 강의에서 언급했듯이 포스트모던 자유주의에서 자유는 무늬에 불과했습니다. 실제로 그 자유를 지배했던 것은 욕망이고 두려움이었죠. 진정한 자유라면 자유주의의 원칙을 굳건하게 지키는 것이 아닐까요? 석유에 대한 욕망 앞에서도, 국가보안법의 협박 아래서도 합의주의와 세계시민주의를 굳건하게 지켰어야 하지 않을까요? 그럼에도 불구하고 세계시민주의는 간데없이 뻔뻔한 제국주의적 침략만 있고, 합의는 간데없고 선동적인 여론 조작만 횡행한다면 그게 무슨 자유주의이겠어요.

　니체는 《짜라투스트라는 이렇게 말했다》에서 생존에 급급한 자, 생존 때문에 무리 속으로 가축처럼 기어드는 자, 생존 앞에 자신의 자유를 포기하는 자를 '종말적 인간'이라 말했습니다. 내가 보기에 포스트모던 자유주의자는 니체가 말한 '종말적 인간'에 지나지 않습니다. 나는 차라리 침략에 동조하고 종북몰이에 앞장서는 포스트모던 자유주의란 쥐구멍에 들어가 바들바들 떨고 있는 '쥐구멍 속에서의 자유'라고 말하겠습니다.

우리의 물음은 여기에서부터 시작됩니다. 그러면 쥐구멍 속에서의 자유가 아닌 진정한 자유는 없는 걸까요? 욕망을 넘어선 자유, 두려움을 모르는 자유는 없는 걸까요? 니체가 말했듯이 폭풍우 치는 바다 위에 배를 띄우는 모험가의 자유는 없는 것일까요? 내가 좋아하는 니체의 한 구절을 인용하겠습니다.

"비록 온통 밝지는 않다 하더라도 드디어 수평선은 다시 자유롭게 나타났던 것이다. 기다리고 기다린 끝에 우리의 배는 다시 모험을 떠날 것이다. 위험을 무릅쓸 것이다. 인식을 사랑하는 자의 모든 무모성이 다시 허용되어진다. 바다, 우리의 바다가 다시 열리고 있다. 아마도 이와 같은 자유의 바다가 아직까지 없었으리라."*

이번 시간에는 이런 대담한 자유, 진정한 자유에 관해 고민했던 철학자를 살펴보려 합니다. 나는 그중에서도 최근 우리나라에서 영향력이 큰 라캉, 지젝의 정신분석학과 들뢰즈*의 철학에 중점을 두고자 합

---

* 니체, 《즐거운 지식》, 권영숙 역, 청하, 그중 제 5부 〈우리 두려움 모르는 존재들〉, 290쪽

니다. 나는 그들도 이런 '두려움 모르는 진정한 자유'에 이르지는 못했다고 봅니다만 적어도 그런 자유에 이르는 징검다리를 놓았다고 생각합니다. 유감스럽게도 이들의 철학은 무척이나 난해해서 쉽게 이해하기 힘들죠. 지금 이 강의에서 가능한 한 쉽게 설명해 보려 하는데 과연 얼마나 제대로 될지 걱정스럽군요.

들뢰즈의 미시적 생명력의 해방

들뢰즈는 사람에게 생명력이 존재한다고 했어요. 그 생명력은 우선 미시적이라 했습니다. 쉽게 말해서 온몸 전체에서 나오는 생명력이 아니라 온몸의 세포마다, 마디마다 숨어 있는 생명력을 말합니다. 그 생명력은 무언가 결여된 것을 채움으로써 쾌감을 얻는 것이 아니라 그 생명력의 발현 자체를 통해서 쾌감을 얻는다고 하죠. 비유하자면 이렇습니다. 봄이 오면 따뜻한 기운이 온몸에 스며듭니다. 그러면 겨우내 움츠렸던 온몸이 펼쳐지죠. 활개가 펴진 거죠. 그렇다고 몸의 형체가 변한 것은 아닌데 우리는 내적으로 그런 느낌을 받습니다. 그리고 몸의 마디마다 세포마다 힘들이 솟아나는데, 가만히 그것을 느껴보면 처음에는 간지러움처럼 떠오르다가 마침내는 참을 수 없는 쾌감으로 가득 차게 되죠. 바로 그런 마디마다 세포마다 스며드는 쾌감을 일으키는 힘, 그것이 바로 미시적 생명력입니다.

** 질 들뢰즈(Gilles Deleuze, 1925~1995) : 프랑스 철학자. 68혁명에 참여한 경험을 바탕으로 생명력을 기초로 하는 철학을 전개했다. 대표적인 저서로 《차이와 반복》(1968)과 펠릭스 가타리와 함께 지은 《안티 오이디푸스》(1972)가 있다.

더군다나 이 생명력은 외부적인 강제로 움직이는 것이 아니라 스스로의 힘으로 움직이므로 가장 자발적이고 자유로운 운동입니다. 이 자유는 우리가 수족관에 들어가 바닷속 물고기의 유영을 볼 때나 겨울 호숫가에서 철새들의 비상을 볼 때 느끼는 자유로움과 같은 자유입니다. 물고기의 움직임이나 철새의 비상은 전혀 예측 불가능하게 변화하죠. 순식간에 방향을 바꾸며 어디론지 모르게 솟구치는 모습, 그게 미시적 생명력 충동의 모습이라 합니다.

들뢰즈는 이런 미시적 생명력이 누적적으로 작용해서 거시적인 생명력이 출현한다고 합니다. 누적적이라는 말, 이해되나요? 이런 얘기 들어보았나요? 빛이 직진하는 것은 수많은 빛의 파동이 결합하여서 나타난 결과일 뿐이라는 말? 우리가 광합성이라고 배운 것도 그렇다 하지요? 우리는 그저 물과 탄소와 빛이 결합하면 단백질이 나온다고 보는데, 실상 이 과정은 무척이나 복잡한 미시적 과정의 최종 결과물에 지나지 않는다 하죠?

이런 누적의 과정은 결코 미리부터 세워둔 목적이나 계획적 진행의 산물은 아닙니다. 수많은 미시적인 생명력들이 그저 우연하고 자유로운 움직임을 통해 이루어놓은 결과이죠. 들뢰즈는 이 과정을 '생산'이라고 말합니다. 마치 아이들이 흙덩어리를 들고 아무런 생각 없이 주물거리다가 만들어낸 어떤 형상 같은 거죠. 따라서 사람의 삶이란 아이의 유희와 같다는 겁니다. 또는 예술가가 화폭 앞에 가만히 서 있다가 갑자기 미친 듯이 달려가서 양동이 든 물감을 쏟아 부었을 때 생겨난 우연적인 이미지와 같다고 말할 수 있을 겁니다.

생명력에 권력을!

들뢰즈는 사람의 생명력 역시 이런 미시적 생명력으로 이루어져 있다고 합니다. 그것들의 누적적인 결과이죠. 그런데 사람이 가족 관계 속에 들어가면서 사회적 금기, 억압에 의해 이런 누적적 과정이 억압된다고 합니다. 이런 가족적 질서는 근친상간 금기라는 것에 의해 유지되죠. 이를 통해 사람은 여자를 교환하는 친족 체제를 만들어냅니다. 나아가서 이런 친족 체제가 자본주의적인 교환의 체제로 발전하게 되죠. 가족, 친족, 자본주의, 이 모든 것들 밑에는 근친상간 금기라는 억압이 존재한다고 봅니다.

이 금기에 의해 사람의 미시적 생명력은 억압되고 맙니다. 들뢰즈의 주장은 억압된 미시적 생명력을 해방하라는 겁니다. 미시적 생명력이 지닌 쾌감, 자유, 유희를 다시 회복해야 한다는 거죠. 68혁명 당시 소르본 대학의 두 기둥에는 레닌과 마오의 초상이 걸려 있었다고 합니다. 그리고 두 기둥을 잇는 대들보에는 이렇게 쓰여 있다고 하죠. "상상력에게 권력을!" 레닌이 1917년 러시아 혁명 때 "소비에트에게 권력을!"이라고 한 구호를 바꾸어 표현한 것입니다. 들뢰즈라면 이렇게 썼겠죠. "생명력에게 권력을!"

들뢰즈의 이런 미시적 생명력 개념은 히피들이 추구했던 삶의 모습을 상기시킵니다. 히피들이 노동과 유희가 일치하는 삶을 추구했다고 할 때 이를 이런 미시적 생명력의 표현으로 본다면 가장 잘 해석되겠죠.

도스토옙스키의 《악령》과 자발적 의지

그러나 들뢰즈가 자발적 생명력 개념을 통해서 히피적 삶이 주장하는 또 하나의 원리인 사랑의 원리를 끌어내는 데 실패했다는 것은 무척이나 안타까운 일입니다. 들뢰즈가 강조한 것처럼 단순히 자발적 생명력 개념으로 충분하지 못하다는 것은 러시아 소설가 도스토옙스키의 《악령》이라는 소설을 읽어본다면 충분히 이해할 수 있을 겁니다.

이 소설은 도스토옙스키가 19세기 말 무정부주의 계열에 속하는 바쿠닌주의자 차다예프의 활동을 보고 영감을 얻어 쓴 소설이라 합니다. 바쿠닌주의자는 곳곳에서 비밀 지하조직을 만들려고 했습니다. 러시아에서도 이런 바쿠닌주의자가 출현했어요. 이 조직에 배반자가 생기자 전체를 위해 그 배반자가 처단되었습니다. 그 때문에 경찰의 수사가 시작됐고 이 조직의 실체가 폭로되었습니다.

도스토옙스키는 실제로 있었던 이 사건을 소설화하면서 이를 통해 자발적 의지가 가진 한계를 지적하려 했습니다. 주인공인 혁명가는 자기 자신의 의지를 발휘하는 데서 쾌감을 얻지요. 이런 의지는 타인을 지배하려는 의지로 발전됩니다. 타인을 지배하는 데서도 마찬가지로 쾌감을 얻는 것이니까요. 심지어 이런 지배의 의지가 강하면 타인을 살해하려는 의지로도 출현할 수 있겠죠. 이 소설에서 주인공은 어떤 목적을 위해 또는 어떤 욕망의 실현을 위해 타인을 지배하거나 타인을 살해하려는 게 아닙니다. 오직 자기의 의지가 발휘되는 것 자체에서 쾌감을 얻지요. 무슨 게임을 하는 것처럼 타인을 지배하고 살해합니다. 이런 끔찍한 결과가 자발적 의지, 생명력이라는 개념으로부터 논리적으로 도출됩니다. 도스토옙스키가 이 소설에서 해부하려 했던 것이 바로 이 문제입니다. 그는 이처럼 스스로 쾌감에 사로잡힌 자발적 의지를 일컬어 '악령'이라 말했습니다.

도스토옙스키는 유사한 고민을 《죄와 벌》에서도 한 적이 있습니다. 거기서도 가난한 청년인 주인공 라스콜니코프는 전당포 할머니를 살해합니다. 그 자신은 정의를 세우기 위해 영웅적으로 행동했다고 믿습니다. 그러나 그는 자신의 목적이 의심스러워집니다. 그는 점차 자신이 자기의 의지를 실현하는 쾌감을 누리기 위하여 살해했다는 것을 받아들이게 되죠. 그는 자신이 악령이었다는 것을 깨닫고 구원을 얻게 되죠.

들뢰즈처럼 미시적 생명력이 지닌 자발성을 강조한다면 이런 자발성이 악령이 되는 경우는 없을까요? 들뢰즈 자신은 예상하지 못했지만 이런 결과가 가능하다는 것을 도스토옙스키는 들뢰즈가 나오기 백 년 전에 보여주었던 것이 아닐까 해요.

25강 라캉, 욕망의 타자성과 공동체

프로이트와 라캉의 차이

앞의 강의에서 들뢰즈의 미시적 생명력 개념을 살펴보았습니다. 이 생명력은 노동이 유희와 일치할 가능성을 제시해준다는 점에서 흥미로웠습니다. 그러나 개인의 자발성만이 강조되면서 사회적인 공동체의 가능성이 충분하게 설명되지 않았습니다. 히피의 정신은 노동이 유희와 일치하는 것 이상으로 사회의 모든 관계를 사랑으로 바꾸려는 시도이니까, 이런 생명력의 개념만으로는 히피 정신의 전모를 설명하기에는 아무래도 부족한 것 같습니다.

여기서 현대 철학의 또 하나의 큰 기둥인 라캉의 정신분석학을 살펴보고자 합니다. 라캉의 정신분석학에서 제시하는 욕망이라는 개념이 우리에게 또 하나의 가능성을 마련해 줄 수 있을 것 같아요. 라캉은 사람의 '근원적인 욕망'에 대해 말합니다. 이런 욕망은 여러 특징을 가지고 있는데 이 강의에서는 간단하게 그 핵심적 특징 한 가지만 살펴보기로 하죠. 정신분석학자들은 이 개념을 '욕망의 타자성'이라고 합니다. 갑자기 머리가 띵하게 아파오죠? 그렇게 어려운 개념은 아닙니다.

라캉은 프로이트의 정신분석학을 이어받았습니다. 물론 주류는 아니죠. 주류는 프로이트의 딸 안나 프로이트가 계승해서 미국에서 주로 발전했습니다. 반면 라캉은 프랑스 사람으로 드물게 프로이트를 공부했어요. 그의 이론은 주로 프랑스나 유럽에서 유행하였습니다. 미국의 정신분석학이 자아를 강화시켜 현실에 순응시키려는 것이었다면, 라캉의 정신분석학은 사람의 욕망 구조가 지닌 다양한 차이를 인정해 주려 했습니다. 주류 프로이트는 라캉을 배반자로 간주했지만 라캉은 자기야말로 프로이트에 가장 충실하며 미국적 프로이트주의가 프로이트를 배반했다고 비판했어요. 미국적 프로이트주의와 라캉적 프로이트주의의 차이점 가운데 결정적인 게 바로 '욕망의 타자성'이라는 개념입니다.

욕망의 타자성

프로이트는 사람의 근원적 욕망을 성욕이라 보고, 이를 식욕과 같은 욕망과 구별했죠. 둘 다 생물학적으로 갖추고 있는 본능적인 것이라 보았습니다. 다만 식욕은 개체 보존적이고, 성욕은 종을 보존하는 것이죠. 두 욕망을 충족하는 경우 얻어지는 만족도 다르다고 합니다. 식욕은 그저 보통의 즐거움(pleasure)을 준다고 한다면, 성욕은 아주 강도 높은 쾌감을 준다고 합니다. 그래서 성욕을 프로이트는 '리비도(libido)'라 표현했는데 그 말은 '활력적인 것(the lively Energic)'이라는 의미입니다. 보통 이상의 쾌감을 준다는 뜻이죠.

라캉은 근원적 욕망을 프로이트와 다르게 해석했습니다. 그는 식욕이나 성욕(자연적 성욕) 등은 모두 자연적인 생물학적 욕구(need)라 봅니다. 그는 이 욕구가 심리적 차원에서 강화될 수 있다고 봅니다. 이렇게 강화되면 프로이트의 표현대로 욕구가 리비도화된다고 봐요. 그때 활력을 지닌 욕구, 즉 강력한 욕구인 욕망(desire)이 만들어진다고 합니다. 이런 리비도화는 특히 성욕에서 주로 일어나지만 식욕에서도 일어날 수 있고, 욕구라면 어느 것이나 이런 리비도화가 가능합니다.

성욕이 리비도화되는 것은 잘 아는 것이니까 생략하고, 식욕이 리비도화되는 경우도 있을까요? 있습니다. 예를 들어, 먹고 먹어도 배고픈 상태가 있죠? 한없는 식욕, 보통 이걸 '걸신(乞神) 들린다'고 합니다. '걸신'이라 할 때 신은 곧 신명, 신기를 의미합니다. 이게 바로 리비도화이죠. 이런 리비도화가 일어나면 그것이 충족되는 경우 단순한 만족을 넘어서 아주 강력한 쾌감(쥐상스 : jouissance)을 얻는다고 합니다.

이런 리비도화가 일어나는 이유가 무엇일까요? 이게 중요한데요, 간단하게 설명하기 어렵습니다. 라캉의 설명을 억지로 요약하자면 이렇게 말할 수 있습니다. 라캉은 사람과 동물의 근본적 차이가 있다고 합니다. 동물은 태어나자마자 자기를 스스로 돌봅니다. 사람의 경우 자궁 속에 열 달이나 있었는데도 아주 무기력한 상태에서 태어난다고 해요. 태어나서도 거의 1년 이상이나 무기력하죠.

그 결과 사람은 유아 상태에서 그를 보살피는 부모에게 의존할 수밖에 없다고 해요. 부모에게 관심과 보호를 받으려고 하죠. 이게 아이가 가지는 사랑에의 요구입니다. 이런 의존상태, 사랑을 받으려는 심리적 요구가 생물학적 욕구에 중첩되면 이 욕구가 변형된다고 합니다. 욕구의 만족은 부모의 사랑으로 해석되는 거죠. 예를 들어, 아이는 어머니에게 젖을 얻어먹으면 그것이 단순한 포만감을 주는 것이 아니라 부모로부터 사랑받는다는 것을 입증한다고 생각합니다. 이때부터 젖에 대한 욕구는 부모의 사랑에 대한 요구와 중첩되죠. 이렇게 부모의 사랑에 대한 요구가 중첩되면 생물학적 욕구가 리비도화된다고 합니다. 이렇게 리비도화된 욕구가 바로 사람의 욕망이라 하죠.

이야기가 좀 어렵게 되었습니다만 더 쉽게 설명하기가 어렵군요. 또 다른 예를 들자면, 유아는 부모의 관심을 끌려고 일부러 똥을 싸는 경우가 있다 하더군요. 또는 부모의 칭찬을 받기 위해 피아노학원에 열심히 나가는 어린아이도 있다 합니다. 어른들이라 해서 예외는 아닙니다. 많은 고부관계는 어머니와 며느리의 잘못이 아니라 바로 남자의 잘못이라고 합니다. 남자의 퇴행적 기질인 어머니에 대한 의존이 이런 갈등의 원천이라 해요.

이해를 돕기 위해 나의 개인적인 이야기를 하겠습니다. 내가 부산에 살 때인데 아버지가 제사상에 쓴다고 문어를 구해오라는 겁니다. 문어도 참문어라고, 왜 다리가 긴 문어 있죠, 그게 필요하답니다. 경상북도 안동 지방에서는 제사 때 사용하는 데 부산에서 참문어를 구하니 찾을 수 있어야지요. 문어를 판다는 상점을 무려 대여섯 군데를 돌아다녀도 구할 수 없는 겁니다.

차를 몰고 온종일 다녔는데 나중에는 너무 지쳐서 운전에 집중이 잘 안 됐죠. 그러다가 그만 사고를 냈습니다. 좁은 주차장에서 후진하다 뒷차를 미처 못 보고 범퍼를 들이박은 거죠. 그리고 나서야 비로소 이런 생각이 들었습니다. '내가 왜 문어를 구하기 위해 이렇게 미친 듯이 돌아다니지? 문어를 못 구하면 제사상에서 **빼놓으면** 되는 건데!' 그때 비로소 나는 내 마음속에 아버지에게 인정받으려는 욕망이 얼마나 강

하게 남아있었는가를 알 수 있었어요. 이해되나요? 결국 사람의 욕망
이란 부모의 사랑에 대한 갈망이라는 거죠. 이런 측면을 라캉은 "욕망
은 타자적이다"라고 말합니다.

사랑의 리비도와 공동체

라캉의 '타자적 욕망'이라는 개념은 우리에게 흥미로운 상상력을 불
러일으킵니다. 라캉이 말하고자 하는 핵심은 이렇습니다. 아이는 무기
력성 때문에 부모의 사랑을 요구하고, 이 요구로부터 어떤 생물학적
욕구가 리비도화되며, 이렇게 리비도화된 욕구를 욕망이라 한다는 겁
니다. 이 이야기를 좀 더 확대하면 어떨까요? 다시 말해 부모 대신 공
동체를 집어넣는 겁니다. 부모의 사랑을 공동체가 대신할 수 있다면
아이의 욕망은 부모가 아니라 공동체를 향하게 되지 않을까요?

공동체가 부모 못지않은 리비도를 불러일으킨다는 것은 이미 몇 가
지 사실을 통해 확인할 수 있습니다. 예를 들어, 친구들에게 왕따 당하
는 고통을 겪은 경험을 생각해 보세요. 왜 그게 그렇게 고통스러운 것
일까요? 이 경우 공동체에서 고립된 그는 유아와 마찬가지로 탄생의
무기력성 아래 내버려지기 때문이 아닐까요? 거대한 군중집회에 가 보
면 정말 어마어마한 기운이 느껴집니다. 나치의 거대한 군중집회에 모
였던 군중이 느꼈던 것이 그런 게 아닐까요? 어쩌면 그런 느낌은 성적
욕망에서 얻어지는 오르가슴과 같은 것이 아니었을까 생각합니다. 이
런 군중집회에서 오르가슴을 맛본 사람은 그 뒤에는 혼자서 고립적으
로 살아간다는 것은 꿈도 꾸지 못할 겁니다. 혼자서 살아가라고 하면

그는 두려움에 벌벌 떨지 않을까요? 나치가 군중집회를 반복해서 개최하고, 독일의 시민이 나치의 명령을 거부하지 못했던 것은 바로 이런 군중집회가 주는 쾌감, 즉 쥐상스가 있었기 때문이 아닐까 합니다.

이런 욕망의 타자성이라는 개념을 사용한다면 공장이나 회사의 노동자들 사이의 관계도 그와 같은 리비도화가 가능하지 않을까요? 물론 이 경우 공장이나 회사가 노동자들의 부모와 같은 역할을 수행하는 경우이겠죠. 실제로 많은 노동자가 자기 공장이나 회사에 대해 아주 강력한 애착을 가지고 있다고 합니다. 그건 부모에게 가진 애착과 유사한 애착이죠.

이런 생각해 보면 히피 정신 중의 또 한 측면이 해명되는 것 같습니다. 히피의 사랑은 겉으로는 쾌락의 추구이고, 무분별한 것으로 보이지만 실상 그렇지만은 않습니다. 오히려 히피는 사회의 모든 관계를 사랑의 관계로 전환하려 했습니다. 그 때문에 히피는 공동체를 이루기도 했습니다. 이 공동체 속에서 히피는 사람 관계를 성관계와 동일한 섹슈얼한 관계, 사랑의 관계로 전환하고자 했어요. 모두가 서로 같이 성관계를 맺는다는 것이 아니라 모든 관계가 성적 사랑과 같은 리비도화된 관계로 바뀌도록 노력한다는 거죠. 이런 점에서 라캉의 정신분석학은 공동체를 향한 아주 중요한 디딤돌을 놓는 것으로 보입니다.

개체의 자립성 억압하는 타자적 욕망

그러나 여기에도 문제가 있어요. 흔히 정신병 가운데 편집증이나 분열증을 아울러 정신증이라 합니다. 그 특징은 개체가 부모의 사랑에 대한 욕망에 전적으로 함몰해버린 것입니다. 개체가 자립성을 완전히 상실해 버린 경우이죠.

정신증 환자는 자신의 상태에 대해 쾌감만 느끼는 것은 아닙니다. 오히려 이 경우 매우 죄의식이 강해진다고 해요. 왜냐하면, 이런 상태는 한편으로는 부모의 사랑 속에 사는 것이지만, 다른 한편으로 개체의 파괴이므로 개체의 파괴에 대해 두려움과 불안이 등장하기 때문입니다. 이런 두려움과 불안이 정신증 환자들이 가진 죄의식의 원천이죠.

나는 캐나다의 크로넨버그라는 영화감독을 좋아합니다. 그의 영화는 다분히 호러물이고 또 성적 판타지가 강해서 많은 사람이 좋아하죠. 그의 영화 가운데 정신분열증을 가장 사실적으로 다룬 영화가 바로 〈스파이더〉일 겁니다. 주인공은 자기 엄마가 창녀라고 생각해서 가스를 틀어 살해하죠. 사실은 진짜 엄마인데 왜 엄마를 창녀로 생각했을까요? 영화를 보면 주인공이 외로운 엄마 주변에서 마치 자기가 아버지를 대신하는 듯한 착각에 빠진다는 것을 알 수 있습니다. 이런 착각이 그의 마음속에 죄의식을 일으킨 것 같아요. 이 죄의식은 거꾸로 엄마를 창녀로 간주하면서 자기를 합리화하게 됩니다. 진짜 엄마가 아니니까 문제가 없다는 식이죠.

정신병이 이처럼 죄의식과 고통을 일으킨다는 것은 사람이 단순히 부모의 또는 공동체의 사랑을 받고자 하는 욕망, 즉 타자적인 욕망에 따라 살아갈 수 없다는 것을 보여줍니다. 타자적인 욕망만 따라간다면 개체가 파괴되어 오히려 죄의식과 고통에 사로잡히기 때문입니다. 라캉은 이런 이유로 타자적인 욕망에 대한 억압의 필요성을 인정하죠. 그는 개체의 자립성도 중요하다고 봅니다.

영화 〈스파이더〉의 한 장면, 주인공은 어릴 때부터 거미줄을 방안에 쳐놓는
놀이를 좋아했다. 주인공은 나중에 사회보호원에 수용되었을 때도 자기 방안에
이렇게 거미줄을 쳐놓았다. 거미줄은 이중적 의미를 갖는다.
자기가 어머니에 대한 욕망 속에 사로잡혀 있다는 것을 의미하며,
동시에 어머니라는 괴물을 포착하려는 자아의 노력을 의미한다.

노동과 유희, 그리고 사랑

결론적으로 말하자면 앞의 강의에서 언급한 들뢰즈와 라캉의 생각은 서로 대립하면서도 서로 보완적이라 볼 수 있습니다.

라캉의 정신분석학은 공동체의 가능성을 알려줍니다. 그의 타자적인 욕망 개념에 기초한다면 사랑의 공동체가 가능하리라 생각합니다. 그러나 이것은 개인의 자발성을 전적으로 간과하는 것이죠. 거꾸로 들뢰즈의 미시적 생명력 개념에 기초한다면 자발적 의지의 가능성, 스스로 쾌감을 느끼는 의지의 가능성이 나타납니다. 그러나 이런 자발적 의지가 악령이 될 가능성 역시 배제할 수 없습니다.

우리는 앞에서 히피들이 지향했던 삶의 목적이 노동이 곧 유희가 되고, 사랑이 되는 사회라고 했습니다. 유감스럽게도 라캉이나 들뢰즈는 그중의 어느 하나에는 도달했으나 다른 하나는 놓쳐버리고 말았습니다. 그렇다면 우리는 이렇게 생각해 볼 수 있지 않을까요? 들뢰즈와 라캉의 사상을 종합하는 길은 없는가 하고요. 노동이 쾌감을 주고, 동시에 사랑이 되는 그런 사회는 불가능한 것일까요?

들뢰즈와 라캉의 결합

　　　　　　지금까지 현대철학의 양대 산맥을 대강 훑어보았습니다. '수박 겉핥기'라는 말이 있는데 정말 그런 것 같아요. 생각해 보면 상당히 흥미로운 결론을 여기서 끌어낼 수 있을 것 같습니다.

라캉의 정신분석학과 들뢰즈의 생명력 개념은 히피의 정신을 한 측면에서만 포착한 것으로 보입니다. 라캉은 히피의 '사랑'의 정신을, 들뢰즈는 히피의 '유희'의 정신을 부각시켰던 것으로 보입니다. 각각에는 나름대로 한계가 있었어요. 라캉의 경우 욕망은 타자에 대한 종속에 빠질 위험이 있고, 들뢰즈의 경우는 타자를 지배하는 악령이 될 위험이 있습니다.

이렇게 생각해 본다면 서구 현대철학은 마지막 단계에서 멈춘 것이 아닐까 생각합니다. 동시에 그 마지막 한계를 넘어설 가능성을 보여주고 있죠. 나는 서구 현대철학은 어떤 징검다리를 놓아주었다고 생각합니다. 이 두 가지 개념, 자발성과 공동체, 유희와 사랑이 결합하는 궁극의 경지가 무엇일까요? 나는 이것이 현대철학의 과제라 생각합니다.

여기서부터는 우리는 어떤 다른 사람의 사상에 의존할 수 없고 스스로 길을 개척하지 않을 수 없다고 봅니다.

사람의 자주성

나는 그런 고민 끝에 '자주성'이라는 개념에 대해 많은 생각을 해 보았습니다. 자주성이란 자신이 원하는 것을 자유롭게 선택하는 자유의지와 비교될 수 있습니다. 단순한 자유의지와 자주성이 구별되죠. 자유의지라면 형식적으로 자유로울 뿐 욕망에 의해 지배되죠. 그것은 항상 우리에게 쾌락을 주는 어떤 결과를 추구합니다. 그 결과를 획득하면 즐겁고, 얻지 못하면 고통스럽죠.

반면 자주성이라면 얻은 결과가 즐거운 것이거나 그런 결과를 얻어서 즐거운 것이 아니라 그 얻는 과정 중에서 또한 자신의 의지를 행사하는 것 가운데서 쾌감을 느끼는 것입니다. 이런 자주성에 관한 가장 가까운 예를 들라 하면 나는 운동선수의 쾌감을 예로 들겠습니다.

언젠가 유니버시아드 대회를 보니 우리나라 선수는 메달을 따지 못하면 우울해 합니다. 반면 외국인 선수는 메달을 따지 않아도 즐거워 합니다. 그 차이는 어디서 나오나요? 우리나라 선수는 메달로 얻는 이익, 체육연금에 목표가 있죠. 반면 외국 선수는 운동 자체에서 쾌감을 얻는 것으로 보입니다. 사실 운동을 해 보면 승리하든 않든 간에 온몸 전체에서 쾌감이 쏟아져 나오죠? 그런 기쁨 때문에 사람들은 운동을 합니다. 만일 운동을 체육연금을 위해서 한다면 또는 오직 승리만이 목적이라면 운동은 목적에 종속된 강제적 노동이겠죠. 욕망에 종속된 무늬만의 자유가 아니라 스스로 쾌감을 얻기에 어떤 욕망에도 종속되지 않는 자유의지, 그게 운동선수가 운동경기 속에서 느끼는 자주적 의지입니다.

이런 자주성 개념은 자발성의 개념과 비교해 볼 수도 있습니다. 자발성은 내면에서 저절로 솟아 나온다는 것을 강조합니다. 앞에서 설명한 들뢰즈의 생명력 개념이 바로 이런 자발성 개념의 대표적인 예가 됩니다. 이런 자발성의 개념에는 목적 지향성이 없습니다. 자발성의 개념은 공동적인 선이라든가 객관적인 가치를 받아들일 여지가 없어요. 그런 점에서 자발성 개념은 맹목적입니다. 자발성이 어떤 목적에 이른다면 그건 전적으로 우연적이죠. 자발성은 내면에서 솟아나는 것 자체에서 쾌감을 느낍니다. 자발성에 대한 가장 적절한 예를 찾는다면 어린아이의 장난과 같은 것이 되겠죠. 아이는 무심하게 장난치는 가운데 어떤 예술가보다 더 탁월한 예술을 만들기도 합니다만 본래 그것을 목적으로 한 것은 아닙니다. 아이는 그저 온몸의 약동 속에서 쾌감을 느낄 뿐이죠.

자주성도 그 과정 중에, 또는 의지를 행사하는 것 자체에서 쾌감을 얻으므로 이런 점에서는 자발성과 유사하다고 하겠습니다. 하지만 자주성은 목적 지향성을 가지고 있습니다. 운동선수는 운동 자체에서 쾌감을 느낀다고 하더라도 명백히 승리 자체를 목적으로 하고 있습니다.

자발성과 자주성, 구분하기 힘들죠? 음악은 내면에서 솟아 나온다고 합니다. 그런 점에서 음악은 자발적이죠. 음들의 어울림이 음악가의 마음에서 기쁨을 생겨나게 하죠. 반면 시인은 하늘의 소리를 듣는다고 합니다. 그는 하늘을 향해 귀를 기울이고 팔을 벌리죠. 그 역시 하늘의 소리를 들어서가 아니라 또는 하늘의 소리가 복음이기 때문이 아니라 이렇게 귀를 기울이고 팔을 벌리는 데서 기쁨을 얻습니다. 자발성, 자주성 구분이 힘들면 자발성이 기초가 되고 그것이 목적 지향성을 지니게 되면 자주성이 된다는 식으로 단순화시켜서 이해하면 좋을 것 같습니다.

자발성은 목적지향성이 없으므로 결국 개체적인 생명력에 머무를 뿐입니다. 그러나 자주적 의지는 목적 지향성을 가지고 있으므로 필연적으로 공동적 선, 객관적으로 가치 있는 것을 지향하게 됩니다. 자주적인 의지가 단순히 주관적인 목적과 욕망을 지향하지 않고, 공동체적 선과 객관적 가치를 지향하게 되는 이유는 무엇일까요? 그것은 공동체적 선이나 객관적 가치를 통해서만 자주성이 자기를 진정으로 실현할 수 있기 때문이 아닐까요? 자주적인 의지가 주관적인 목적, 개인적인 욕망에 따라 움직일 때는 실제로 그런 목적과 욕망이 역사 속에서 실제로 실현되기 어려울 겁니다. 이 경우 자주적 의지는 비극적인 실패에 이르게 되겠죠. 이런 실패가 거듭되는 경우 그의 자주적 의지는 위축되니 의지를 행사하는 것을 통해 얻어지는 쾌감도 한정적일 겁니다. 실제로 자주적 의지가 추구하는 것이 실현될 때 그의 자주적 의지도 확장될 수 있고, 그에 따라서 의지의 행사를 통해 더욱 강한 쾌감을 얻을 수 있겠죠. 그는 이 경우 더욱 충실한 삶을 살았다고 하겠습니다. 역사적 현실 속에서 실현될 수 있는 목적, 그것이 바로 객관적으로 가치 있는 것이겠죠. 그것은 인류의 이상이며 공동체적 선이겠죠. 따라서 자주성은 필연적으로 공동적 선과 가치를 지향하게 되어 있습니다. 이렇게 자주성이 공동적인 선과 객관적 가치를 지향하게 될 때 자주성의 완성이 가능하게 될 것입니다.*

앞에서(6강) 나는 공동체적 선을 위해 자기를 희생하는 사람들을 역사 속에서 발견할 수 있다고 말했습니다. 이런 사람들이 자주적인 사람들이죠. 그들은 어떤 댓가를 바라거나 목표로 정한 것을 획득하면 권세나 부귀를 얻을 수 있기 때문에 공동체를 위해 헌신하는 것은 아닙니다. 그들은 공동체를 위한 헌신 그 자체에서 기쁨을 느꼈던 사람, 자주적인 사람이었습니다.

내 주변에는 자주성을 지닌 사람이 많습니다. 나는 많은 예술가를 만나 보았지만 그 가운데 자신의 예술을 통해 큰돈이나 명성을 얻은 사람은 별로 없었어요. 거의 대부분 간신히 입에 풀칠하거나 다른 아르바이트를 해서 생활하면서도 예술 작품을 창조하기 위해 고군분투했습니다. 어디 그런 예술가들만 있나요. 나는 그에 못지않게 많은 철학자도 만나 보았지만 그들 역시 예술가와 마찬가지였습니다. 남루하고 초라한 삶 속에서도 그 때문에 고통스러워하는 것은 아니었습니다. 그들이 이루려는 작품이 제대로 나오지 않고, 그들이 이루려는 철학이 이루어지지 않기 때문에 고통스러워했습니다. 그런 작품이 만들어진들 그런 철학이 이루어진들 그것은 사회적 성공과는 거리가 멀죠. 그 작

---

* 여기서 자주성 개념의 의미를 분명하게 하기 위해 개념적인 검토가 필요하리라 생각됩니다. 내가 사용하는 자주성 개념은 북한 철학에서도 사용합니다. 그러나 그 의미는 약간의 차이가 있습니다. 북한 철학에서 자주성이란 남의 힘에 의존하지 않고 자기 힘에 의거한다는 점을 강조하는 개념입니다. 북한 철학에서 자주성을 강조하는 이유는 자주성을 통해 자신의 능력을 기를 수 있으므로 결과적으로 본다면 자주성은 목표를 실현하는 최선의 수단이기 때문으로 보입니다. 반면 나도 자주성 개념에서 남의 힘이 아니라 자신의 힘에 의거해야 한다는 것을 강조합니다. 그러나 그 이유는 이렇게 자신의 힘에 의거하여 수행하는 것 속에서 스스로 쾌감을 얻을 수 있기 때문입니다.

품과 철학은 객관적인 가치, 인류의 이상을 지향하는 것이었습니다. 그들은 남루하고 초라한 삶 속에서도 이상적인 가치를 지향하면서 자신의 온몸을 불태운다는 것 자체에 기쁨을 느끼고 자부심을 가지고 있었습니다.

내가 좋아하는 영화가 하나 있습니다. 제목이 〈누드모델〉인데 1991년 칸 영화제에서 그랑프리를 받은 자크 리베트 감독의 영화이죠. 영화를 보면 화가가 모델을 다 그린 다음 자기의 작품을 아무도 보지 못하게 감추는 장면이 나옵니다. 그것은 여러 가지 의미를 지니겠지만 결과가 아니라 과정을 통해서 예술은 이미 완성되었다는 것을 의미하는 것으로 생각합니다. 이런 예술가가 바로 자주성을 지닌 예술가이죠.

동학사상의 자발성과 공동체적 선

나는 최제우 선생의 동학사상에서 자주성에 관한 표현을 발견했습니다. 그것은 바로 '사람은 하늘이다(人乃天)'입니다.

나는 동학사상이 사람을 왜 하늘이라고 말했을까를 생각해 보았습니다. 동학사상은 사람 외에 다른 생명체도 모두 하늘이라 하지만 사람은 그 가운데 '신묘(神妙)한 하늘'이라 합니다. 신묘하다는 것은 참으로 묘하기에 마치 신과도 같다는 뜻이죠. 동학은 사람을 왜 이처럼 신묘하다 했을까요? 사람이 하늘이라는 주장은 그저 사람이 세상의 주인이라는 휴머니즘을 주장하는 것일까요? 모든 사람이 하늘이므로 다 같이 평등하다는 것을 의미하는 것일까요?

나는 그 이상이 아닐까 생각합니다. 동학사상의 뜻에 대해 최근 여러 가지 해석이 나옵니다. 그 가운데 김지하가 생명사상으로 동학을 해석한 것이 가장 탁월한 해석이 아닐까 생각해요. 김지하는 이런 해석을 통해서 동학사상을 현대의 생태주의로 발전시킨 것으로 생각합니다. 모두가 하나의 생명이니, 자연과 사람 역시 동등하다는 주장이죠. 자연도 생명이고 사람도 생명입니다. 그러니 사람이 자연을 마음대로 파괴하는 지배자는 아니라는 겁니다.

그러나 나는 김지하의 생명 개념도 동학사상이 하늘이라고 표현한 의미를 충분하게 포착하지 못했다고 봅니다. 사람은 다른 생명과는 구별됩니다. '사람이 하늘'이라는 표현은 사람은 생명 가운데서도 가장 탁월한 생명이라는 말이 되죠. 너무나도 탁월하기에 신묘한 생명체라는 뜻입니다. 그 탁월성, 그 신묘함이란 무엇일까요?

나는 이렇게 생각합니다. 사람은 다른 생명체와 마찬가지로 자발적인 생명력입니다. 그러므로 동학사상에서는 이런 생명력을 무위이화(無爲而化), 다시 말하자면 억지로 하지 않고서도(無爲) 이룬다고(化) 말했습니다. 이런 생명력의 발휘 자체가 쾌감을 주지요. 이런 점에서 동학사상이 말하는 생명력은 자주성 개념의 기초가 되는 자발적 의지라는 개념과 통한다고 봅니다.

동학사상은 이런 자발적 의지라는 개념을 더 발전시켰습니다. 그래서 동학사상은 인간의 생명력을 다른 생명체의 생명력과 구분하죠. 다른 자연은 자발적으로 생명을 발산하지만 그런 생명력의 표현은 우연적이고 맹목적입니다. 이를 통해 자연 진화가 일어나죠. 하지만 사람의 생명력의 발산은 이처럼 우연적 맹목적인 것은 아닙니다. 왜냐하면, 사람은 공동체적 선을 의식적으로 지향할 수 있기 때문입니다. 그러므로 사람에게는 역사가 출현하죠. 이 역사의 운동은 일정한 지향성을 지닌 운동입니다. 그러면 신묘한 사람의 하늘이 지향하는 공동체적 선은 어떤 것입니까? 동학에서 사람의 본성인 하늘이 나가는 방향은 우주 만물과 모든 세상 사람이 조화를 이루는 세계입니다. 나는 이런 조화가 동학이 말한 여러 말의 감추어진 의미라고 봅니다.

동학은 하늘을 모시고(시천주 : 侍天主), 하늘을 기르며(양천주 : 養天主), 하늘을 통해 하늘을 먹는(이천식천 : 以天食天이)다는 말을 합니다. 이 가운데 '하늘을 통해 하늘을 먹는다'는 말이 가장 의미 깊은 말 같아요. 여기서 먹는다는 말이 지배하고 파괴한다는 부정적인 의미는 아니라고 봅니다. 여기서 먹는다는 것은 서로가 서로에게 이미 넘어 들어가 있다는 뜻이 아닐까 해요. 아니면 서로가 서로를 품고 있다고 해도 되겠죠. 사람은 자연 속에 넘어 들어가 있고 자연은 사람 속에 넘어 와 있으며, 나는 타자에게 넘어 들어가 있고 타자는 또 내 속에 넘어 들어와 있다는 뜻이 아닐까요? 이것은 마치 태극의 모양과도 같습니다. 음과 양, 푸름과 붉음이 서로 넘나들고 있는 것이 곧 태극의 모습이죠. 이런 태극의 모습은 동학이 외우고 있는 주문 '궁궁을을(弓弓乙乙)'이라는 말에서도 발견할 수 있습니다. 이 궁궁을을은 그 글자의 모습 자체가 태극의 형상을 닮았습니다.

이런 태극이 의미하는 바가 무엇일까요? 각자가 자기의 개체성을 지키면서도 자기의 개체성을 넘어 타자 속으로 들어가 있으니, 나와 타자 사이의 진정한 통일, 서로가 서로를 인정하는 통일, 서로 용서하고 서로 화해하는 통일을 말하는 것이 아닐까요? 이런 태극의 모습이 공동체적 선의 모습입니다. 동학이 이런 태극을 통해 말하고자 하는 것은 개체의 자발적 의지 속에서도 이런 공동체적 선을 이룬다는 뜻일 겁니다.

나는 이런 점에서 동학사상이야말로 서구 철학이 도달하지 못했던 경지에 이미 도달했다고 생각합니다. 현대 철학이 추구하는 과제인 자발성과 공동체적 선이 동학사상에 이미 내재하고 있기 때문입니다.

자주성에 이르는 길

역사적 운동 속에서 공동체적 선을 자발적인 생명력으로 추구하는 존재, 이런 생명의 추구 가운데서 쾌감을 느끼는 것, 나는 바로 이것이 사람의 '자주성'이라 생각합니다. 하늘과 하늘이 서로 품고 있는 것, 하늘을 모시고 하늘을 기르는 것, 그것이 자주성이죠.

그러나 동학은 이런 자주성의 경지에 이르렀지만 이런 경지에 이르는 길은 너무 신비합니다. 종교적인 득도, 신에 대한 체험 등이 그 전제가 됩니다. 이런 종교적 방식 외에 자주성의 경지에 이르는 길은 없을까요? 나는 오히려 역사적 발전, 변증법적인 길에 기대를 걸고 있습니다.

헤겔은 《정신현상학》에서 인간의 정신이 변증법적으로 발전하는 과정을 서술했습니다. 그에게서 정신의 발전과정이란 단순히 진리를 인식하는 과정만을 의미하지 않습니다. 그에게서 이 과정은 인간의 의지(욕망을 포함하여)가 공동체적 선(헤겔의 개념으로는 인륜성)을 지향하도록 발전하는 과정이기도 합니다. 이런 과정을 거쳐서 마침내 인간의 정신은 스스로 자발적이면서도 공동적인 선을 지향하는 자주성에 이르게 됩니다. 그것이 바로 헤겔이 말하는 절대정신이지요.

이와 같이 단순한 자발성에서 공동적 선을 지향하는 자주성에 이르는 과정, 그것이 역사적인 과정이고 변증법적인 과정이라 하겠습니다. 이와 같은 과정은 단순히 머릿속에서 일어나는 과정은 아닙니다. 이 과정은 역사적인 실천을 통해 일어나죠. 이렇게 자발성에서 자주성에 이르면 세계를 보는 우리의 인식의 틀도 더욱 넓어지고, 우리의 삶은 더욱 충실해지겠죠.

물론 공동체적 선을 객관적으로 인식하는 길은 쉬운 길이 아닙니다. 우리는 오랜 역사적 실천을 통해서만 이런 공동체적 선에 대한 인식에 이르게 되겠죠. 그 과정 중에서 우리의 삶이란 실패의 연속일 겁니다. 이런 실패에도 불구하고 다시 또 역사 속으로 들어갈 수 있는 것은 우리의 삶이 자주적이기 때문입니다. 우리는 실패에도 불구하고 자신의 자주적 의지에 충실했기 때문에 기쁨으로 가득 차 있습니다. 이런 기쁨이 있기에 다시 역사 속으로 들어갈 수 있겠죠.

항상 기뻐하는 혁명적 낙관주의

이런 자주성을 통해 얻어지는 삶은 어떤 삶이 될 것인가를 생각해 보죠. 자주적인 삶이라고 해서 다른 사람과 다른, 특이한 욕망을 추구한다는 뜻은 아닙니다. 자주성이 추구하는 것은 공동체적 선, 또는 객관적으로 가치 있는 것입니다. 이 객관적 가치는 심지어 쾌락주의자도 추구할 수 있습니다. 이 객관적 가치가 가장 오래 지속되는 쾌락으로 볼 수도 있으니까요. 그러나 동일한 객관적 가치를 추구하더라도 자주성으로 추구하는 경우와 쾌락주의자가 추구하는 경우는 구별됩니다. 왜냐하면, 쾌락주의는 최종적으로 얻은 결과를 가지고 즐거움을 얻기 때문입니다. 그가 아무리 노력해도 그가 얻은 것이 없다면 그에게는 고통과 절망밖에 없지요. 하지만 자주성을 가진 사람은 결과가 아니라 과정 속에서, 자신의 의지를 발휘한다는 것 속에서 기쁨을 느끼는 사람입니다.

> "주 안에서 항상 기뻐하라. …… 주께서 가까우시니라. 아무것도 염려하지 말
> 고……"(〈빌립보서〉 4장 4~5절)

이 말은 사도 바울이 〈빌립보서〉에서 했다는 말입니다. 나는 기독교도는 아닙니다. 그러나 이 말만은 늘 가슴에 새기고 있습니다. 나는 기독교인이 이 말을 어떻게 새기고 있는지는 잘 모릅니다. 기독교적으로 이 말은 하느님이 우리를 늘 돌보고 있으니 살아가는 데 아무 걱정하지 말라는 뜻인가요? 하여튼 기독교적 해석은 잘 모릅니다.

여기서 같이 생각해 보죠. 어떻게 우리가 항상 기뻐할 수 있다는 말일까요? 행복할 경우에만 기뻐하는 것이라면 항상 기뻐할 수는 없겠지요. 우리의 삶은 항상 고난으로 가득 차 있기 때문입니다. 항상 기뻐하려면 그런 고난 속에서도 기뻐할 수 있어야 하겠죠. 고난 속에서도 기뻐한다면 그 이유가 무엇일까요? 누군가 돌보는 이의 힘에 의해서, 아니면 역사 자체의 힘에 의해서 고난이 곧 사라질 것을 기대하기 때문에, 머지않아 행복을 얻을 수 있기 때문에 고난 중에서 기뻐한다는 말일까요? 이렇게 해석한다면 우리가 살아가는 현실이 늘 그렇듯이 고난

이 사라질 것 같지 않는 경우라면 기뻐할 수 없다는 말이 되니 별로 도움이 될 만한 말은 아닌 것 같습니다.

나는 이 말 가운데 '주'라는 말에 다른 의미를 부여해 보았습니다. 그래서 이렇게 생각해 보았습니다. 이 '주'가 동학의 하늘을 의미하는 것이며, 인간의 자주성을 말하는 것으로 보면 어떨까요? 그러면 자신의 공동체적 선을 위해 자발적 의지를 행사하는 경우 비록 실패로 돌아가고 고난에 이른다고 하더라도 이미 그 자체로서 우리는 기쁨을 얻지 않을까요? 그러니 자주적 의지 안에 있으면 항상 기뻐할 수밖에 없지 않을까요?

그리고 보니 언젠가 이런 말을 들은 것 같습니다. "험한 길도 웃으며 가자." 이 말도 어떻게 보면 사도 바울의 말과 같습니다. 험한 길에서도 우리가 웃으며 갈 수 있다면 그 이유는 언젠가 행복이 찾아올 것을 확신하기 때문은 아닐 겁니다. 아무도 역사의 길을 확신하기 힘들죠. 그럼에도 웃으며 갈 수 있는 이유가 무엇이겠습니까? 험한 산길, 거친 들판을 간다는 것 자체가 기쁨을 주기 때문이 아닐까 생각합니다. 험한 길도 웃으며 가는 혁명적 낙관주의, 그것은 자주성을 지닌 사람의 징표가 아닐까 생각합니다.

두려움을 모르는 자유

마지막으로 이것 한 가지는 말해야 하겠습니다. 무엇이든 자주적으로 선택한다면 그 결과는 자신의 책임입니다. 이런 자주성을 가지고 일을 한다면 결과가 잘못되더라도, 그 때문에 자기는 초라하고 심지어 고통에 처한다고 하더라도 누구를 원망하지 않습니다. 왜냐하면, 일하는 과정 속에서 이미 충분한 기쁨을 얻는 것이니까요.

물론 결과적으로 패배했다고 해서, 명성을 얻고 부를 쌓지 못했다고 해서 자신이 초라하다고 생각하거나 자신의 삶을 후회하는 사람도 있죠. 이런 사람들이 후회의 감정을 가지는 이유가 무엇일까요? 그것은 자신의 삶이 자주성에 의한 행위라고 보지 않기 때문이 아닐까요? 다시 말해서 어떤 외부적인 힘에 의해 이끌려서 그런 일을 했다고 생각하기 때문이 아닐까요?

그것은 마치 도박꾼과 같습니다. 도박꾼은 항상 후회합니다. 자기가 자주적으로 도박했다고 생각하지 않고, 마음속에 있는 어떤 힘(악령)이나 외부 타자의 유혹 또는 강제에 끌려 자기도 모르게 도박하게 되었다고 생각하기 때문입니다. 사실은 자기가 선택했음에도 불구하고 이렇게 악령과 타자의 핑계를 대는 것입니다. 그런 합리화의 결과 후회하는 마음이 들죠. 자기가 조금만 참았더라면 그런 악령이나 타자의 유혹에 견딜 수 있었을 텐데 하는 것이 이런 후회하는 마음의 핵심입니다. 이렇게 후회하는 도박꾼일수록 반드시 다시 도박합니다. 그가 도박하고 싶을 때는 다시 악령이 작동한다거나 누가 유혹했다거나 하는 핑계를 가지고 합리화할 것이기 때문입니다. 반면 자주적으로 도박한 사람이라면 후회도 하지 않는답니다. 왜냐하면, 그는 도박의 결과를 스스로 책임지기 때문이죠.

이런 도박꾼의 모습이 바로 욕망을 추구하는 데서 즐거움을 찾으려는 자, 쾌락의 자유를 추구하는 자의 결과입니다. 이 세상에서 욕망하는 것을 얻는 경우는 드물죠. 대부분의 사람들은 욕망하는 목표를 얻지 못하여 실패합니다. 이런 실패에 부딪혔을 때 욕망하는 사람은 그 실패가 자신의 바깥에 있는 어떤 힘에 의해 자신이 유혹당하거나 강제되기 때문에 실패했다고 생각합니다. 그러므로 욕망에 따라 살아가는 사람은 항상 후회하죠.

그렇다면 이렇게도 생각해 볼 수 있겠습니다. 욕망은 쾌락을 목적으로 하고 늘 후회에 빠질 수밖에 없으니 욕망하는 자는 두려움을 벗어날 수 없습니다. 그의 길에 실패와 후회가 가득할 것이니까요. 그는 실패에 대한 두려움 때문에 쥐구멍에서 나오지를 못하지요. 반면 자주성은 그 과정에서 쾌감을 얻고 스스로 책임지는 것이니 원망을 모릅니다. 이런 자주성은 두려움을 모른다고 하겠습니다. 자주성은 두려움을 모르는 자유의 바다로 가는 길이죠.

이런 생각을 하다 보니 얼마 전 TV에서 본 흥미로운 장면이 떠오릅니다. 어떤 프로그램에 아버지와 딸이 나왔는데, 딸이 아버지 때문이 아니라 거꾸로 아버지가 딸 때문에 가출했다고 합니다. 사건이 흥미로워서 계속 지켜보았더니 사정이 이러했습니다.

딸이 고등학생인데 연예인이 되려 한다는 겁니다. 아버지가 보기에 딸에게 그런 재능이 없어요. 딸은 일단 예능 학원에 다니면서 노력해 보겠다고 했지만 아버지는 허락하지 않았습니다. 딸은 자기가 아르바이트를 해서라도 예능 학원에 다니겠다고 계속 고집을 피웠답니다. 아버지는 그런 딸을 막을 길이 없어 가출로 딸에게 시위했던 거죠.

그 프로그램에서 서로 팽팽한 논쟁을 벌이다가 결국 객관적으로 재능이 있는지 판단해 보자고 결론을 내렸습니다. 이 분야에서 성공한 매니지먼트 회사 사장 앞에서 딸은 자기의 노래 실력을 선보였어요.

하지만 내가 보기에도 감추어진 재능이 있는지는 모르겠지만 현재로는 노래가 형편없었어요. 그 사장 역시 재능이 없다고 판단했어요. 그 말로 논쟁은 끝났습니다. 딸은 눈물을 흘리면서 아버지의 말에 순종해서 열심히 공부해 대학에 들어가겠다고 맹세했어요.

나는 이 프로그램을 보면서 실망했습니다. 재능이 없으니 너는 성공할 수 없고, 성공할 수 없는 일은 하지 말라는 간단한 논리가 깔려 있기 때문입니다. 모든 기준은 과연 성공일까요? 성공하지 못한 삶은 의미가 없는 걸까요? 나는 오히려 이렇게 생각해 보았습니다. '성공하지 못하더라도 도전하는 과정에서 그 딸은 기쁨을 충분히 얻을 수 있는 것이 아닌가? 만일 그 딸이 바라는 대로 도전하는 것을 허락했다면 그 딸은 설레는 마음으로 온갖 노력을 다할 것이 아닌가? 고통도 있겠지만 그에 못지않게 그렇게 노력하는 것 자체에서 기쁨을 얻는 것이 아닌가? 이제부터 그 딸은 공부를 하겠지만 자기가 바라는 것이 아니니 기쁠 수 없을 것이다. 지겨워하면서 대학에 입학한들 그래서 인생에서 성공을 거둔들 거기에 진정한 기쁨이 있을까?'

이 딸은 결국 아버지의 압력으로 포기하게 되었지만 나는 우리 사회에서, 그리고 세계 도처에서 자기가 하고 싶은 것을 하면서 그 일 자체로 기뻐하는 사람이 많다고 봅니다. 그런 사람의 삶이 성공하지 못했기 때문에 의미가 없다고 볼 수 있을까요? 나는 그렇지 않다고 봅니다. 오히려 훨씬 더 많은 사람이 비록 실패하더라도 그런 일 자체에서 얻은 기쁨으로 충분하다 생각할 것으로 믿어요.

아르키메데스는 "나에게 지렛대의 받침점만 주면 지구를 들어 올리겠다"고 말했습니다. 나는 "자주성이 가능하다면 역사도 들어 올릴 수

있다"고 말하겠습니다. 이게 지금까지 내가 해왔던 철학적 문답의 최종
적인 대답입니다. 이것으로 강의를 마치도록 하겠습니다.

철학 문답을 마무리하면서

사토리 세대

철학 문답을 이제 마치려 합니다. 지난 6개월 동안 매주 한 강의를 올리면서 하고 싶었던 말이 있었습니다. 그럼에도 지금까지 그 말을 어떻게 해야 할지 모르겠군요. 생각해 보니 그 말은 마치 '사랑의 고백'과 같군요. 입가에 맴돌지만 끝내 하지 못하는 말, 막상 어떻게 꺼내야 할지 모르는 말, 지금 내가 하고 싶은 말도 꼭 그런 고백과 같습니다.

이야기를 우리 사회로부터 시작해 보았으면 합니다. 나는 철학에서 개인의 내적인 영혼을 강조하는 입장입니다. 하지만 그런 영혼도 지금 우리 사회와 관련되지 않는다면 그저 '아프니까 청춘이지'와 같은 위로의 기술에 그치고 말 것입니다. 철학의 출발점인 '지금, 여기'의 사회로부터 생각해 보면 우리는 꼭 포승줄에 묶인 동물 같습니다. 포승줄에서 벗어나려 온몸을 이리저리 비틀지만 그럴수록 포승줄은 더욱더 죄어들죠. 지난 몇 년간을 생각해 보면 꼭 그렇습니다. 한때는 "복지다!" 하고 우르르 달려갔습니다. 하지만 그 끝에서 발견한 것은 그저 차가운 밥 한 덩어리뿐이었지요. 이번에는 "사람의 얼굴을 한 자본주의다!" 하며 또 우르르 달려가 보았습니다. 하지만 사람의 얼굴은 그저 야수의 이빨을 가리는 가면에 불과했죠. 결국 지금 우리 모습을 돌아보면, 마치 함정에 빠진 멧돼지 같아요. 발버둥 치는 것도 멈추고, 그저 허연 거품을 물고 씩씩거릴 뿐입니다.

상처받지 않은 사람이 어디 있느냐 하지만, 지금 가장 깊은 상처를 받은 사람은 바로 '비정규직 노동자'들이죠. 이 글을 쓰는 동안에도 비정규직 노동자 한 분이 자살을 선택했습니다. 또 '청년 실업자'라 하겠습니다. 그들의 고통을 알려주는 말이 바로 '삼포 세대', '오포 세대'라는 말이겠죠. 얼마 전 인터넷에 오른 글을 읽어보니, 마침내 모든 것을 체념하기에 이른 '사토리(さとり : 득도, 달관)' 세대까지 등장했다 합니다.

곡신불사(谷神不死), 사회주의는 죽지 않았다

아무리 생각해도 자본주의적 질서를 부분적으로 수정하는 것만 가지고는 안 될 것 같습니다. 또한 자본주의적 지배를 옹호하는 것에 그치는 형식적 민주주의만 가지고는 해결할 도리가 없는 것으로 보입니다. 형식적 민주주의를 개선하는 것은 일시적인 미봉책에 불과합니다.

다른 대안은 없는 것 같습니다. 누구는 '공정하고 자유로운 자본주의'를 대안으로 내세웁니다. 누구는 자본의 힘을 규제할 수 있는 '보편 민주국가'를 해결책으로 내세웁니다. 하지만 이런 대안이 기만에 불과하다는 것에 대해서는 이미 앞에서 여러 번 설명했습니다. 공정한 자본주의란 존재하지 않으며, 보편 민주국가란 관료의 과학적 지배에 불과합니다. 또 일부 젊은 지식인들 가운데에 무정부주의를 대안으로 찾는 사람도 있습니다. 하지만 공동체라 하더라도 사적 소유를 인정하는 한 무정부주의란 초기 자본주의 시대로 다시 되돌아가자는 복고적 주장에 불과합니다.

적어도 이론적으로는 사회주의 외에 다른 대안이 없다는 것은 분명합니다. 사적 소유를 폐지하지 않고서는, 그리고 코뮌의 자치를 실현하지 않고서는 문제가 해결될 가능성은 없습니다. 그럼에도 불구하고 현실 사회주의가 몰락한 이후 대부분의 사람이 이론과 현실 사이의 괴리를 넘어보려 하지 않는 것 같습니다.

사람들의 마음은 환멸의 느낌과 같습니다. 기대가 컸기 때문에, 아니 유일하게 기대했던 것이기에, 현실의 참담함을 보았을 때 환멸은 더욱 컸으리라 생각합니다. 무너진 사회주의에 대해 요즈음 누구도 언급하려 들지 않아요. 차마 마음이 아파서 다시 되돌아볼 용기조차 내지 못하는 것이 지금의 비판적 지식인의 심정이라 생각합니다. 그러면서도 환멸을 느끼는 지식인의 가슴 깊은 곳에는 여전히 사랑의 마음이 간직되어 있다고 나는 생각합니다. 무의식적인 사랑이 깊으면 깊을수록 의식적으로는 더욱더 냉담해지고, 더욱더 증오하는 것이 아닐까요?

이제 우리는 마음을 열어야 할 때가 된 것이 아닐까 생각합니다. 쓰러진 사회주의의 현실을 똑바로 보아야 할 때가 되었다고 봅니다. 사회주의의 이론과 사회주의의 현실, 이 두 가지를 비교하면서 다시 새로운 용기를 내야 하지 않을까 생각합니다. 나는 '곡신불사'라는 노자의 가르침을 생각합니다. "계곡(溪谷)의 신(神)은 죽지 않았다(不死)"는 말이죠.

이 말은 겨울 등산을 다녀보면 누구나 느낄 수 있는 말입니다. 칼바람이 스치는 정상에 올랐다가 다시 계곡으로 내려가면 아늑한 계곡 한가운데 붉은 기운이 맺혀 있는 것을 볼 수 있습니다. 앙상한 나뭇가지가 매서운 바람에 떨면서도 그 끝자락은 발갛게 달아오른 듯이 보입니다. 봄은 이미 계곡 속에 와 있는 것이 아닌가 생각하면서 잠시 귀를 기울입니다. 그러면 계곡의 얼음 밑으로 물이 흘러내리는 소리가 들립니다. 그 소리는 들리지 않는 듯하면서도 또렷하게 들려옵니다. 찬바람이 맴도는 쓸쓸한 겨울, 그 한가운데서 여전히 생명의 움직임은 멈추지 않았습니다. 바로 이런 것을 두고 노자는 '곡신불사'라고 말하지 않았을까요? 이제 강의를 마치면서 나는 마찬가지로 "사회주의는 죽지 않았다"고 말하고 싶습니다.

조선공산당의 분파 투쟁

이제 용기를 갖고 사회주의를 다시 생각해 보죠. 현실 사회주의를 파국으로 이끈 것은 무엇일까요? 경제적 정치적으로 한계가 있었을 것입니다. 그런 한계에 관해서는 이미 설명을 했습니다. 생산의 모든 것을 군수산업에 바쳤다고 해도 과언이 아닙니다. 정치적으로는 자치를 실현하지 못하고, 관료주의의 폐해를 극복하지 못했습니다. 그 결과 신흥 노동계급인 전문기술 노동자에게 관심을 기울이지 못했죠.

그러나 이 모든 한계를 야기했던 근본적인 한계가 있었죠. 나는 그것은 사회주의를 이끌었던 정신 자체입니다. 마르크스주의는 사회과학으로서는 아무 문제가 없다고 봅니다. 여전히 사회과학으로서 마르크스주의는 현실을 객관적으로 진단할 수 있습니다. 현실 사회주의 사회의 오류조차 마르크스주의의 과학에 따라 해결될 수 있다고 봅니다. 어떤 사람은 나와 반대되는 주장을 합니다. 그는 마르크스주의의 정신은 여전히 올바르지만 현실에 대한 그의 과학적 진단은 틀렸다는 거죠. 나는 정반대입니다. 마르크스의 과학은 문제없습니다. 다만 마르크스주의 정신은 한계를 벗어나지 못했다고 생각합니다. 심지어 나는 사회주의의 정신은 타락했다고까지 말하고 싶습니다.

사회주의자의 정신의 타락에 관해 나는 굳이 외국의 예를 들지 않겠습니다. 우리 자신의 예, 일제하 국내 공산주의자의 예를 통해서도 충분히 짐작할 수 있습니다. 우리 자신의 예를 통해 세계의 사회주의자 일반의 정신을 들여다볼 수 있습니다.

나는 일제하 조선공산당의 역사, 특히 국내 공산주의자의 운동에 대해 공부해 보았습니다. 그 과정은 끝없는 분파 투쟁으로 점철되었습니다. 이런 분파 투쟁의 출발점은 현실의 복잡성 때문이었습니다. 당시 조선은 일제의 식민지이면서 지주 귀족의 봉건적 수탈에 시달리는 동시에 일제가 이식한 자본의 착취를 받았습니다. 이런 가운데 민족 해방, 도시 혁명, 노동해방이라는 다중적인 과제가 눈앞에 있었습니다. 어느 것에 우선적인 힘을 쏟아야 할지, 민족과 민중 가운데 누구를 중심에 두어야 할지가 매우 모호했지요.

운동이 처음 출발하는 경우 이런 현실 자체의 복잡성 때문에 다양한 분파가 생겨나기 마련입니다. 이런 분파는 운동 과정에서 해소되고 점차 통일과 단결이 이루어지죠. 그러나 국내 공산주의는 운동 과정에서 분파적 대립을 해소하지 못했습니다. 해외에서 벌어졌던 분파적 대립

은 국내에서 재현되었습니다. 해외에서 상해파와 이르쿠츠크파의 대립
이 국내에서 서울파와 화요파의 대립으로 반복되었죠. 이런 대립은 다
시 일본 유학파(ML파)가 개입하면서 더욱 복잡해졌습니다. 이들은 국내
공산주의 운동의 헤게모니를 장악하기 위해, 서로 먼저 인정을 받으려
고 앞다투어 국제 공산주의 운동의 본부(코민테른)에 대표자를 파견했습
니다. 급기야 서로 상대방을 일제 경찰에 밀고하기도 했죠. 그들은 모
두 파멸하고 말았습니다. 조선공산당은 1928년 해체되었습니다. 1930
년대 들어 조선공산당을 재조직하려는 운동조차 다시 분파적 대립을
반복했습니다. 결국 국내 공산주의자 가운데 극소수(소위 경성 꼼그룹, 해
방 후 남로당 파)를 제외하고는 대부분 일제 말 친일파로 전향하고 말았
죠.

　국내 공산주의 운동의 분파 투쟁에 관해서 더 상세한 것은 생략합니
다. 중요한 것은 이와 같은 분파적 투쟁이 지속된 이유입니다. 그 이유
는 무엇일까요? 이론적인 부정확성 때문이었을까요? 앞에서 말했듯이
이론적 부정확성은 불가피한 것이죠. 이는 세계사적으로 유례없는 식민
지 해방투쟁을 처음 추진하는 과정에서 당연히 나타날 수밖에 없었습니
다. 그 길은 누구도 가본 적이 없는 길이니 어찌 정확한 입장을 미리부
터 알 수 있었겠습니까? 이런 부정확성은 실천적 운동을 통해서 수정
되기 마련이죠. 이를 통해서 점차 올바른 이론적 입장이 확립됩니다.

나약한 지식인의 고질병

　국내 공산주의의 근본적인 오류는 사회과학적 이론이 아니라, 그들

이 지닌 정신적 태도에 존재했습니다. 그들은 독선적이었습니다. 자기들의 이론만이 순수한 이론이라는 것이죠. 항상 이론적 원칙성을 목에 매달고 다녔습니다. 이를 정당화하기 위해서는 실천적 투쟁이나 주체적인 힘에 의존하지 않았습니다. 정당성은 항상 서구의 마르크스주의의 원칙에 얼마나 충실한가, 국제적인 공산주의 본부(코민테른)의 인정을 받았는가에서 나오게 되었죠. 독선주의, 교조주의, 의타주의, 이게 국내 공산주의자의 근본적인 정신이었습니다.

이런 이론적 독선주의, 교조주의, 의타주의는 나약한 지식인의 전형적인 고질병입니다. 국내 공산주의자는 겉으로는 혁명을 품은 고매함을 지니고 있습니다만 속으로는 자기 한 몸 두려워 어찌할 줄 모르는 나약한 존재였습니다. 이론과 실천, 겉과 속의 이런 괴리, 그것이 국내 공산주의자를 갉아먹은 고질병이죠.

그러면 다시 한 걸음 더 들어가서 이런 나약함의 원천은 무엇이겠습니까? 그것에 대해서는 이미 니체가 설파한 적이 있습니다. 니체는 '진리에의 의지(곧 이론적 독선주의를 말합니다)'는 나약한 의지에서 나온다고 말했습니다. 그리고 이런 나약함의 원천은 자신의 생존, 자기의 이익을 지키려는 생존의지라고 보았습니다. 이런 자기 이익에서 나약함이 나오고, 나약함에서 지식인의 독선주의, 교조주의, 의타주의가 나옵니다. 바로 여기에서 분파주의가 나오죠. 비단 한국의 공산주의자만 이렇게 나약하고, 자기 이해에 충실했겠습니까? 서구 사회주의자도 마찬가지가 아니었을까요? 서구 마르크스주의의 핵심 속에 이런 자기 이해, 나약함이 존재하는 것이 아닐까요?

사이의 공동체와 자주성

　이런 점에서 마르크스주의에서 사람에 관해 어떻게 보고 있는가를 살펴보고자 합니다. 알다시피 마르크스는 사람은 물질적 존재이고, 자기의 이익을 추구하기 위해 다른 사람과 공동의 사회를 형성한다고 생각합니다. 사회적으로 생산관계에서 차지하는 위치에 따라서 계급이 결정되면서 계급적 이해가 결정됩니다. 이 계급적 이해는 개인이 자기 이익을 실현하는 지반, 토대가 되죠. 마르크스는 역사를 이런 계급적 이해에 비추어서 설명했습니다.

　사람의 정신을 이렇게 물질적 이해로 설명하려는 태도는 사회과학적으로 사회를 설명하려는 경우에는 적절할 수 있겠습니다. 사회를 구성하고 있는 거의 대부분의 사람은 아직도 물질적인 이해에 의해 지배되는 사람이니까요. 그 결과 앞에서 말한 것과 같은 사회주의 원리가 나오게 되었습니다. 소유의 폐지라든가 코뮌의 자치라는 것도 모두 이런 사람을 물질적으로 이해한 데서부터 도출된 이론입니다.

　그러나 사회를 과학적으로 설명하는 것과 새로운 사회를 이끌어가는 수레바퀴라고 할 수 있는 정당을 설명하는 것은 전혀 다른 문제입니다. 정당은 자각된 정신으로 무장된 사람들 이른바 역사의 전위들로 구성됩니다. 정당이란 정신적 공동체이죠.

　서구 마르크스주의자는 사회주의의 정당조차 물질적 이해에 사로잡힌 사람을 중심으로 조직하려 합니다. 사회주의 정당이 이처럼 물질적 이해에 따라 조직된 결과 국내 공산주의자 속에 나타나는 것과 같은 분파주의가 출현하게 된다고 생각합니다. 왜냐하면 앞에서 설명했듯이 분파주의의 뿌리는 자기 이해라는 개념에 있기 때문입니다. 이 자기 이해는 사람마다 다르니 당연히 분파가 나타나기 마련입니다.

그렇다면 미래 사회의 수레바퀴라고 할 사회주의 정당, 새로운 신적인 공동체의 구성 원리가 무엇이겠습니까? 나는 그것이 바로 자주성에 기초한 사이의 공동체라고 생각합니다.

앞의 강의(6강)에서 설명한 적이 있지만 이해를 돕기 위해 다시 설명하자면, 사이의 공동체란 교회의 개념에서 비롯된 공동체입니다. 교회란 신이 내재하는 곳입니다. 신은 믿음을 가진 개인들에게 내재하는 것이 아닙니다. 신은 개인 위에 선 교단, 승려에게 내재하는 것도 아닙니다. 신은 믿음을 가진 개인들 사이에 내재한다고 했습니다. 신이 내재하는 이 사이를 기독교에서 교회라고 합니다. 나는 사이에 신이 내재한다는 의미를 서로 부족한 사람들이 서로를 채움으로써 완전하게 된다는 것을 의미하는 것으로 보았습니다. 그래서 이런 교회를 사이의 공동체로 규정했었죠. 나는 그 예를 영화 〈카미유 클로델〉에 나오는 한 장면을 가지고 설명한 적이 있었습니다. 또한 나는 동학사상에서 하늘로써 하늘을 먹는 관계라고 말할 때 그 의미 역시 이런 사이의 공동체라고 해석했습니다.

그러면 앞의 강의에서 의문으로 던져놓은 문제에 이제 다가가 보도록 하죠. 그 문제는 사이의 공동체가 가능하기 위해서 무엇이 필요한가 하는 문제였지요. 물론 신앙이 있다면 가능하리라 봅니다. 그러나 신앙이 없다 하더라도 사람에게 자주성이 있다면 이런 사이의 공동체가 가능하지 않을까요?

부족한 사람으로 나를 타인이 채워줄 것을 기대한다면 그것은 타인에게 내가 무엇을 요구하는 겁니다. 그 경우 타인이 나를 채워주지 못한다면, 또는 나를 채워줄 타인을 발견할 수 없다면 어떻게 될까요? 나는 충족을 얻을 수 없고, 행복을 얻지 못할 겁니다. 그러면 사이의 공동체는 성립할 수 없게 되겠죠. 사이의 공동체가 가능하기 위해서는 타인이 부족한 것을 내가 채워주어야 하겠지요. 이는 비유하자면 사랑받는 것과 사랑하는 것의 차이입니다. 사랑받으려 할 경우 항상 불만이 남지만 사랑을 하고자 한다면 오히려 기쁨만 남지 않을까요?

그런데 문제는 내가 어떻게 타인을 사랑하고, 타인이 부족한 것을 채울 수 있는가 하는 겁니다. 더구나 나 역시 타인과 마찬가지로 부족한 존재인데 말이죠. 나는 그걸 생각해 보았습니다. 내가 자주적인 존재라면 그런 가능성이 생기지 않을까요? 왜냐하면, 자주성은 타인의 부족을 채우는 과정 자체를 통해서 기쁨을 얻을 테니까요. 이런 자주성은 과정을 통해 기쁨을 얻기에 타인을 위해 공동체를 위해 아낌없이 헌신할 수 있지 않을까 합니다.

물론 사람이 이런 자주성을 타고나면서 가질 수는 없습니다. 이런 자주성을 가지기 위해서는 끊임없는 자기 훈련, 변증법적인 자기 극복이 필요하리라 생각합니다. 하지만 가능성이 있다면 실현될 수 있다고 생각합니다. 아니 칸트 식으로 말하자면 해야 하기 때문에 할 수 있다고 말해야 하겠죠.

노아의 방주

나의 이상은 사회주의이겠지만 그게 현실적으로 언제, 어떻게 실현될 수 있을지는 알지 못합니다. 그러면서도 언젠가는 이 불의의 자본주의가 전 세계적으로 사라지지 않을까 기대하고 있습니다. 그때 새로운 사회주의가 건설되리라 믿습니다. 그러나 언제 어떻게 그런 세상이 올지 알지 못하니, 그저 메시아적인 믿음으로 그런 믿음을 가지고 있을 뿐이죠.

나는 여기서 기독교 교회를 설명하는 또 하나의 중요한 개념인 방주라는 개념을 생각해 봅니다. 방주란 폭풍우가 내려 세상이 아득한 절망으로 가득 차 있을 미래 사회의 맹아를 담고 기르는 존재이죠. 동학 사상으로 말하자면 이 방주는 하늘을 모시고, 하늘을 기르는 존재라고 할 수 있습니다.

어떤 형태로든 새로운 노아의 방주를 기대하면서 이제 강의를 마치고자 합니다.

청년이 묻고 철학자가 답하다

두려움을 모르는 자유의 길

발행일 | 2016년 3월 17일 초판 2쇄 펴냄

글쓴이 | 이병창
표지디자인 | 안현
편 집 | 플랜디자인
펴낸이 | 최진섭
펴낸곳 | 도서출판 말

주소 | 서울 마포구 토정로 222 한국출판컨텐츠센터 316호
전화 | 070-7165-7510
전자우편 | dreamstarjs@gmail.com

신고번호 | 제2013-000403호
ISBN | 979-11-951906-7-6

● 값은 뒤표지에 있습니다.
● 잘못된 책은 본사나 구입하신 곳에서 바꾸어 드립니다.